U0452997

PDASC 香蜜湖智库丛书
深圳市建设中国特色社会主义
先行示范区研究中心

深圳在新发展格局中的定位和战略研究

胡军 顾乃华 等著

中国社会科学出版社

图书在版编目（CIP）数据

深圳在新发展格局中的定位和战略研究／胡军等著 . —北京：中国社会科学出版社，2024.5

（香蜜湖智库丛书）

ISBN 978 - 7 - 5227 - 3581 - 8

Ⅰ.①深… Ⅱ.①胡… Ⅲ.①区域经济发展—研究—深圳 Ⅳ.①F127.653

中国国家版本馆 CIP 数据核字（2024）第 102233 号

出 版 人	赵剑英
责任编辑	党旺旺
责任校对	李　莉
责任印制	王　超

出　　版	中国社会科学出版社
社　　址	北京鼓楼西大街甲 158 号
邮　　编	100720
网　　址	http：//www.csspw.cn
发 行 部	010 - 84083685
门 市 部	010 - 84029450
经　　销	新华书店及其他书店

印　　刷	北京明恒达印务有限公司
装　　订	廊坊市广阳区广增装订厂
版　　次	2024 年 5 月第 1 版
印　　次	2024 年 5 月第 1 次印刷

开　　本	710×1000　1/16
印　　张	14.75
字　　数	231 千字
定　　价	76.00 元

凡购买中国社会科学出版社图书，如有质量问题请与本社营销中心联系调换
电话：010 - 84083683
版权所有　侵权必究

"香蜜湖智库"丛书编委会

主　　任：程步一
副 主 任：齐志清　李　会　陶卫平　丁有波
　　　　　谢志岿
成　　员（以姓氏笔画为序）：
　　　　　王定毅　陈少雷　李伟舜　宋晓东
　　　　　范绍庆　周笑冰　黄伟群　龚建华
　　　　　彭芳梅　彭　姝　熊哲文

目 录

导 论 ……………………………………………………………… (1)

第一章 新发展格局下深圳提升全球影响力的逻辑机理与路径研究 …………………………………… (1)
 第一节 城市全球影响力的形成逻辑 ………………………… (1)
 第二节 城市全球影响力的演进机制 ………………………… (4)
 第三节 新发展格局下深圳提升全球影响力的路径研究 ……… (9)

第二章 新发展格局下深圳经济现状分析 ……………………… (27)
 第一节 回顾深圳改革开放的历史进程 ……………………… (27)
 第二节 SWOT分析：锻长板补短板+抓机遇迎挑战 ……… (31)
 第三节 深圳未来15年所处发展阶段、动力及趋势 ………… (54)

第三章 新发展格局下深圳的战略定位与担当 ………………… (65)
 第一节 深圳加快构建新发展格局意义重大 ………………… (65)
 第二节 新发展格局的科学内涵及对深圳提出的新要求 ……… (70)
 第三节 新发展格局下深圳城市定位的总体思路 …………… (76)
 第四节 新发展格局下深圳的城市定位 ……………………… (91)

第四章 深圳建设世界科技创新策源中枢的路径 ……………… (97)
 第一节 深圳科技创新发展现状 ……………………………… (98)
 第二节 新发展格局下深圳建设世界科技创新策源中枢
    面临的机遇 …………………………………………… (103)

第三节 新发展格局下深圳建设世界科技创新策源中枢
面临的挑战 ………………………………………… (106)
第四节 新发展格局下深圳建设世界科技创新策源中枢的
新要求 ……………………………………………… (110)
第五节 新发展格局下深圳建设世界科技创新策源中枢的
新对策 ……………………………………………… (114)

第五章 深圳建设全球高端产业核心磁极的路径 …………… (122)
第一节 深圳产业发展特征 ……………………………… (122)
第二节 新发展格局下深圳产业发展面临的机遇和挑战 … (127)
第三节 深圳建设全球高端产业核心磁极的新任务
和新要求 …………………………………………… (134)
第四节 深圳建设全球高端产业核心磁极的思路 ……… (138)

第六章 深圳建设优质资源要素配置高地的路径 …………… (152)
第一节 深圳建设优质资源要素配置高地的战略意义 … (152)
第二节 深圳建设优质资源要素配置高地现状与现存问题 … (155)
第三节 深圳建设优质资源要素配置高地面临的
机遇与挑战 ………………………………………… (164)
第四节 新发展格局下深圳建设优质资源要素配置高地
面临的新要求 ……………………………………… (167)
第五节 深圳建设优质资源要素配置高地的新举措和
新对策 ……………………………………………… (170)

第七章 深圳建设国际时尚消费潮流标杆的路径 …………… (180)
第一节 新发展格局下深圳建设国际时尚消费潮流标杆的
新机遇和新挑战 …………………………………… (181)
第二节 新发展格局下深圳建设国际时尚消费潮流标杆的
新要求和新任务 …………………………………… (187)
第三节 新发展格局下深圳建设国际时尚消费潮流标杆的
新举措和新对策 …………………………………… (191)

第八章　以更优营商环境护航深圳在新发展格局中的发展 ……… (198)

  第一节　发挥法治保障职能，筑牢公正透明的法制化环境 …… (199)

  第二节　完善行政服务保障，有效提升政府治理效能 ………… (201)

  第三节　强化制度保障，构建统一开放的现代市场竞争
     体系 ……………………………………………………… (204)

  第四节　构筑知识产权全链条保障，营造新时代尊重
     创新的良好氛围 ………………………………………… (206)

  第五节　推动要素流动保障，构建粤港澳大湾区统一
     大市场 …………………………………………………… (209)

  第六节　厚植文化"软"实力，树立开放文明的对外
     国际形象 ………………………………………………… (212)

参考文献 …………………………………………………………… (216)

后　记 ……………………………………………………………… (224)

导　论

当前，世界正经历大动荡、大变革和大转折阶段，全球贸易保护主义、单边主义的盛行使得世界经济发展大环境发生新的变化，各种"黑天鹅""灰犀牛"事件随时可能发生，对中国新时代经济社会发展产生深远影响。党中央统筹把握国内外发展大环境、大变化、大重组，顺应时代要求作出"加快构建以国内大循环为主体、国内国际双循环相互促进的新发展格局"的战略研判。"双循环"战略是中国发展全局的一项重大战略任务，不仅是供给侧结构性改革和需求侧管理递进深化的过程，也是中国经济发展战略整合提升的重要举措，还是把握未来发展主动权的战略性布局，更是新发展阶段要着力推动完成的一项重大历史任务。

党的十八大以来，习近平总书记三次亲临深圳视察，对深圳工作作出一系列重要指示批示，为深圳把脉定向。作为我国改革开放的重要窗口、超大型口岸城市、经济第三大城市，以及外向型经济特征明显的一线城市，深圳应该本着"有限目标、重点突破"的原则，紧紧围绕中国特色社会主义先行示范区的战略定位和战略目标，必须科学、正确认识"双循环"的新发展格局的时代意义，充分发挥经济的自体循环力，以内循环牵引外循环，在更大范围、更广领域、更高层次上引领全国融入全球网络体系。主动肩负起中国新一轮改革排头兵的使命，积极链接、激活、集聚和配置全球优质资源，着力打造国内大循环的中心节点、国内国际双循环的战略链接，在新的历史起点上为推动中华民族伟大复兴探索前进方向，贡献"深圳智慧"和"深圳经验"。

本书基于新发展格局下构建国内国际双循环的视角，充分把握好"增能"和"示范"两个关键词，着眼于国民经济相互关联的复杂结构，围绕彰显中国式现代化模式以及经济科技融合发展典范，展开较为系统和全面的研究。首先，本书立足于新发展阶段、新发展理念和新发展格局背景下，研究深圳提升全球影响力的逻辑机理与路径，并对当前深圳的经济发展情况和实际展开分析，进一步明确了国内国际双循环背景下，深圳打造"全球最具经济活力都市"的战略定位和相关指标体系。其次，以世界科技创新策源中枢、全球高端产业核心磁极、优质资源要素配置高地、国际时尚消费潮流标杆四大维度、四个专门的主题章节，围绕环境、定位、战略、路径和政策等内容详细展开具体的研究。最后，本书以营造国际化现代化的营商环境为主线，全面串联深圳推进全球最具经济活力都市建设的保障机制。全书旨在结合当前复杂多变的外部形势以及党和国家的重大战略安排，紧密联系深圳当前的经济产业、科技创新、要素配置和城市发展等方面的实际展开系统分析和展望，以期为深圳在"十四五"时期乃至未来更长一段时间的发展提供启示和参考。

第一章

新发展格局下深圳提升全球影响力的逻辑机理与路径研究

习近平总书记指出："构建新发展格局是把握未来发展主动权的战略性布局和先手棋。"深圳要牢牢把握中国特色社会主义先行示范区的战略定位和战略目标，立足新发展阶段、深入贯彻新发展格局，在服务和融入构建新发展格局中，持续提升城市在全球中的地位和影响力。

第一节 城市全球影响力的形成逻辑

全球城市是当今世界政治经济发展的"支点"，也是全球要素扩散和聚合的交汇点。国际影响力是全球城市的重要特征之一，涵盖了经济、资本、文化和人才等多个方面，是一个城市能够成为名副其实的全球城市的实力所在，其形成与演进过程具有显著的经济社会发展规律。自工业革命以来，世界各地的城市正以各种形式加快融入世界城市网络的体系中，但能够形成全球影响力的城市数量却很少。《全球城市简史》作者格雷格认为，全球城市只有不到五十座。随着信息技术等新经济的蓬勃发展，交通物流体系的完善，全球发展格局发生了巨大的变化，全球不少城市的指标排名也在持续发生变化，一些发展中国家的特大城市全球影响力加快提升，逐渐成为全球城市或加快成为全球城市。主要特征体现在所在国家中央和地方政府的积极推动，以及城市自身对世界核心资源和创新要素的吸引集聚能力持续提高。

改革开放以来，尤其是加入 WTO 之后，我国北上广深等城市的全球影响力得到飞跃式提升,在经济、科技、金融和基建等多个领域形成对全球范围的影响力。北京市目标到2050年,将建成具有广泛和重要国际影响力的全球中心城市,全球影响力全面提升。2016年,上海出台上海城市总体规划,正式提出建设全球城市的远景规划目标。2017年,广州提出到21世纪中叶,将全面建成中国特色社会主义引领型全球城市。2019年,《中共中央、国务院关于支持深圳建设中国特色社会主义先行示范区的意见》明确了深圳将朝着竞争力、创新力、影响力卓著的全球标杆城市前行,在《深圳市"十四五"规划纲要》中,深圳进一步细化了打造全球影响力城市的系列阶段性目标,到2025年建成现代化国际化创新型城市,经济实力、发展质量跻身全球城市前列;到2030年建成引领可持续发展的全球创新型城市,跻身全球先进城市行列;到2035年建成具有全球影响力的创新创业创意之都;最终目标到本世纪中叶,深圳成为竞争力、创新力、影响力卓著的全球标杆城市,成为全球城市版图中的璀璨明珠。

表1-1　　　　　　　　近两年全球城市排名前三位

评估机构及名称		所属年份	排名前三位城市		
			1	2	3
GaWC	英国全球化与世界城市研究网络:GaWC世界城市名册2020	2020	伦敦	纽约	香港
GCI	科尔尼:全球城市综合排名	2021	纽约	伦敦	巴黎
GPCI	日本森纪念财团都市战略研究所:2021全球城市综合实力排名	2021	伦敦	纽约	东京
CCL	全球城市实验室:全球城市500强排名	2021	纽约	伦敦	东京

资料来源:相关指数排名网站及报告。

经济发展实力、资源要素集聚力和全球范围辐射力是构成城市全球影响力的三种力量。从全球经济发展的表象特征来看,具有全球影响力的城市不仅地理位置优越,更具有经济发展实力雄厚、城市基础设施完善、海陆空交通条件便利、国际化营商环境优质、科技创新氛围浓郁、跨国公司高密度集聚和高端专业服务业发达等特征，能够立足于自身发展和资源配置效率的基础上，更为广泛地辐射周边乃至世界其他城市。

一 区域经济的发展水平

经济发展水平和实力是构建城市全球影响力的基本条件。全球的资源在空间范围上呈现并非均匀分布，存在全球化较高的地区与全球化较低的地区之分，其要素布局在空间密度上呈现非均等排列，有全球化战略区域和全球化一般区位之分。因此，各类产业资源要素在全球范围内的不均衡配置，必然存在某些区域高端资源和优势资本集中的现象。地理大发现之后，世界经济的发展重心经历了从亚洲向欧洲移动，再向美洲持续转移的过程。20世纪90年代开始，世界经济的发展重心再次向亚洲国家回归。根据亚洲银行预测，2050年，亚洲地区的GDP将可能占到世界GDP的一半。

二 全球网络的连接密度

城市的功能等级越高，发挥的影响力的维度越广，能效越大，则更容易成为全球城市。全球城市是各类人才、技术、资源和信息等要素输入和输出的关键枢纽节点，也是创新创业活动密集发生区域，在经济活动过程中扮演神经中枢的作用。城市全球影响力可以通过有交互关联性的公司企业、上下游客户、服务型专业机构组成的市场主体连接世界上其他城市来实现。跨国公司、高端专业服务业企业和各类国际组织所构建的全球辐射网络，本质都是所在城市构建的全球影响力。与此同时，金融、科技创新、高端制造和文化创意等知识、资金密集型产业能否实现高质量的集聚发展，也是判断一个城市是否具有全球影响力的重要标志。

三 所在母国的全球影响力

当一个国家的经济实力在全球经济中处于核心角色的背景前提下，这个国家的核心城市才具备成为全球城市的可能性。例如纽约、伦敦、东京等全球性城市的国际影响力形成过程，基本上都是与其所在母国美、英、日的崛起关联巨大。而且，纽约、伦敦、东京这些城市本身也是美、英、日的核心城市。相反如果国家层面上无法在全球发展中占据重要的位置，那么其内部的城市也很难成为具备全球影响力的城市。

四　具备创新和开放基因

创新和开放的城市文化能够形成对全球优质要素资源的强大吸引力。探究人类城市化发展的历程，所有对城市化的影响力及其产生过程都不是个人主观原因造成的结果，而是完全依赖外生变量，包括资本、人力、科技等生产要素，以及开放、自主和创新的城市环境。强大的经济实力、优良的产业结构、有效的资源配置能力、现代化的政治体制环境，以及成熟的国际贸易网络等因素共同形成的世界领先的城市空间体系、经济体制和生产系统，为中国建设城市的世界地位提供了发展基石。

第二节　城市全球影响力的演进机制

总结城市全球影响力提升的逻辑演进机制，至少包含动力机制、引领机制、催化机制和协调机制等四个方面，值得深圳借鉴学习（见图1-1）。

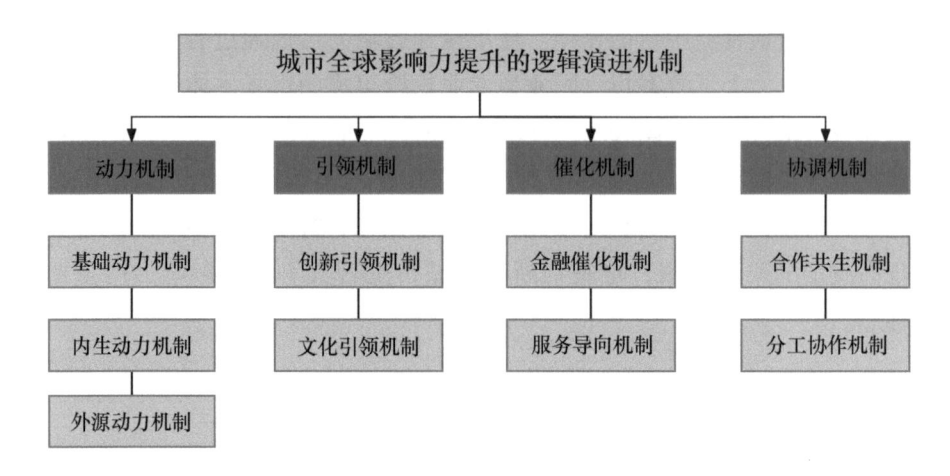

图1-1　城市全球影响力提升的逻辑演进机制

一 动力机制：基础动力、内生动力和外源动力

基础动力机制。 基础动力机制源于交通运输、机场港口、道路桥梁、通信网络、水气电等城市基础设施，并且共同构成了吸引经济活动的各类要素。一是拥有世界级的港口群和机场群。全球城市依托于港口运输、临港产业及相关的基础设施等重大平台枢纽，搭建起了影响全球经济发展的基础性动力。二是拥有区域内密集的公铁路网、信息网络等设施。全球城市影响力的形成依赖于基础设施的辐射网络，以及与其他城市的连接密度，支撑其构建服务全球、辐射世界的动力保障。

内生动力机制。 主要表现在市场分工、组织安排、知识共享和协同创新等多个方面。一是拥有实力雄厚和功能完善的城市功能体系。全球城市应该是世界上组织能力最强的城市，其自身拥有成熟完善的市场制度和优质营商环境、功能齐全多样的专业市场、覆盖全球的强大联络渠道、大量高素质的人才群体等构成的自组织能力。二是拥有畅通无阻的对外联通网络和产业链节点优势。信息、网络和数据是构建城市影响力的新型动力，特别是深入嵌合叠加到其他行业领域中之后，发挥了愈加重要和关键的影响力。城市信息网络质量与全球城市影响力之间存在深度关联。从产业链视角来看，全球城市凭借供应链协作网络所形成的辐射力，对于全球市场的发展导向拥有很强的自主力，能够实现其对产业链和价值链的控制，以及对全球核心要素资源的聚合能力。

外源动力机制。 主要源于外部环境，如全球大市场这双"看不见的手"所形成的强大外部市场推力，以及国家层面的各类政策规划产生的拉力。一是源自外部市场力量的推动。市场力量源自全球范围内的国际竞争、跨国公司、资本市场和兼并整合等行为。通过构建要素自由流通的市场环境，有利于持久保持城市的创新活力和竞争力。二是源自国内环境和政府治理体系的支撑。高效能的政府可以发挥有效的调控功能，通过出台和执行准确的政策，应对市场上出现的资源匹配度低、市场信息不透明、市场调节失灵等问题，对整体宏观层面、管理结构层面和经济流通层面等多个层面进行介入引导，保障城市发展得行远致稳。

二 引领机制：创新引领和文化引领

创新引领机制。创新是引领发展的第一动力。具备全球影响力的城市几乎都拥有"创新"这一共同特质，并且在其经济体系中发挥至关重要的引领作用。

一是表现在对创新资源要素的集聚能力强。当前主要的全球城市都有实力吸引来自全世界的人才资源、科技创新资源和风险投资基金资源，并在其城市内部发生融合反应。二是表现在创新实力的全球竞争力强。全球城市是各类创新经济的重要枢纽，可以通过发挥大脑的功能，对世界范围内的要素流动产生影响，在各地建立起能够流畅协作的经济产业集群。如东京、纽约及其都市圈内，科研院所和跨国企业共同建立产、学、研协作平台，展开核心领域的攻克，实现科研成果转化，并能在海外异地实现产业化落地。三是表现在创新发展的国际化程度高。全球城市是置身于世界范围内政治、经济、社会和文化全方位影响的大生态系统中的角色。面对世界范围内突变性机遇，在应对方面具备超前谋划的能力，在战略性资源调动上具备极强的调动能力，在国际分工中能谋求最有利的位置。

文化引领机制。全球城市在文化的包容性和创造性方面的全球影响力也是区别于其他城市的重要方面。一是表现在全球城市作为世界文明中心的一极，具备储存、消费、交流与传播全人类文明的能力。全球产生的包容性体现在城市的方方面面，如建筑设施、非物质文化和生活习俗等，传承性体现在既能保留古老文化记忆又能与时俱进。二是表现在全球城市的"文化大熔炉"特征。例如，纽约、巴黎等国际性大都市，不仅吸纳了来自全世界的移民群体以及他们所带来的多元文化思想，而且在城市文化机制的作用下，实现和谐共存、互动融合，继而创新了新的文化理念和时尚艺术。三是表现在全球城市对于技术创新的引领作用。全球城市包容开放的文化氛围，成就了其在世界文化技术创新和创造方面领导者的地位。在文化、人才和空间之间的良性互动与循环之中，全球城市实现文化创意产业的蓬勃发展，成为文化艺术、时尚娱乐和潮流品牌的引领之城。

三 催化机制：服务导向和金融催化

服务导向机制。服务经济、服务型政府、公共服务体系和文化服务等维度构成了全球城市服务能力的多个维度。一是表现在全球影响力城市必然是服务型城市。"服务"在构建和提升城市全球影响力方面发挥重要的催化作用，表现在城市管理的方方面面可以体现服务的温度，基本实现公共服务均等化覆盖，以及能够实现服务的标准化。二是表现在全球城市的生产性服务业发达。全球城市通过高度专业化、网络化的模式助力跨国资本实现对全球产业的指挥、组织和控制，成为世界城市网络中最具关联度和连通性的中心节点。三是表现在全球城市拥有更优质的公共服务设施和服务型的宜居人文社区。服务型城市环境对提升居民的幸福感和安全感，激活城市创造力和创新能力，吸引全球高端人才、优质资本和先进技术起到重要作用。

金融催化机制。金融业通过嵌入产业集群网络系统的形式，进而起到对产业链的催化作用。一是表现在全球城市控制的金融资源能够和谐覆盖在产业链各个环节上，进而实现对产业组织的管理、催化和引导。金融是产业集群网络的行为主体之一，全球城市的产业集群由金融业建立起相对稳定的关系。二是表现在提升经营效率和配置方面。金融业不仅为市场经营主体提供资金支持，提高整体产业集群的运营效率，同时也通过市场行为促使企业主动积极创新，通过节约资金成本和优化企业运营效率。如果没有金融业的嵌入式催化，仅仅依靠企业自身知识系统演化，其机会成本是高昂的。

四 协调机制：分工协作和合作共生

分工协作机制。具备全球影响力的城市必然与其周边的城市形成优势互补的产业分工，并实现共同发展，如东京都市圈、纽约都市圈等。一是表现在全球城市发展过程中会因为资源外溢效应产生分工。全球城市通过对外开放和自身发展实现不断壮大，但达到一定规模后，无一例外都会对周边城市产生外溢效应，最终形成全球城市和周边腹地紧密依存、差异化共同发展的良性循环。二是表现在全球城市与周边城市在功能配套上形成较为明确的分工。随着经济全球化的发展，全球城市受限于地理空间和土地，产业和资源必然向周边城市转移，形成"多核、多层"的发展格局，在分工机制作用下呈现出叠合的形态。三是表现在全球城市与周边城市形成的相互依靠关系。周边城市的货物或服务依托全球城市的城市功能支持，更便捷快速地输向全球。全球城市需要与周边城市形成良性协作，进而实现货运量的长期有力支撑（见表1-2）。

表1-2　　　　伦敦、纽约和东京与周边城市的产业分工

	范围	全球城市	周边城市
大伦敦都市圈	大伦敦都市圈从广义上讲是指以伦敦—利物浦为轴线，包括大伦敦（伦敦市和其他32个行政区）、伯明翰、谢菲尔德、曼彻斯特、利物浦等数个大城市和众多中小城镇。	伦敦市以生产性服务业为主，金融业是支柱产业，100多个欧洲500强企业和超过一半的英国百强公司在此设立总部。	伯明翰是纺织机械生产制造重镇，是现代冶金和机器制造工业的创始地。牛津和剑桥分别以牛津大学和剑桥大学等高等学府而世界闻名。
纽约都市圈	纽约大都会区主要以纽约市为中心，涵盖31个县，包括纽瓦克市、新泽市。纽约都市圈则包含波士顿、费城、巴尔的摩和华盛顿等其他4座大城市，以及40个中小城市。	纽约市是世界金融的核心枢纽和商业中心，全球500强企业有40%集聚于此，曼哈顿中城是世界上最大的CBD及摩天大楼集中地，华尔街聚集100多家著名的银行和保险公司总部。	首都华盛顿是全国的政治中心。波士顿的高科技研发和教育等产业占据半壁江山。费城的国防、航空和电子产业享誉全球，巴尔的摩主要发展矿产业和航运业。
东京都市圈	东京市包含23个区级行政区，东京都在此基础上，再涵盖多摩地方、伊豆群岛、小笠原群岛等，东京都市圈则包括东京都、埼玉县、千叶县、神奈川县等"一都三县"。	东京市是日本的政治、经济、文化三重中心，是金融信息与科教文化的中枢。商务零售业、制造业和房地产业也高度发达。	东京湾沿岸形成六个港口，形成京滨工业带和京叶工业带，以汽车、造船、钢铁冶炼等为主。如：多摩区主要产业部门为高科技产业、研究机构等，千叶县以国际机场和港口为主。

合作共生机制。在共同市场的基础上，全球城市及其周边腹地之间各种生产要素存在流动，人口和经济活动更大规模地集聚，存在良好的合作机制，共同形成城市群的巨大整体效益。一是体现在经济发展方面。通过产业布局、基础设施、要素配置等方式，共同建立合作机制，避免城市间无序竞争，提升整体经济竞争优势。二是体现在社会民生管理方面。围绕教育医疗、公共服务、城市管理和生态环保等方面，通过系列政府层面的制度安排或市场行为，共同解决系列利益诉求，实现共治共建共享的局面。

第三节　新发展格局下深圳提升全球影响力的路径研究

一　畅通高效能枢纽型经济循环，实现供给侧改革和需求侧管理"互促协同"

在新发展格局背景下，要统筹利用供给侧结构性改革与需求侧管理的协同发力，以推动经济发展循环畅通。加大供给侧结构性改革的力度，同时重视需求侧改革。通过解决瓶颈和弥补不足，畅通生产、分配、交易、消费等各个环节，实现需求推动供给、供给创造需求的动态平衡，从而提高整个经济结构的有效性，同时通过供需两端的协同发力的新发展格局本质，强化创新驱动。以新供给去引导和产生新需求市场，从提高供给效率和健全新型需求市场体制，促进经济的质量、效率、能力等变革。通过推动深层次的产业结构调整，解决生产要素配置不足问题和全要素生产力水平，以优质产品扩大市场有效供给力。通过提高供需结构对新市场变化的敏感度，推动从效率型经济向质量型经济的全面转型，进而形成需求带动供给、供给促进需求的高水平动态平衡，从而激活经济发展的内生动力（见图1-2）。

（一）以供给侧结构性改革为战略主线

当前，我国经济发展最主要矛盾是市场供给侧的结构性失调，以及导致的资本流动不畅通问题。仅靠拉动市场总需求，难以解决结构性问题，必须更多地从市场供给侧发力，突出需求侧的变化及其对市场变化的适应性，进而稳步地推动经济发展朝着更有效率、更高质量、更加透

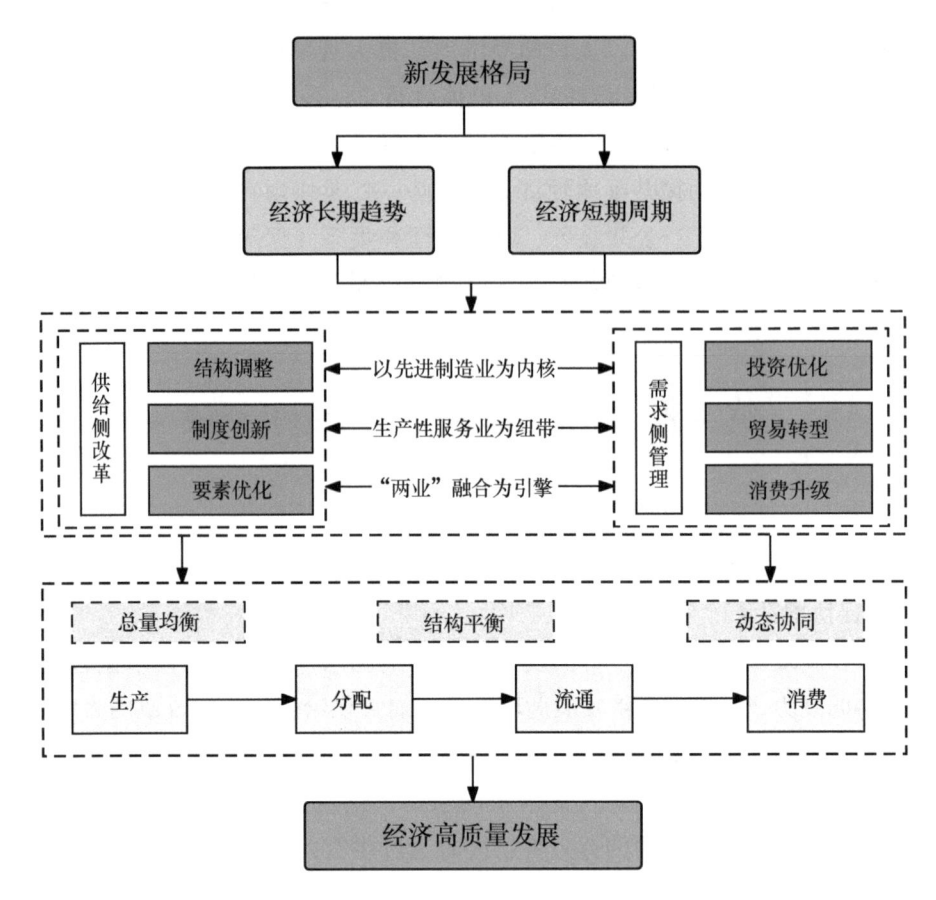

图 1-2　新发展阶段经济高质量发展的分析框架

明、更可持续发展的方向前进。

一是从结构调整角度来看，生产要素的供给与生产结构、市场结构、交易结构、所有制结构、资本结构和区域结构等之间都存在紧密联系。供给侧结构性改革应当以要素供给、机制供给为关键，以产业结构改革和消费结构的改造为关键。生产环节从生产规模与生产结构两个方面决定着需求总量与需求结构。新产品、新模式和新业态的建立有利于推动供给侧的产业要素配置，促进产业结构的转型调整和改造提升。推动产品和服务结构调整最为根本的变化在于质量变革、动力变革、效率变革，而主要基础和关键环节又是依靠生产端行为的改变，主要载体在于产业，基本主体在于企业，根本途径在于改革创新。推动供给侧结构性改革，以进一步调整资本投入结构，建立更加富有竞争力的现代产业体系，推动培育发展更多形态的模式和业态，发展壮大更多"骨干企业"和"专精特新"中小企业，以形成龙头企业顶天立地，中小企业铺天盖地发展新势头。

二是从制度创新角度入手，坚持实施社会主义市场经济体制，发挥地方政府与市场主体的双重功能，为社会企业营造自由公平、良性竞争的良好营商环境。构建新发展格局的关键在于推动经济循环的顺畅，要坚持深化供给侧制度创新这一核心，明确具体的战略方向，持续提升创新能力和竞争实力，持续增强供给体系的韧性，构建更高效率和更高质量的投入产出关系，实现经济在高水平上的动态平衡。畅通市场经济循环系统最主要的任务就是供给侧结构性改革有效畅通，达到市场主体的供给能力，既打通经济循环的堵点、消解瓶颈制约，又能支撑民营企业创造巨大就业机会和创造收入。

三是从生产要素优化方面出发，把近期需求与长远供求相结合，以要素循环、生产循环和市场循环为基础，形成供需之间畅通的循环。要素结构、产业结构和行业结构共同决定着社会生产关系的基本结构，受市场经济体制条件和技术限制，社会生产要素的分配方式由产品资本、劳力等传统要素的投资形式，逐渐转变为产品技术、人力资本等新型要素的投资形式。生产要素分配质量呈现不断提升的态势，推动了生产附加值提升，产业结构向多元化、高端化的方向更新。社会生产要素按照"低效部门—高效部门"的演进路径重新配置，促进了社会产业结构高级化演变，形成了开放有序的现代市场经济体制与新型要素流通体系，推动了社会生产关系的迭代升级。当前我国社会主要矛盾主要表现在供给结构不能适应需求结构的变化，出现有效供给能力不足导致的"内需不足"和"需求外溢"。只有通过推动供给侧结构性改革，深入推动商品和要素全面向流通型市场开放，提升中高端资源要素的流动效率，改善供给质量，才能提高市场供给系统对需求侧的适配性。

（二）以需求侧管理为发展方向

畅通国内大流通必须加速完善内需结构，尤其提高居民消费对经济发展的作用。具体包括：建立起促进内需的有效机制，充分释放内需潜力，加快培育完整内需体系，加强市场需求管理，持续提高居民消费水平，让建设超大规模的国内市场成为一个可持续的工程。当前国民收入增加能力赶不上国民经济发展能力，居民消费发展和工业生产发展不同步等不均衡、不平衡现象长期存在，同工业强国的优势比较，提高居民消费大国的优势仍然任重道远。

一是从投资结构端来看，以优化投资结构促进社会居民消费能力的进一步增强，促进市场供需双方形成良性互动，实现稳定市场的有效供给，推动居民消费提质扩容和提档升级，要加强服务补链强链机制，提高科研机构研发能力，锻长板补短板，以调适政府干预力和发挥市场优势双管齐下，调整投资结构的供给体系，以推动社会生产要素结构和产业结构的进一步优化，并满足市场需求。特别是当前新技术的出现带来新的投资机会时，必须把发展新技术的重点放在以制造业为主的实体经济上，逐步建立以实体经济核心的现代产业体系。积极推动新型工业技术和现代生产性服务业深度结合，提升新一代信息基础设施在产业发展中的支撑引领作用。发挥地方政府财政投入的杠杆作用，激发民间资金的活力，逐步形成有良好市场导向的内生增长机制。

二是从外贸转型端来看，强化与世界产业链供应链的合作广度和深度，有利于增强新形势下在全球协作和国际竞争中建立新优势。当前，逆国际化发展成了新的趋势，全球宏观经济局势复杂，对外贸易发展也遇到新挑战，保持国内循环成为实现经济平稳发展的新思路。建立开放型经济新体系，以高水平对外开放提升国内与国际经贸互动效果意义重大。以重塑外需动力新引擎：以"高质量"走出去，"高水平"引进来，综合提高对外开放水平和层次。提高对外开放水平，推进对外贸易和投资的自由化。打造国际贸易平台，推进各类要素便利化流动，扩大法律、制度、规范等与国际衔接。改变对外贸易和投入的模式，促进外贸从量的扩大走向质的提高，推动技术创新和服务贸易结合，主动加入国际价值链合作网络，促进产业向世界价值链的高端发展。

三是从消费升级端来看，消费环节是需求侧管理的重要着力点，也是畅通国内商品市场大循环的主要引擎，更是解决人民群众对美好生活需要的重要任务。消费受居民收入、社会保障、消费供给、消费观念和人民基本生活要求等诸多因素共同影响，消费潜力并未得到全面发展。

所以，要通过深化推动需求侧管理，完善居民消费体制机制建设，健全居民消费政策体系，创造良好的居民消费环境，提升城乡居民群体消费活力与信心，将庞大的消费潜力转化为消费动力，发挥消费对经济发展的基础性作用，提升人民群众生活质量，实现供给侧结构性改革和共同富裕的有机融合。

（三）以先进制造业为内核

先进制造业是构建新发展格局的主战场，也是实现经济良性循环的关键所在[①]。先进制造业集群可以凭借其完善产业生态与网络化协调系统，在一定的空间区域范围内集聚较全面的产业链、供应链和创新链，以及与之后续相衔接的技术链、人才链和资金链，可以在保证专业化分工后产生最大经济效益的同时，也能确保产业链、供应链和创新链的安全。从市场层面上推动产业集聚发展与城市发展相互融合，加快实现区域间合理的分工合作，构建区域内部循环带动国内整体循环、由国内整体循环促进区域经济协同发展的良性融合关系。

一是增强企业技术创新的自给功能，以实现新型工业产品在国内国际双循环中的可控与安全。在先进制造业集群培育中，通过龙头企业和科研院所的聚集，共同构成的区域知识网络和技术创新生态系统。依托政产学研的协作创新网络，可以促进企业技术外溢和科技扩散，有利于推动创新产品的实现中试和产业化，也有利于企业跨区域跨产业展开合作创新，实现重点技术突破和加快工业化。打造先进制造业完整、集中、高效地产业链条，可以迅速适应需求市场的变革，有效推动大规模产业化和市场化进程，并切实增强供给对消费的适应性转变和配套作用，为畅通制造业的双循环注入新发展动能。

二是提升先进制造业的产业链供应链竞争水平，促进供给与需求在大循环中实现动态平衡。先进制造业通过龙头企业对产业链和价值链的垂直整合，有效推动上中下游企业分工协作，建立更加丰富全面的生产供给场景，进而提升企业生产供给对需求的适应性转换功能和产品匹配能力。促进先进制造业在中高端供给和基础供给中的主动作为，为市场

---

① 侯彦全、程楠：《以先进制造业集群为抓手，服务构建新发展格局》，《机器人产业》2021年第5期。

主体发现新需求、研发新商品、发展新技术、促进新应用、创造新业务提供良好"土壤",成为供需良性互动的"助推器"。

三是提高先进制造业与城市发展的结合水平,增强与国内大循环技术的链接互动。在先进制造业的培育成长进程中,要借助市场"无形的手",把地理位置上相邻的城市之间、城乡之间的重要产业联系连接起来,提升中心城市与周边之间在产业链上的分工,能够有效克服地域封锁、资源支割和利益藩篱,达到产业发展和城市发展协调配套、互促互进,进一步提升中心城市和城市群的引领功能。通过先进制造业和城市、城市群融合发展的新机制,提升产业集聚能力对中心城市及城市群发展的综合承载能力,助力国内大循环体系构建。

四是增强开放意识和提升对外合作能力,积极推动先进制造业与国际循环有效连接。着眼于世界工业与科技的发展,推动优秀的先进制造企业进一步嵌入全球产业链、价值链与创新链分工,形成与区域产业循环和全球产业循环有效链接的重要战略节点。通过创新组织合作、互惠共赢的治理机制,推动行业性社团组织、商会、科研院所、社会服务机构等第三方机构发挥作用,在整合世界先进制造业要素资源、促进集群集体行动和社会化市场化转型发展过程中所发挥重大作用。

(四) 以生产性服务业为纽带

生产性服务业是带动科学技术进步、提高生产效率、保障生产活动有序进行的服务行业,具有专业化程度高、产业聚集度广、创新要素活跃、运营模式灵活、产品转型快等特征。国家"十四五"规划明确了"推动生产性服务业向专业化和价值链高端延伸,推动各类市场主体参与服务供给"。生产性服务业发展高端化既是应对新一轮技术革命和产业变革的战略,也是增强制造业核心竞争能力、培育现代产业体系、实现经济高效发展的重要环节。

一是发挥生产性服务业二重经济属性的作用,推动产业结构高水平转型升级。生产性服务业是从专业化生产过程划分出来的、面向生产环节而不是终端消费者的、贯穿产业链全过程的支撑性服务业[1]。生产服

---

[1] 谭志雄、韩经纬、陈德敏、陈思盈、罗佳惠:《"双循环"新发展格局下我国生产性服务业价值链嵌入与路径优化》,《当代金融研究》2021年第4期。

务业的经济效益在两个方面展现：首先是作为基本经济活动所带来的直接经济效果，其次是作为间接经济活动，通过产业之间的互动交融，改变生产过程的构成和品质，从而对经济体系产生影响。① 生产型服务行业具有高度知识密集度和强大的产业带动力等特点，对于价值链分工和利益分配起着核心作用。随着产业技术的发展，生产性服务行业对于先进制造业的影响已经发生了重大变化，从"需求依赖"转向了"相互支持"，再到如今的"发展引领"，发生了颠覆性的转变。在"双循环"新发展格局的背景下，迫切需要加强生产性服务行业与先进制造业之间的良好互动，通过降低成本、提升效率、增强竞争力和节约资本等方式来助推高质量发展。②

二是发挥生产性服务业在经济价值链中的"润滑剂"作用，推动内外循环加速优化。国内需求是我国启动新一轮经济全球化的主要基础支撑，而"双循环"新发展格局则是基于国内需求的全球经济形态。在"双循环"新格局下，知识、技术、资金、信息和商品等要素流动加速，生产性服务业在供应链、创新链和产业链中起到了关键的"润滑剂"作用，使各要素能够相互连接、流通顺畅，从而提升整体经济的价值链。与此同时，在实现外循环到内循环的转变过程中，生产性服务业可以通过专业化分工、优化产业功能布局、提高资源配置的效率，引导各种要素实现"由外向内"的流动。

三是充分发挥生产型服务业的创新带动功能，促进产业链价值链向全球中高端水平攀升。长期以来，发达国家通过对全球价值链的垂直整合，抢占有利的价值链主导位置，从而在世界范围建立"市场阻隔"。新发展格局背景下，产业发展可以实现从生产要素驱动向技术创新驱动转变，并立足技术创新向全球价值链上下游的延伸，促进新产业、新模式、新业态的成长，促进价值链攀升③。从具体逻辑来看，一方面生产性服务

---

① 陈红霞、雷佳、郭文文：《生产性服务业的内部差异及比较优势研究——基于六大类生产性服务业细分行业的投入产出分析》，《中国软科学》2020 年第 1 期。
② 黄先海、诸竹君：《生产性服务业推动制造业高质量发展的作用机制与路径选择口》，《改革》2021 年第 6 期。
③ 江小涓、孟丽君：《内循环为主、外循环赋能与更高水平双循环——国际经验与中国实践》，《管理世界》2021 年第 1 期。

业通过增强供应链技术能力,实现工艺上的颠覆性革新,促进制造的低附加值环节向开发设计、品牌销售等高附加值环节转化,实现功能升级;另一方面生产性服务业通过加强下游品牌渠道建设,提高对专利和技术准入的限制壁垒,助力传统中低层次产业向高新技术领域的改造,完成链条转型。

(五)以"两业"融合为引擎

"双循环"的价值在于全面畅通生产、分配、交易和消费等各环节的堵点难点,推动经济循环运行和产业关联实现畅通。先进制造业与生产性服务业(即"两业")的融合发展,可以加速物流、信息流和资金流等要素自由流转,形成更高效和更快捷的投入产出体系,有效增强市场供给弹性和韧性,改善供给质量。

一是顺应产业融合的发展趋势,率先以实现"两业"融合打造引领型的现代产业体系。产业融合主要是在科技进步和市场经济规制逐步放松的推动下,原本分属不同产业或市场的产品因创新而产生交叉替代关系,产业内部重新建立了新型竞争合作关系,具体包括:替代性融合、互补性融合、结合性融合。技术革命、政府管制、企业内驱力、消费市场需求等,都是构成产业融合的原始动力。随着信息技术的迅速发展,数字经济成为新的经济增长点,对原有产业边界进行打破,也为促进"两业"融合提高技术支撑。在信息技术、现代金融、知识产权和现代物流等生产性服务业领域,已经率先实现与先进制造业高质量融合,诞生了一大批充满活力的新型业态。

二是发挥生产性服务业对先进制造业转型升级的驱动作用,提升资本的配置效率。将生产性服务业作为主要投入要素,可以通过降低交易成本、提高劳动生产率等方式影响先进制造业发展质量。例如,当先进制造业企业"外包"其在生产性服务业中的交易费用远低于自身成本时,先进制造业内部的服务性部门就会因为失去优势而撤出,从而使得先进制造业企业的成本进一步下降。先进制造业将节约出的资本投入到高技术研发环节,又促进了资本配置效率的提升(见图1-3)。

三是发挥先进制造业对生产性服务业的促进作用,提升经济的规模效应。在"两业"融合的要素匹配效应的驱动下,由于先进制造业与生产性服务业之间存在着双向溢出、互为因果的作用,整体产业规模将持

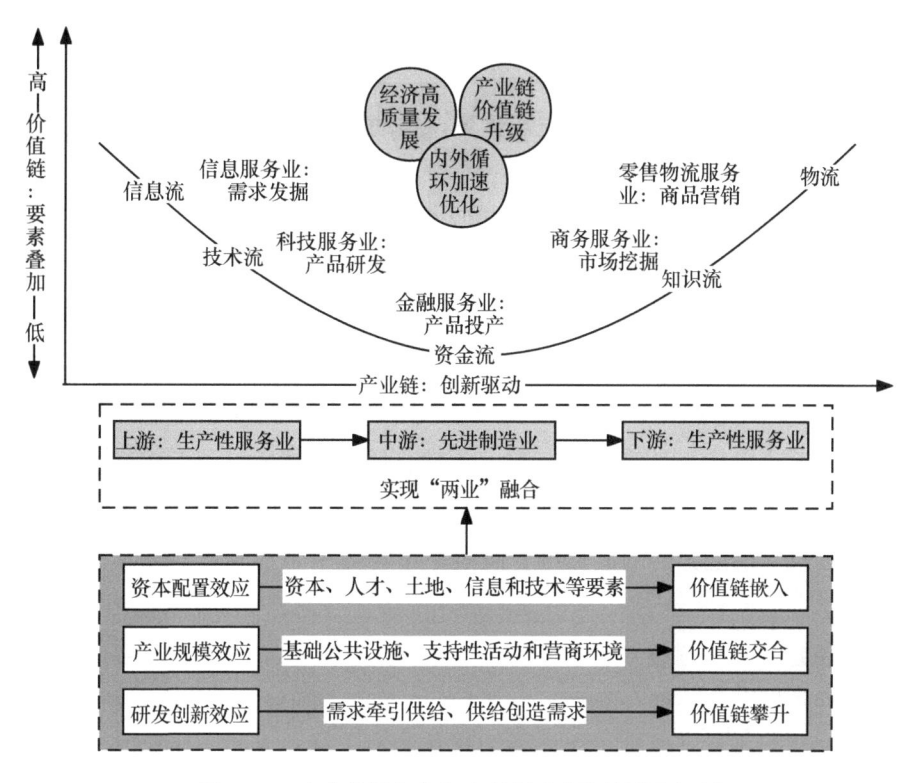

图 1-3　生产性服务业和先进制造业价值嵌入机制

续扩大，组织结构也将持续进化。鼓励先进制造业企业加强科研技术等创新链方面的资本投入，借助大数据、工业互联网等新一代信息技术，助力企业转型升级和数字化改造，从而激发先进制造业对现代服务业的有效需求，有效促进生产性服务业的高质量发展。

四是推进"两业"融合不宜失之偏颇，尤其需要兼顾生产性服务业与先进制造业在实体经济中的占比。现代产业结构演变的趋势是服务业占比越来越高，而制造业则相对降低。制造业比重的下滑会对整个经济系统形成巨大损害，可能导致经济进入中等收入陷阱。新型工业化与先进制造业的发展方式、要素、内涵都与过去根本不同，特别依赖于知识服务要素和生产性服务业的支持。在"双循环"新发展格局背景下，加速推动经济内循环要在积极发展生产性服务业的同时，确保先进制造业的基本稳定。保持自主创新和产业融合互促过程中，加快实现产业升级和现代产业结构优化是壮大实体经济和构建现代产业体系的必然选择。

二 建立高标准服务型市场体系，推动有效市场与有为政府"同向发力"

新发展格局背景下，经济发展的动能将由外向内转变，也将引起资源配置的手段和着力点的重要转变。秉持"有效市场＋有为政府"的工作原则，加快转变政府职能，充分发挥市场在资源配置中的决定性作用。

（一）构建更有活力的有效市场，使市场主体服务和管理更全面

面对市场发展的环境、要求、条件、任务等都发生了新的变化，对市场经济体制建设提出了新的、更高的要求，进一步加快建设统一开放、竞争有序、制度完善的高标准、高效率市场体系将成为政府工作的重心之一。

一是推进体制改革消除要素流转的行政障碍，释放经济循环动力。打通经济循环的关键在于改革，减少地方政府市场保护的内在动机[①]。深化市场体制改革，促进生产要素市场化配置，健全和提高市场功能，为市场创造更健康地发展环境。把区域政府之间的博弈转变为企业市场之间的竞争，用更高效率的市场制度推动要素资源在国内国际市场中畅通循环，发挥市场力量在资源配置中的决定性功能，保障土地、人力和资金等要素资源的有效流动，进一步提升要素的生产力。

二是加强基础设施建设破除生产流通的空间壁垒，提升经济循环效能。基础设施是解决空间距离层面经济循环不均衡或不完善的关键，新一代信息技术网络基础设施拥有更大的产出弹性，可以推动市场整合，促进商品和要素在更大空间区域内高效流通[②]。一方面要统筹推动公铁航海一体化发展，形成现代化交通运输基础设施体系，减少生产要素的流通成本，提升市场流通效能；另一方面也要推进新型基础设施建设，借助新兴技术构建快捷便利的信息流通网络，以大数据生成要素为牵引，

---

① 王一鸣：《百年大变局、高质量发展与构建新发展格局》，《管理世界》2020年第12期。
② 顾朝林、曹根榕、顾江、高喆、曹祺文、汤晋、易好磊：《中国面向高质量发展的基础设施空间布局研究》，《经济地理》2020年第5期。

放大信息技术赋能经济发展的释放、叠加和倍增等功能,提高市场交易透明度。

三是健全市场机制规则破除公平竞争的制度壁垒,降低市场交易成本。全面摒弃内外有别的观念,加快建立客观公正、科学规范的市场制度,充分激发企业的竞争活力和创新动力。从"破"的视角上说,彻底取消和清除市场范围内的地域性歧视措施,取消对各种所有制公司的区别性管理政策,为市场创造公平的市场起点环境和公平竞争条件。从"立"的角度,就是必须改革在地方保护主义方式下的内耗型或无效性竞争模式,引导各类市场主体在全国统一的市场经济中展开合作与竞争,形成市场竞争均衡发展和企业合作优势互补的良性竞争方式。

四是完善供需平衡消除规模经济的结构障碍,完善市场循环支撑。由于供需结构错位失衡影响国内市场的有效扩张与规模效应的充分发挥,导致国内市场不能为新发展格局带来强力支撑。从需求方面来看,通过提高居民生活收入水平、增强居民的消费意识,提高劳动力就业率与生产率,改善居民消费条件与激活居民消费潜能,扩大有效市场需求促进国内外市场整合[①]。从供给方面来看,形成规范、透明、公正的营商环境,为企业和消费者构建快捷便利的政府服务体系和社会保障制度,同时采取减税降费措施等手段鼓励企业创新,在生产、交易、服务等方面努力破除市场障碍,推动传统产业转型和新兴产业成长。调整市场供需格局,在供给需求的互相促进中实现更高层次的供需平衡,以更强劲的市场需求动力和高供给能力为构建新发展格局提供保障。

(二)建设更高层次的有为政府,让宏观治理与行政监管更到位

"有为政府"是指政府要"有所为有所不为",真正突出政府赋能市场的作用,避免政府"失灵""越位""错位""缺位"和"无为"。针对新经济、新技术和新业态等方面,政府部门更要坚持包容审慎原则和实施触发式监管模式。

一是推动政府角色逐渐由主导型向赋能型转变,完善与社会主义市场经济相适应的经济制度。坚持为人民服务、对人民负责、受人民监督的基本原则,持续创新行政方式、提升执政效率和规范职权运用,实现

[①] 刘志彪、凌永辉:《论新发展格局下重塑新的产业链》,《经济纵横》2021年第5期。

依法用权、秉公用权、廉洁用权，建立人民满意的服务型政府。同时逐步确立并健全体制和政策，明确政府机关和市场主体在资源配置中的边界和功能，如国土体制、金融体制、财务税收制度、户籍体制、社会保障体制、环境治理机制等。完善各项宏观经济调控及政策体制，如宏观经济调节政策法规体制、产业政策、科技政策、收入分配政策等①。为经济发展提供法律制度和政策法规体系保障，也为市场经济主体在资源配置活动中的决策提供选择空间。

二是持续推动政府"放管服"改革，减少政府对资源的直接配置和微观市场活动的直接干预。充分履行政府作为"守夜人"的职责，推动行政体制改革，创新政府管理方式，健全政府的宏观调控体系，健全和改进政府职能，促进市场经济的公平、健康发展。坚持"法定职责必须为、法无授权不可为"的原则，该管的事一定要管理到位，该放的权力一定要放足。建立职责明确、依法行政的政府治理架构，完善综合执法程序，全面规范公正文明执法。建设统一有序的市场平台体系，建立公平开放透明的市场运行机制，把经营活动交给微观市场主体，激发市场主体的生产积极性，让市场主体更全面、更充分地发挥其价值作用。

三是准确把握政府角色"消极"和"积极"的尺度，突出领域重点发挥新型举国体制优势。政府在国家产业发展战略中一直扮演的重要角色，规模庞大的国有经济一直具有中国经济特色，但"有为政府"并不是"全能"政府，"有为"不等于"乱为"。从新结构经济学角度出发，"有为政府"的主要功能是在克服市场失灵、简政放权、促进产业结构调整、加快基础设施更新，以及扶植有马歇尔外部性、与投资密集度和自身要素禀赋结构相对匹配的行业。例如当前"卡脖子"的技术问题成了很多国家在进行技术自主创新过程中的重大难点，但拥有新型举国体制的优势就可以克服这一困难。

（三）发挥市场与政府共同作用，建设中国特色的市场经济体系

新发展格局要求充分破解当前阻碍生产力发展的障碍与矛盾，全面

---

① 史晋川、董雪兵、潘士远：《中国区域经济学理论创新探索——有效市场与有为政府视角》，《经济研究参考》2022 年第 9 期。

打通要素循环流动的各环节，构建国内统一大市场，充分厘清政府与市场的边界、创造良好的营商氛围和激活市场资金的有效投入。"双循环"战略的核心是构建新型的政府—市场关系，以"畅通其流"推动中国特色的市场经济高质量发展。

一是明确政府与市场之间的功能边界，增强市场配置资源的能力。政府的宏观调控对经济稳定增长发挥有很大影响，但也产生一些低效的问题，所以政府必须构建行政与市场合作机制，必须以法律形式为政府的权力范围确定最大限度，遵循市场经济的契约精神，尽量减少政府随意性的行政命令干预市场。在资源配置领域，政府的权力范围必须限制在社会上难以解决的公共服务问题，以及市场上无法供给的公共性产品领域。国有资产投资者作为国家的代理人参与市场竞争，也应该与其他所有制公司一样遵守市场秩序。政府部门是规范市场的法定执行者，又必须是法制秩序的遵守者，政府部门间应互相加强监督与制约，并提倡法制的权威性与效力，切实发挥以立法抑制政府随意性的功能。

二是充分重视和维护企业的知识产权，促进市场主体积极参与创新。经济的螺旋发展和产业结构提升依赖于大量的科技积累和技术攻坚，知识产权保护体系是支撑建设国际一流营商环境的基础，因此打通知识产权创造、运用、保护、管理和服务全链条尤为重要。新发展格局下，传统依靠学习、模仿外资先进技术为主的方式受制于"技术战"已经逐渐行不通。因此在自主科技创新背景下，更加凸显知识产权的重要性。充分尊重并保障对市场主体的所有权，才能促进市场经济加快实现循环流转，形成动态增长的自生动力。政府作为市场秩序的监管者与维护者，应该完善法治环境，重视市场经济主体的产权诉求。

三是构建公平竞争自由有序的营商环境，减少市场的交易成本。营商环境是企业在经营中涉及的体制机制性因素与条件总和，包括基础设施、市场制度、服务环境与审批程序等，而这个体制环境依赖政府提供。良好的营商环境能够从市场流通的所有环节上减少市场交易成本和企业的投资成本，从而提升市场循环的总体运作效能，也有助于吸纳外来资本流入。有效破除营商环境中产生的交易成本等隐性市场障碍，可以推动要素和商品在更大范围内的流动，促进国内统一的大市场建设，实现市场经济的大循环。

三 构建高水平开放型经济体制，坚持深化改革和扩大开放"同频共振"

习近平总书记在深圳经济特区建立40周年庆祝大会上强调："新时代经济特区建设要高举中国特色社会主义伟大旗帜，以一往无前的奋斗姿态、风雨无阻的精神状态，改革不停顿，开放不止步，在更高起点上推进改革开放。"① 深化改革和对外开放有助于解决核心技术攻关、补齐经济发展短板弱项、深挖内需潜力等问题。

（一）深化改革：聚力推动形成新发展格局

充分利用改革这一重要手段，保持坚定不移、无畏风雨的战略决心，围绕坚持和完善中国特色社会主义制度、推进国家治理体系和治理能力现代化，推动更深入的改革，实施更广泛的开放，为构建新发展模式持续提供巨大动力。

一是深化改革引领经济发展进入新常态，推动增长模式的转变。深化改革政策措施的落实将为宏观层面经济运行和经济增长带来积极作用，将促进并从根本上增加经济增长的科学性、有序性和均衡性，确保经济增长的平稳发展，成为稳经济的"镇流器"。而从目前经济社会的总体发展形势而言，以往依靠人口红利、以高额投入驱动经济高速成长的增长模式已然到了极限，持续高位发展的态势已然无法维系，利用创新提升各类要素生产力，促进经济社会发展方式转换已是当前推进经济体制改革的必选之道。深化改革促进产业结构所带来的"洗牌效应"，从而有效突破产业增长的结构性问题，完成经济发展的结构性转变，并促进整体经济结构发生更大幅度变化。深化改革将推动新一轮经济发展要素增长，改变经济增长的动力、优化产业结构、丰富生产要素的来源（见图1-4）。

二是深化改革要明确主要矛盾和核心问题，推动重点任务落实。深化改革面临诸多的问题，但要牢牢抓住主要矛盾。健全宏观经济管理制

---

① 习近平：《在深圳经济特区建立40周年庆祝大会上的讲话》（2020年10月14日），中国政府网。

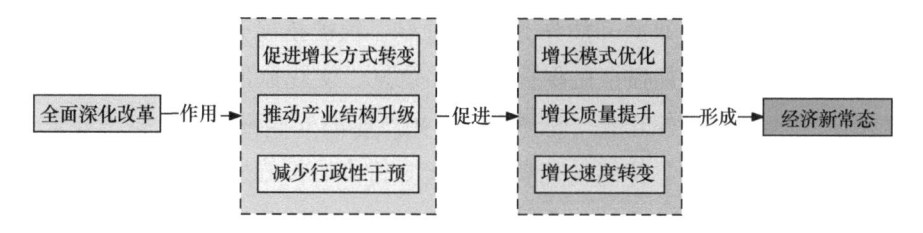

图1-4　全面深化改革与经济新常态的关系

度，强化政府宏观管理能力。创新投融资管理机制，提高投资对优化市场供求结构的重要性功能，发挥消费对经济发展的关键保障性作用。合理防范和化解重点领域风险。切实维护宏观经济安全。完善社会主义市场经济制度，积极培育高质量市场主体，促进各种所有制企业共同发展。深入推进经济布局优化和结构调整，推动企业混合所有制改革，鼓励和引导民营企业发展。大力弘扬企业家精神，建设高标准市场体系。开展要素市场化配置综合改革，积极稳妥推进重要领域竞争性环节的市场化改革。完善科技创新体系机制，畅通源头创新、成果转化、产品推广等链条。推进全面绿色转型的重大改革，围绕"双碳"目标，扎实做好碳达峰、碳中和工作。

（二）扩大开放：构建新发展格局必由之路

新发展格局大背景下，只有坚定不移地推动高水平制度型对外开放，才能顺应时代大势，赢得发展主动，奋力开辟高质量发展新领域。以塑造现代化、法治化、国际化营商环境为目标，持续放宽市场准入，缩减外资准入负面清单，扩大鼓励外商投资范围，推进自由贸易试验区建设，持续释放改革开放红利。

一是加快探索制度型开放，营造促进国际循环的发展环境。新发展阶段，要积极解决体制机制中的深层次矛盾，构建更高水平制度型开放环境作为支撑。党的十九届四中全会上确定了制度型开放的方向，抓住了推动国内国际循环互促共进的"牛鼻子"，其关键任务就是确保国内法制规则与国际通行惯例和规则体系有效衔接。既要完善营商环境，为对冲境外风险找到更合理的靶位，也要为对外投资贸易的平稳增长提供体制保障，从而让制度型开放体系更加市场化、法治化、规范化、国际化。

围绕国内国际循环中的阻塞点,制度型开放的要点就是将继续改善营商环境和将现代服务业的开放作为两个重点。积极拓展开放的范围,完善了负面清单管理,加强金融保险、数字信息、文化旅游、交通运输和高端制造等领域的对外开放,完善了对新兴产业的外商投资审批备案要求,做好引资引智工作,持续构建贸易投资便利化的长效机制,形成"安商稳商"的良好环境。

二是推动更高水平的开放,倒逼对内更深层次改革。新发展格局下背景下开放型经济治理的关键体现在全面性、制度性和包容性。对内改革与对外开放必须相互促进、协调推进,改革必然需要更高层次的对外开放,而开放也必然推动更深层次的改革。推进经济体制的改革从局部改革、单个突破,再到以开放促进改革,最后实现改革与开放的整体推动,加速市场机制转换到全面深化改革。以更高水平的开放与改革协同支撑,通过调动全社会的力量、运用制度杠杆等手段,为经济社会发展夯基垒台,推动经济高质量发展。在深化经济领域改革方面,推动要素市场化配置综合改革、深化科技创新管理体制机制改革等探索。

三是以扩大开放为抓手,推动贸易投资实现高质量发展。充分发挥国内外两个市场、两种资源的优势,加快实现货物与服务贸易协同发展、进出口贸易稳定增长、贸易投资互动提高、引进外资与对外投资共同增长、要素型开放与制度型开放共同推进等总目标。

(三) 推动深化改革与扩大开放有机结合

深化改革和扩大开放两者相辅相成、相互促进,深化改革必然要求扩大开放,扩大开放也必然要求深化改革。以"深化改革"推动"扩大开放"更加充满自信心,以"扩大开放"促进"深化改革"进程更加顺利,有利于着力化解最深层的体制机制障碍,充分激活中国特色社会主义的新动力和新活力,将我国制度优势切实转化为全面执政效能,整体推动经济高质量发展。

一是扩大进口倒逼供给侧、宏观经济、消费型经济和分配制度等方面改革。引入境外先进的工业商品、服务和技术,可以倒逼供给侧结构性变革,促进制造业的转型升级和高效增长,也有利于促进宏观经济平衡。通过外汇储备扩大进口,采购海外的优质商品、服务和技术,有利于降低外汇占款,缓解当前通胀的压力、减少了资产泡沫的风险,也有利于调动全国人民的消费意愿和潜力,发挥消费对经济发展的重要拉动作用,倒逼消费带动型市场经济的形成。同时,也能够倒逼社会收入分配制度变革,增加中等收入人群规模,提高社会的流动性,引导低中收入人群通过努力奋斗实现正向流动。

二是通过扩大对外投资倒逼国内经济结构和投资模式的深化改革。由于要素禀赋优势的变化,我国对外输出的优势从传统的"商品输出"向"资本输出"转变。在改革开放初期,对外要素输出主要表现为劳动密集型的商品输出,而进入21世纪之后,对外输出则表现为对外直接投资的持续增长。[①] 促进对外投资有利于转移传统制造业过剩产能,抑制国内的物价上涨过快,倒逼深化改革。对外投资所形成的产业转移,将倒逼创新驱动发展战略的实施。特别是当前人口红利的下降直接造成了劳动力成本上升,提高全要素生产率能力成为实现可持续增长的必然选择。

三是扩大金融业对外开放,倒逼金融资源配置效率的深化改革。扩大金融服务对外开放的重要举措,可以发挥"鲶鱼效应",营造良性的竞争氛围,为金融机构发展带来新鲜血液。放宽对外金融机构的核准登记,会进一步推动境内民营金融机构的设立,有利于更好地发挥市场力量在金融资源配置中作用。通过倒逼利率的市场化改革,逐步缩短存贷款利息差距,使商业银行能够通过提高服务水平而并非采取垄断手段来获得巨大收益,让金融市场在优化资金要素配置中起决定性作用。放开外资证券公司的进入,能够推动金融资源与实体经济互动,避免了资本的脱实向虚,也有利于激活金融机构业态的创新效应,推动居民资本组合的多元化,避免资本集中流向地产市场,让金融业真正地融入国际金融体系。

四是深化改革和扩大开放要统筹发展与安全。安全是发展的重要基础,缺乏发展就无法产生良好的安全保证。发展与安全相互融合、互为条件。在新发展格局下,通过深化改革和扩大开放,进一步促进经济发展转变和提升国家安全,推动建立内外互动的全球市场机制发展框架。

---

① 薛宝贵、苏星:《扩大对外开放倒逼深化改革机制研究》,《改革与战略》2021年第3期。

在高水平开放中不断补齐产业链、供应链和创新链的短板,持续提升关键环节的韧性和竞争力。在扩大国际共同利益过程中,与全球合作伙伴构建起"你中有我、我中有你"的更大范围、更多层次的安全格局,为统筹发展经济和安全合作赢得更大战略回旋空间。

第二章

新发展格局下深圳经济现状分析

深圳因改革开放而生，因改革开放而兴。回顾历史，深圳仅仅用了四十多年的时间，以超常速度从一座默默无闻的落后、荒芜的边陲小城发展为一座拥有1766.18万人常住人口的现代化国际大都市，创造了让世界刮目相看的奇迹，GDP突破3万亿大关，仅次于北京、上海。作为中国走向全球的"先行者"，深圳在中国推进改革开放的各个重要历史进程中，被党中央、国务院赋予了一系列先行先试和先行示范的使命，在这些使命的驱动与牵引下，深圳改革创新从政策试验田到制度试验区，经济发展取得了辉煌的成就。

第一节 回顾深圳改革开放的历史进程

自从1979年撤县设市到2019年被授予先行示范区以来，面对国内外环境的复杂变化，深圳历经四十载改革开放的创新实践，先后被中央赋予经济特区（1980年5月）、国家综合配套改革试验区（2008年12月）、自由贸易区（2015年4月）、改革特区和政策优惠区（2019年2月）等多个头衔，在中央发布的《关于支持深圳建设中国特色社会主义先行示范区的意见》（2019年8月）中，深圳又被中央赋予"中国特色社会主义先行示范区"的头衔，其功能也由改革开放初期的"窗口、试验田"一跃成为"示范区"和"城市范例"。深圳作为中国改革的标志性城市，肩负着不同时期中央寄予的先行改革和先行示范的厚望，结合党和国家赋予的优惠政策，砥砺前进，艰苦奋斗，当好改革开放排头兵，率先实现了高水平的改革开放，创造了全球城市发展史的奇迹。

一 经济特区

1978年,在党的十一届三中全会上,党中央审时度势作出改革开放的伟大历史抉择,决定在沿海省份建立一批经济特区,毗邻香港的深圳就是这次经济社会发展历史性转折的产物,1980年8月,《广东省经济特区条例》的颁布,宣告深圳经济特区的正式成立。深圳作为首批四大经济特区之一、国家重点支持的门户城市,坚定贯彻中央和广东省的战略部署,勇当改革开放先行者,勇于改革、锐意进取集中力量把经济特区建设好。

相比于其他内地城市,深圳经济特区在税收、财政、外汇等领域享有一定政策"特权",经济体制加速从计划经济向市场经济转变,积极吸引高质量外资参与建设,外向型经济发展获得了显著成就。1979年率先建设蛇口工业区,先后开放蛇口码头、梅沙等口岸,实行职业经理人聘任制和评议制;大力发展"三来一补"企业和"三资"企业,普通职工实行劳动合同制;兴建赤湾港、蛇口港、大亚湾核电站等一批基础设施。经济实现快速发展,深圳GDP从1980年的2.70亿元增长至2008年的7941.43亿元,按不变价格计算,29年增长了2940倍,年均增长33.01%,分别高于同期全国平均水平(16.39%)和全省平均水平(19.51%)16.62个百分点和13.49个百分点。

二 综合配套改革试验区

在深圳特区成立29年的关键时期,2009年5月《深圳市综合配套改革总体方案》(以下简称《总体方案》)获国务院批准。《总体方案》的批准实施,是中央着眼全局所做出的重大举措,也是深圳改革开放进程的又一件大事,进一步推进深圳向更广领域、更高层次的改革,为其在新征程中深化改革,打破僵化经济模式,持续释放开放红利提供了一系列创新政策。

一是《总体方案》涵盖领域广、涉及内容多。主要在行政管理、经济发展、社会改革、自主创新、对外开放和区域合作、绿色生态等六个领域率先实现重点突破,深圳瞄准新一轮大发展的主攻方向,率先建立金融改革创新综合试验区、有国际影响力的创新中心、国家循环经济城市，不断缩小与全球经济发达体之间的差距。

二是为深圳进一步推进对外改革开放给出了新的战略定位。在改革发展的关键时期，中国对深圳市予以全新的发展定位，强调了其要统筹规划、重点突破，要努力争当"科学发展的示范区、改革开放的先行区、自主创新的领先区、现代产业的集聚区、粤港澳合作的先导区、法治建设的模范区"[①]。

三是坚定不移全面深化改革。深圳继续担当改革开放排头兵、试验地，借助试验性政策之力，在现有法律和制度框架下发挥"敢拼敢想"精神，持续解决前进中的困难和挑战，在更广领域上推进深化改革，构建与国际接轨、有中国特色的制度设计，深度参与世界经济循环，实现体制机制的重大创新、经贸合作关系再深化的"先行先试"。

相对于经济特区而言，《总体方案》有了新的要求和目标，从国家层面赋予深圳在扩大开放、顶层设计、体制创新、深港合作"四个先行先试"，在更高层次、更宽领域明确"先行先试"的改革特权，强调了综合性、配套性和系统性，既有前瞻性又有现实性，为今后的改革探索、争当科学发展的示范区打开了广阔的空间。

三　自由贸易区

时隔6年之后，深圳又再次被赋予新时代"自由贸易区"的改革重任。改革发展也面临新形势新挑战，2015年4月，《中国（广东）自由贸易试验区总体方案》的通过施行，深圳市前海蛇口片区被明确列为继上海以后的第二个自贸区，要求深圳市进一步探索创新发展的体制机制，从而突破改革的困境。前海蛇口自由贸易区作为广东自贸区之一，自2015年挂牌设立以来，主要肩负自由贸易试验、改革开放试验展示窗口等重要任务。而深圳市凭借其前海蛇口片区建设的地域优势，重点围绕扩大投资开放、深港金融与科研互联互通与相互融合等方面先行先试，在法治化营商环境、投资贸易便利功能等领域取得了明显成效。

---

① 《深圳市综合配套改革三年（2009~2011年）实施方案》，2009年8月，深圳市人民政府网（http://www.sz.gov.cn/zfgb/2009/gb662/content/post_4963649.html）。

四　改革特区和政策优惠区

2019年2月，中共中央、国务院发布《粤港澳大湾区发展规划纲要》（以下简称《纲要》），即将港澳发展与国家战略更加紧密地进行结合，充分发挥港澳自身独特优势，全面推进内地城市与香港、澳门互利合作。深圳作为改革的前沿阵地，经过40年的发展，各项事业发展取得了新进展新成效，《纲要》进一步明确深圳在大湾区建设中的发展定位和核心功能，要求其全面探索自主创新的新体制，推动新时代中国特色社会主义继续向前发展。

主要体现在以下方面。

其一，增强粤港澳大湾区核心引擎功能。在改革开放的重点领域中更好的发挥深圳示范先锋作用，加快向引领式创新和全面创新迈进，努力建成符合我国国情、具有全球影响力的国际先进城市。

其二，把深圳列为粤港澳大湾区的重要极点。在制度层面扎实推进全面创新改革试验，增强与港澳创新资源协同配合，稳步推进金融市场互联互通。突破传统思路，以深港紧密合作为重点，深化深港强强合作。推动深圳与港澳经济运行的规则衔接，让港澳体制跟内地体制在大湾区能够并行、叠加、衔接，将"制度之异"变成"制度之利"；深圳要充分发挥香港资本市场服务功能，探索跨境金融的先行先试。

此外，在粤港澳大湾区建设所涉及的经济体制改革、国际科技创新中心建设、区域功能和空间布局、现代产业体系、生态文明建设、区域创新环境、基础设施网络、参与"一带一路"建设、科技创新载体和平台等领域，从大湾区角度均对深圳提出了一系列专项性要求，并进一步强调深圳对更好实施粤港澳大湾区战略的重要作用。

五　中国特色社会主义先行示范区

进入21世纪之后，深圳经济特区持续输出了一批重要的创新成果，已经成为一个高度发达的国际化都市。2019年8月，中共中央发布了《关于支持深圳建设中国特色社会主义先行示范区的意见》（以下简称《意见》），充分体现新时期中央对深圳的期望，再次赋予深圳新的崇高使命，并作出重要指示，对深圳提出了新的发展定位，明确了新发展阶段的目标和要求，深圳先行示范区建设进入全面铺开阶段。深圳的发展正处于新的历史起点，将深刻把握"先行"和"示范"的要求，坚定不移贯彻新发展理念，以更大格局、在更高起点上推进改革开放。

《意见》对深圳在经济、文化、产业、生态等领域提出了更高的厚望和期待，为其未来发展精准锚定新航向。从"特区"迈向"先行示范区"意味着党中央给予深圳的政策支持力度达到前所未有的战略新高度，深圳发展潜力空前凸显，在全国发展大局中的地位越来越重要。建设特色社会主义先行示范区，既要符合经济发展基础，又要将有关经验制度化、法制化，深圳应继续探索试验形成具有可复制可推广的价值，在更高起点、层次、目标上推进改革开放。

由于国内外政治经济局势的急剧变动，世界经济面临较大收缩压力，同时我国经济社会发展步入矛盾凸显期，在若干重大经济社会和政治领域的发展变革迟滞。在此背景下，单纯地按照原有的全球化战略方向进行经济发展显然并不符合实际，这就需要深圳市把握新时期新特点，深入研究新形势下深圳在新发展格局中的新定位、新方向，继续保持敢为人先、探索创新，发挥特区精神，实行高水平对外开放，为深化全面改革凝聚强劲动能。深圳要着眼于新发展格局，继续大胆探索、简政放权，进一步扩大改革力度，用足用好特区的立法权，持续完善中、高级要素市场，畅通国内外经济循环，重拾改革初期"杀出一条血路"的敢拼敢闯精神，创造比在资本主义体制下更突出的经济业绩，在产业发展、科技创新、资源配置、时尚消费等领域形成具有更多可复制可推广的重大制度创新成果。

第二节 SWOT 分析：锻长板补短板 + 抓机遇迎挑战

一 优势

改革开放以来，深圳在经济、科技、产业、要素等方面勇闯禁区、持续发力、突破成势，社会经济发展取得了显著成绩，为制度创新与突破提供了"深圳样本"。

（一）经济发展进入"新常态"，稳有预期进有动能

对比新冠疫情发生前后，2019 年深圳的 GDP 为 26927 亿元，2020

年受疫情影响较大，GDP 缓慢增长至 27670 亿元，2021、2022 年深圳经济逐步克服疫情所产生的负面因素，整体经济运行呈现平稳复苏的态势，国内生产总值超过 3 万亿元，达 3.24 亿元，GDP 位居粤港澳大湾区首位，较 2021 年增幅 3.3%，2020—2022 年平均增长率 4.63%。此外，深圳 GDP 占粤港澳大湾区的 GDP 比重由 2019 年的 23.15% 上升至 2022 年的 24.85%，香港 GDP 占大湾区的比重则由 2019 年的 21.69% 下降至 2022 年的 18.64%。广州 GDP 占大湾区的比重由 2019 年的 20.48% 上升至 2022 年的 22.09%。总结来看，新冠疫情的冲击下，深圳和广州在大湾区中的经济地位逐步上升。面对严峻的经济形势，深圳再次表现出先行者的魄力，升级类商品销售恢复性增长，2022 年社会消费品零售总额为 9708.3 亿元，距离突破万亿大关仅一步之遥，比上年增长了 2.2%（见图 2-1）。

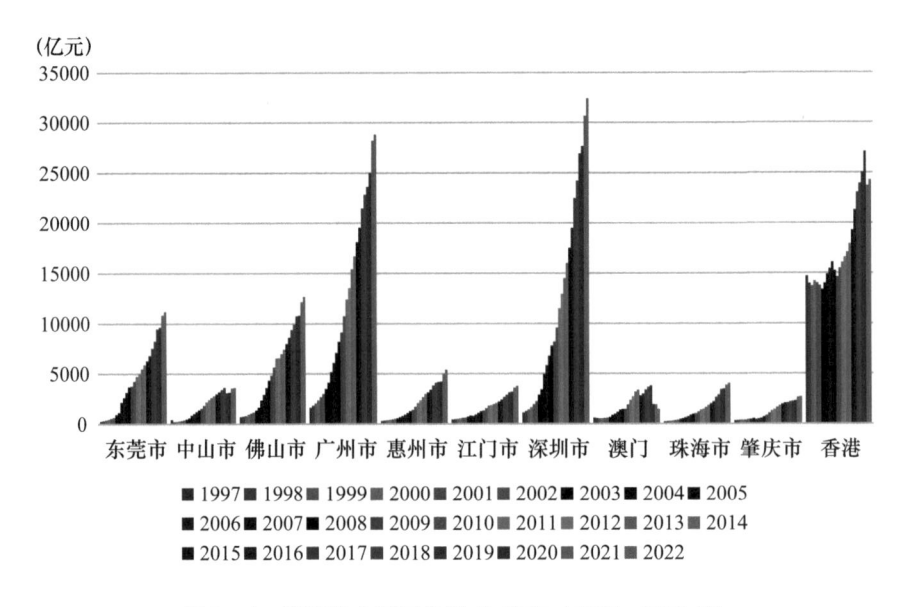

图 2-1 粤港澳大湾区各城市 GDP（1997—2022 年）

资料来源：广东省统计年鉴和香港政府统计处。

（二）人均 GDP 稳居城市前列，户籍人口缓慢上升

人均生产总值（GDP）是用以界定经济体所处发展阶段的重要指标，

2019年深圳人均GDP达到159883元（22894美元），根据世界银行的收入分组标准，已迈入高收入水平阶段（1.2万美元以上），超过中等偏上收入国家平均水平。受新冠疫情的影响，2020年人均GDP略有下降，为159309元，同比下降574元；2021年人均GDP大幅提高，突破17万元人民币，达到173663元，远超疫情前2019年的水平，2022年甚至达到183172元。此外，深圳人均GDP从1997年的3万元左右上升至2022年的18万元，上升了6倍（见图2-2）。

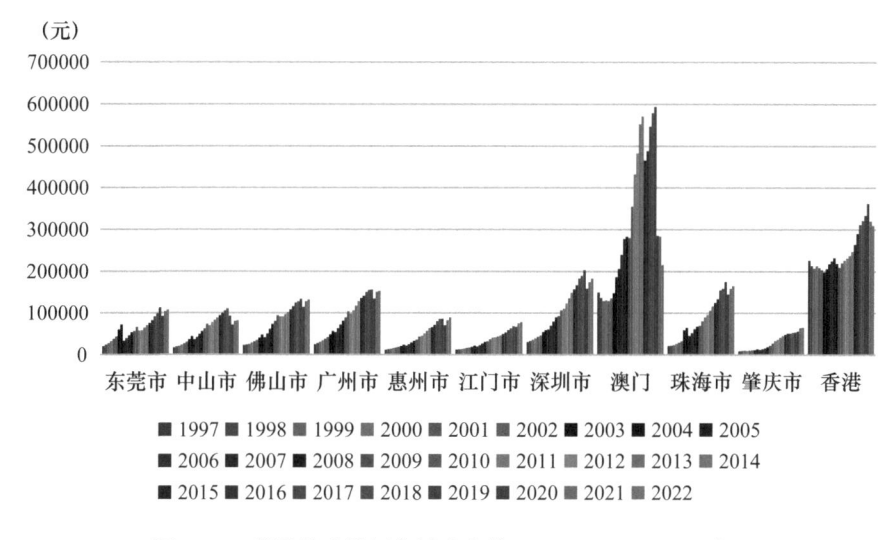

图2-2 粤港澳大湾区各城市人均GDP（1997—2022年）

资料来源：广东省统计年鉴和香港政府统计处。

1997—2022年，粤港澳大湾区各城市的户籍人口呈现不断上升的趋势，这也符合中国的城市化现状。深圳的户籍人口从1997年的大约110万上升到2022年的583万，而深圳2022年的常住人口则达到了1766万人，这些外来人口见证了深圳的崛起。对比新冠疫情发生前后，深圳的户籍人口存在缓慢上升趋势，而香港的户籍人口则略微下降，截至2022年末，香港人口为733.32万人，与2021年（740.15万人）相比减少了6.83万人，跌幅为0.9%，大湾区其他城市的户籍人口则存在缓慢上升趋势（见图2-3）。

(万人)

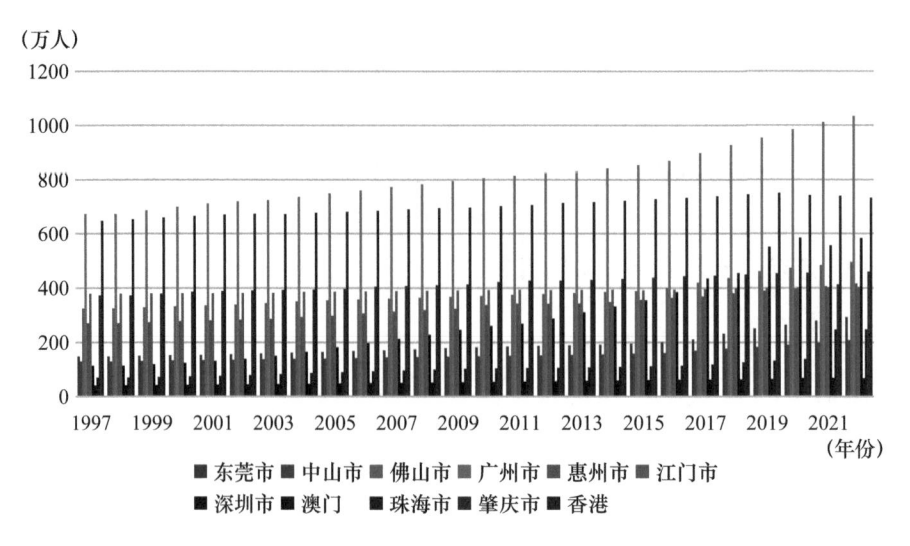

图2-3 粤港澳大湾区各城市户籍人口

资料来源：广东省统计年鉴和香港政府统计处。

（三）科技创新实力日新月异，创新之城享誉全球

深圳科技创新层次和能级全面增强，自主创新能力稳步提升，2022年深圳专利授权量达27.58万件，占全国比重的6.56%，其中每万人高价值发明专利达137.9件。2021年，深圳研发投入超过1600亿元，达到1682.15亿元，同比增加11.3%，研发强度持续提升，占GDP的比重从2012年的3.81%起步，到2021年的首次"破5"，达到5.49%，在全国大中城市中仅次于北京（6.53%），超过全国平均水平（2.44%）3.05个百分点，处于世界领先水平。其中基础研究经费占比明显提升，2021年为122.02亿元，比上年增长67.4%；占研发投入的比重为7.3%，同比提升了2.5个百分点，应用研究经费153.06亿元，占比为9.1%；试验发展经费为1407.07亿元，增长了10.0%，所占比重为83.6%。（见图2-4）

深圳"创新+创业+创投+创客"创新驱动发展格局日益强化，5G通信、新能源汽车、无人机等高科技领域持续创新突破，逐步成为成果"转化场"和产业"加速器"。国家级高新技术企业数量逐年上涨，2022年累计达2.3万家，位居全国城市第二，拥有全球范围内增长速度最快的

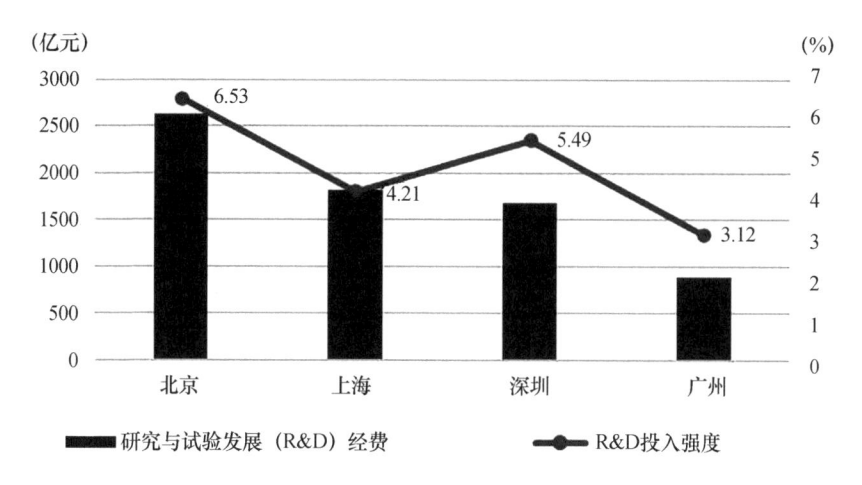

图 2-4　2021 年北上广深 R&D 经费及投入强度

资料来源：各市科技经费投入统计公报。

科技公司，中兴、华为已经成长为科技创新企业的代表和跨国经营的自主创新龙头。深圳企业高度重视研发经费支出，高技术领域投入持续加大，2021 年企业研发支出达 1582.44 亿元，比上年增长 12.3%，在中报披露的深圳 389 家 A 股公司中，其中 12 家在"研发支出"这一栏超过 10 亿，比去年（8 家）增加 4 家，企业科技创新主体地位进一步强化。深圳 2022 年全年 PCT 国际专利申请量达 1.59 万件，连续 19 年居国内大中城市首位，其中华为连续六年蝉联全球申请专利第一，2022 年申请量达 7689 件。

（四）高精尖产业厚积成势，新经济形态快速发展

深圳产业经济的内生增长动力强劲，发展表现出了强大的韧性和活力，新兴领域动能增强，新经济蓬勃发展，动能转换态势好，经济发展中的创新成色更足，新兴产业的国际话语权不断加强。数字技术与实体经济集成融合，以云计算、区块链、人工智能为代表的新技术实现颠覆性突破，智能车间、无人工厂、无人超市等新业态活力不断彰显，绿色低碳、数字经济、生命健康等新产业规模稳步扩大，协同办公、远程教育、互联网医疗、无接触配送等新模式有效应对疫情冲击下的市场痛点、难点，人工智能与数字经济产业为经济发展注入了新动能，在经济的恢

复时期,撑起了新的经济增长极。

深圳内部结构不断向中高端水平迈进,七大战略性新兴产业整体表现强,2022年,增加值达到13324.02亿元,同比增幅超过6.9%,占GDP比重为41.1%,其中新材料产业、绿色低碳产业、海洋经济产业增加值增长率更是高达10%以上,分别为21.9%、16.1%、11.5%。高技术制造业增加值占规上工业增加值的比重由2012年的58.0%提升至2022年的60.6%,增长了2.6个百分点,为经济回升继续提供有力支撑(见图2-5)。

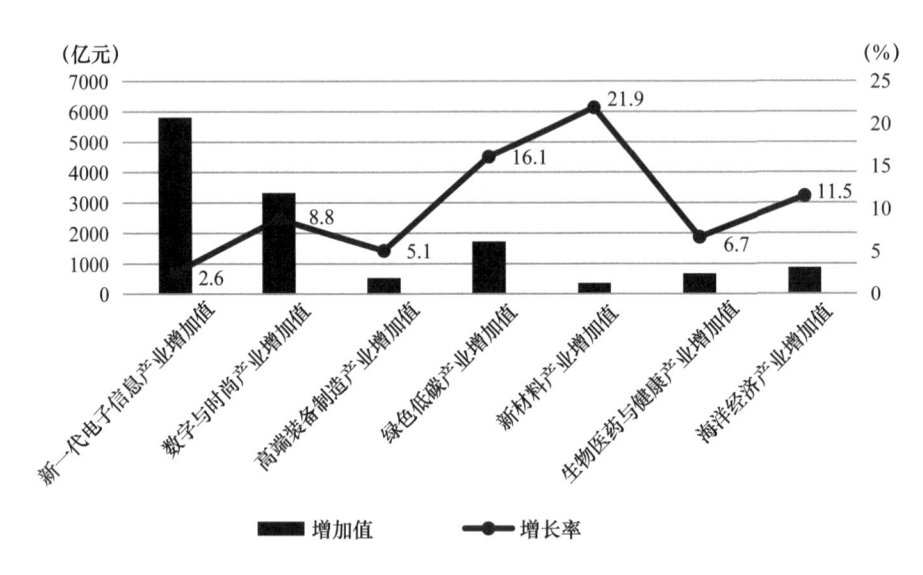

图2-5 2022年深圳战略性新兴产业发展情况

资料来源:《深圳市2022年国民经济和社会发展统计公报》。

(五)外向型经济结构向内转变,开放活力持续释放

在全球疫情所带来的巨大经济波动中,深圳市作为全国外贸最集中的城市,外贸企业呈现出强劲的经济弹性与生命力,民营企业进出口则在逆境中有所成长、比重逐渐增加,在稳定外资的出口基盘上成绩尤其明显。2022年,深圳市的进出口总量达到3.67万亿元,同比增长3.7%,出口总量已连续三十年位居国内大中城市的首位,其中民营企业进出口总量为2.28万亿元,占进出口的比重首次突破六成,至62.1%。从外贸

产品构成上看,由于受世界复杂多变的疫情防控局势影响,世界各国对医疗器械、口罩手套等医学防疫产品以及居家生活必需品等住宅经济产品的需求强烈,并将会在一定时期内保持增长势头,对深圳短期内的出口规模形成一定的支撑。

同时,深圳与港澳乃至内地主要城市区域经济合作水平不断提升,逐步形成资源整合、合作共赢的区域发展格局。1997—2021年,深圳与粤港澳大湾区其他城市的经济联系度整体来看呈现上升趋势,城市间的差距逐渐缩小。总体来看,深圳与香港、广州乃至东莞、惠州等城市间的经济联系强度最为紧密。在这期间,深圳与肇庆、中山、珠海、佛山等城市的经济联系度有较大幅度增长,表明深圳与湾区内其他城市的经济联系度日益紧密,整体上城市间的差距逐渐缩小。此外,深圳与香港、广州的经济联系度始终较为紧密。值得注意的是新冠疫情发生后的2020年和2021年,深圳与珠海、中山经济联系度跃升到前三位(见图2-6)。

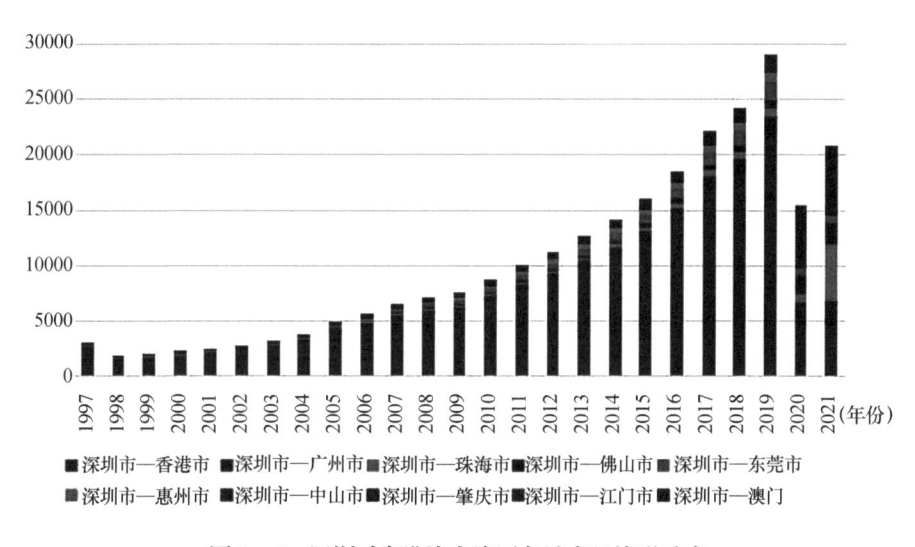

图 2-6 深圳对粤港澳大湾区各城市经济联系度

二 劣势

虽然深圳在经济活力竞争力方面具备一定的基础,稳增长力度已有所加大,但与全球顶级城市相比,深圳还是有非常大的创新和发展跃升空间。

(一)经济能级有待提升,制造业受到疫情冲击较为严重

深圳未来的经济完全修复仍尚需时日,由于当前的经济发展整体实力与世界顶尖城市差距较大,存在经济下行压力,且基础科研短板仍存,产业转型动力还表现不足。2022年,深圳GDP略突破3万亿元,与纽约(7.58万亿元)、东京(5.99万亿元)的差距还很大。同时,深圳的人均GDP也不足3万美元,相当于纽约(11.8万美元)的1/3。另外制造业是深圳经济的压舱石,但受疫情影响,第二产业占比从2019年的38.5%(位居各省会城市第六位),2020年降为37.4%(位居各省会城市第八位),2022年略有上升。第三产业占比方面,深圳2019年第三产业占比为61.4%,到了2020年第三产业占比上升为62.5%,但排在各省会城市中的第十九位。

制造业是深圳稳增长的基本盘,是对深圳GDP实际增长拉动最大的行业,但疫情发生以来,深圳制造业增速出现了下滑的趋势,2019年、2020年、2021年、2022年深圳规上工业增加值的增长速度分别为4.7%、2.0%、4.7%和4.8%,均低于当年GDP的增长速度,2020年增速跌至低点,同比下降2.7个百分点。在新技术和新产品的研发上,专利"含金量"相对不高,关键零配件及设备受制于海外进口,制造业呈现"大而不强"的局面,与国外先进企业仍存一定差距。在当前和今后一个时期,安全与效率并重的跨国投资将成为发达国家遵循的新逻辑,外资制造业企业步入存量减少阶段,跨国公司的产业转移布局调整以及欧美日韩等国核心技术的垄断将会对深圳工业立市、制造强市形成强有力的冲击(见图2-7)。

(二)新旧动能转化较慢,支撑高质量发展的动力源不足

经济增速持续放缓,2021年,深圳增速为6.7%,这是深圳建市以来除1986年以外,第二次增速低于全国平均水平(8.1%),在内地GDP十强城市中位居末位,其中第二产业增速为4.9%,明显低于第三产业(7.8%),以工业为主的第二产业出现了经济减速趋势,进而导致深圳GDP增速降低。在国内结构性矛盾、疫情多点散发和欧美国家加大制造业回流力度的多重因素叠加作用下,重要支柱产业遭遇供给冲击、增速放缓,以制造业为主的实体经济部门关键技术缺失,"卡脖子"困局依然存在,高复杂性、高品质产品供给能力尚显不足,结构性矛盾依然突出,

图 2-7　2017—2022 年深圳 GDP 与规上工业增加值增速

资料来源：深圳统计公报。

出现了"经济新动能体量较小"和"新旧动能替代速度缓慢"等现象。工业表现不及预期，房价上涨对制造业发展产生一定的挤出效应，短时期内房价的跳跃上涨在一定程度上导致经济发展虚假化和泡沫化现象的发生。计算机、通信和其他电子设备制造业是深圳第一大主导产业，2019 年，深圳该行业增速已然降至 5.5%；2020 年，在疫情等叠加因素影响下，该行业增加值增速同比降至 1.7%。到 2021 年，在经济复苏态势回暖向好的背景下，该行业增加值增速也仅略微回升至 2.3%。对比全球顶级城市，深圳潜力大、成长性好的中小企业整体规模依然偏小，传统厂房在设备和空间上更新速度滞后于城市产业转型升级速度，新兴产业尚未形成规模，高附加值龙头企业对产业生产、资源带动作用偏弱，尚未能为深圳建设更具活力的都市提供有力的支撑（见图 2-8）。

（三）要素成本持续上升，企业外迁可能引发产业空心化危机

深圳先进制造业是经济高质量发展的核心引擎和根基，近十年来深圳土地、劳动力和原材料等生产要素成本快速提升。铁矿石等金属原料的涨幅更是创下新高，受境内外的各种经济波动、工业用地楼面均价与人工薪酬大幅上涨等多种因素影响，制造业企业运营受到严重冲击，利润空间被进一步挤压。部分企业特别是上市公司，已经先行一步将募投

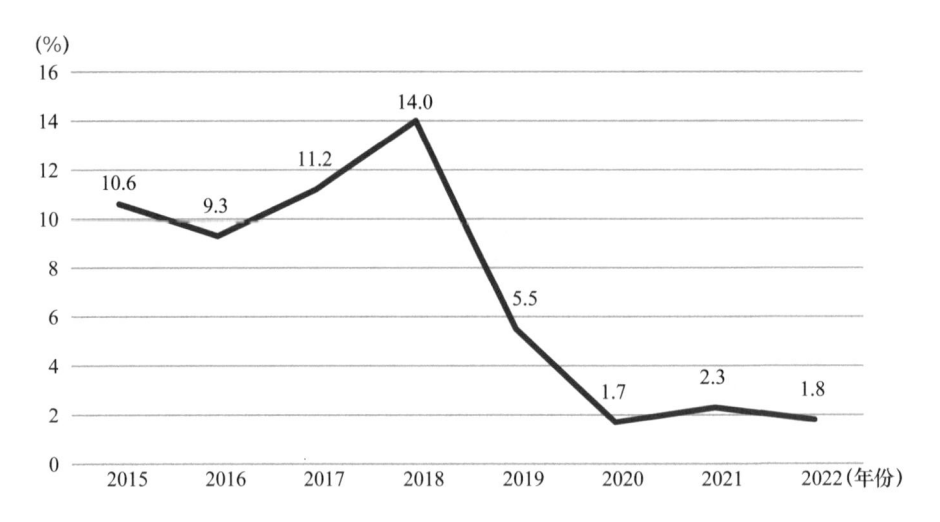

```
(%)
16
14                    14.0
12           11.2
10  10.6
      9.3
 8
 6              5.5
 4
 2                   1.7  2.3  1.8
 0
   2015 2016 2017 2018 2019 2020 2021 2022(年份)
```

图 2-8　2015—2022 年计算机、通信和其他电子设备制造业增加值增速

资料来源:《深圳市 2022 年国民经济和社会发展统计公报》。

项目频频往深圳周边乃至内地迁移,甚至有计划地将部分产业链向印度、东南亚等地转移,龙头企业外迁带动供应链产业链跟随外迁,致使部分外迁引发整体外迁。产业外迁呈逐年增多态势,例如富士康将生产线迁至内地,制造业企业整体迁移数量由 2016 年的 23 家增加至 2020 年的 190 家,年均增幅 69.53%。在新冠疫情反复影响下,2021 年整体迁移规模明显收缩、速度放缓,共 154 家整体迁移至市外。产业过度转移在一定程度上势必会对深圳可持续发展造成严重影响,进而危及产业链的完整性(见图 2-9)。

(四)关键核心技术受制于人,体制机制性障碍尚未根除

深圳基础研究水平相对薄弱,整体还处于跟跑的阶段,一些最尖端的重大理论创新和前沿引领技术产出能力还不强,严重制约了产业创新能力的提升。科技创新能力与引领性原创成果与东京、纽约等全球顶级城市相比还有一定差距,具有主导权的国际标准较少,产业链条的完整性有所欠缺,诸多关键环节核心技术仍受制于人,创新生态仍需进一步优化。此外,深圳高校研发经费投入水平有待提升,技术和产品落地转化环节问题仍比较突出。2021 年,深圳高等院校 R&D 支出仅占 R&D 经费总支出的 2.1%。

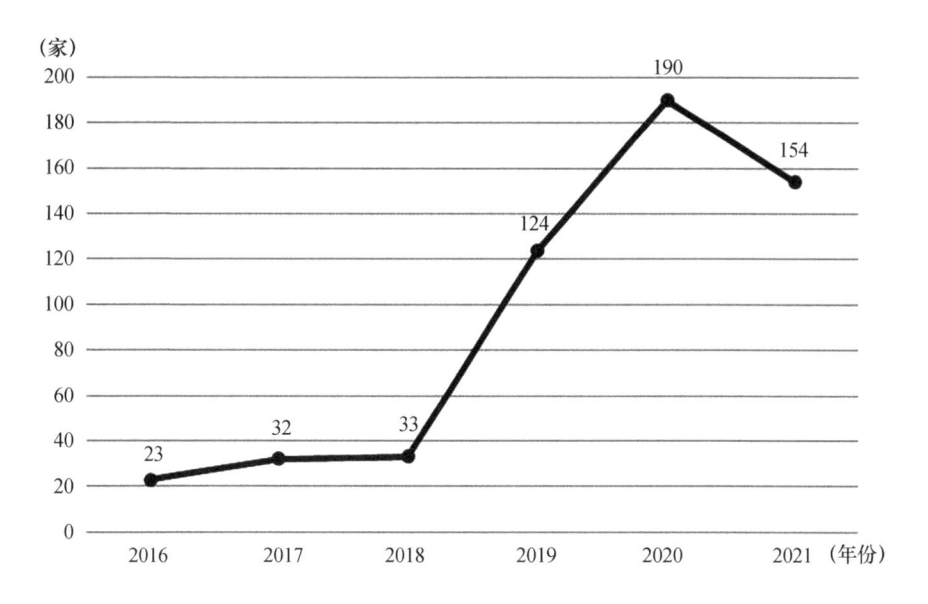

图 2-9 2016—2021 年深圳制造业企业整体外迁情况

资料来源：赛迪顾问。

科技创新仍存在严重的体制性障碍，一些深层次机制障碍尚未根本破除，全球创新资源配置能力相对不足。深圳在科技上与美、加、德、法等发达国家的差距相对较大，在此次疫情中，美日等国家具备预防灾难的科技研发储备机制，并预备了一大批有预防灾难的科技项目和科技储备，疫情使得海外先进国家大量释放出最先进的科技产品、科技项目。此外，发达国家在资格认定、突破性治疗药物程序、创新药品种加速审批与优先审评等方面具备一定制度优势，依托紧急授权机制以及 FDA 快速反应机制，加速推进包括检测试纸、试剂、药品技术产品走向市场。我国的药物审批制度相对滞后，尚未形成更加优质、高效的审评环境，一定程度上影响企业在生物医药等领域研发投入的积极性。

（五）产业集约程度不足，高端创新型人才相对紧缺

土地空间是先进制造业蓬勃生长最重要的要素之一，深圳土地面积仅为 1997.5 平方千米，相当于北京（16410 平方千米）的 1/8、上海（6340 平方千米）及广州（7434.4 平方千米）的 1/3，且近一半土地被纳入基本生态保护区域。相对国内一线城市而言，深圳土地资源较为稀

少，产业用地供给缺口较大，目前可供开发的土地空间基本饱和，陆域开发强度已接近50%，远超过国际警戒线30%。但对标纽约、东京和伦敦三大城市，深圳土地面积并不小，为纽约（785.6平方千米）的2.54倍，伦敦（1577平方千米）的1.27倍，与东京的面积几乎相当。产业集约程度与全球标杆城市相比，仍存在明显不足，2022年，深圳地均产出仅为16.21亿元/平方千米，约为纽约（96.47亿元/平方千米）的1/6、东京（27.79亿元/平方千米）的3/5、伦敦（30.48亿元/平方千米）的1/2；深圳人均产出仅为18.34万元/人，约为纽约（90.24万元/人）的1/5、东京（43.42万元/人）的2/5、伦敦（48.86万元/人）的3/8，土地创造价值仍有待进一步提升（见图2-10）。

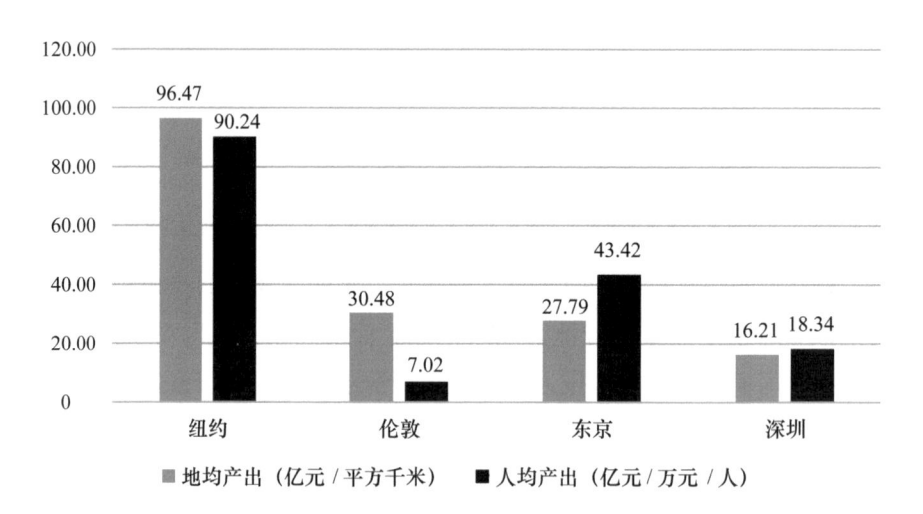

图2-10 2022年全球城市地均产出和人均产出

资料来源：深圳统计公报。

深圳在高端人才储备上仍显不足，符合经济发展的高层次创新型科技人才队伍短板尚存，在人才吸引力方面，深圳引才聚才"强磁场"效应远不如纽约、伦敦、东京等全球城市，科研机构和平台实力相对薄弱，高等院校排名与纽约、伦敦、东京相比相差甚远，国际资源汇聚能力不足。根据2022年度的全球"高被引科学家"名单，深圳共有31位教授榜上有名，上榜人数是2018年（7位）的4倍多，但与其他全球顶级城市相比仍有很大差距。

（六）海外产能继续修复，出口错峰优势正逐渐弱化

深圳作为改革开放的"窗口"城市，外贸依存度极高，对外贸易的变化，直接关乎深圳经济高质量发展的走势。作为高度外向型城市，深圳外部环境持续受到疫情影响，2020年，深圳出口在疫情影响下逆势上涨，很大程度上是由于疫情对外贸行业产生较大冲击，市场供需出现较大缺口，而深圳仍有产能优势，发挥了"补缺口"作用。深圳作为中国外贸行业的排头兵，自2018年中美经贸摩擦以及2019年新冠疫情暴发以来，深圳贸易持续下滑，由于全球多地新冠疫情持续发酵、扩散蔓延，引发短期生产停摆，造成短期需求端逐步被动向中国转移，自2020年3月以来，深圳相对美国、欧盟和东盟等主要经济体，疫情风险得以初步控制，产能率先修复，大批外贸企业有序推进复工复产，2021年深圳进出口大幅增加，同比增长16.2%，但随着海外疫情逐步缓解，欧美发达国家制造业回流及东南亚部分新兴经济体产能持续恢复正常，深圳出口下行压力加大，订单从深圳流出将成为趋势，深圳出口替代效应趋弱，进出口方面预计持续承压。2022年深圳外贸进出口总额为36737.52亿元，增幅同期收窄12.5个百分点。此外，2022年深圳出口贸易出现结构性调整，香港一直是深圳最重要的出口地，2019—2021年一直稳定在33%以上，在2019年甚至占总额的37.5%，受疫情影响，2022年深圳对香港进出口金额由2021年的7225.43亿元降低至2022年的6509.2亿元，下降了9.9%，导致一些技能要求较低的就业职位需求减少（见图2-11）。

（七）消费出现萎缩现象，消费供需市场匹配度错位

深圳社会消费品零售总额占GDP的比重相对偏低，2022年深圳GDP突破3万亿元，但是其比重在GDP十强城市中最低，深圳消费体量规模还有待进一步挖潜。2022年深圳市社消零总额排名全国第五，约为上海的59.0%，北京的70.4%，重庆的69.8%，广州的94.3%，总体规模与上海、北京、重庆、广州等城市差距较大。2022年，社会消费品零售总额同比增长2.2%，增幅同期收窄7.4个百分点。同时，在发展态势上，深圳近两年的增速不仅远低于重庆、杭州等前列城市，而且还面临着南京等城市的追赶。消费和出口放缓成为拖累经济的主要原因，在复杂严峻的国际环境和疫情影响多重考验下，深圳经济增长承压，收入和消费的反差，一定程度上反映了深圳消费上的短板（见图2-12、表2-1）。

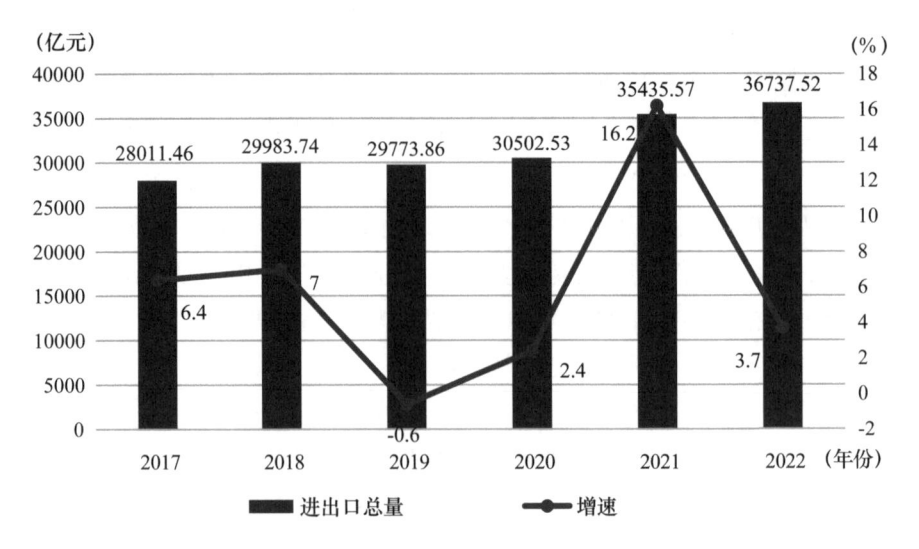

图 2-11　2017—2022 年深圳进出口总量及其增速

资料来源：深圳市统计局。

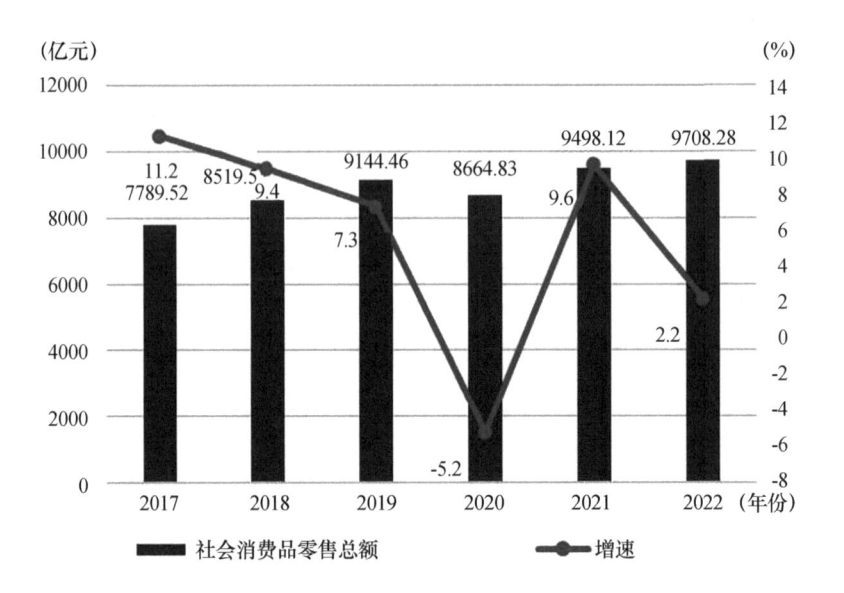

图 2-12　2017—2022 年全社会消费品零售总额及其增速

资料来源：《深圳市 2022 年国民经济和社会发展统计公报》。

表2-1　　　　　　2022年全社会消费品零售总额十强城市

城市	社会消费品零售总额（亿元）	增速（%）	两年平均增速（%）	占GDP比重（%）
上海	16442.14	-9.06	2.22	36.82
重庆	13900.00	-0.48	9.01	47.72
北京	13794.20	-7.22	0.59	33.15
广州	10298.15	1.73	5.77	35.71
深圳	9708.30	2.21	5.91	29.98
成都	9096.50	-1.68	6.16	43.70
苏州	9010.70	-0.23	8.54	37.61
南京	7832.40	-0.85	4.43	46.32
杭州	7294.00	8.16	9.78	38.90
武汉	6936.20	2.08	6.29	36.76

资料来源：各市统计局。

从产品需求侧方面看，新冠疫情的暴发将影响产品市场上消费者的消费心理与消费能力，减少整个经济社会的消费需求。从产品供给侧方面看，各地部分产品的生产供给短缺或部分中断，短期产品供给受限。产能利用率在一定程度上能反映企业的停工停产程度（黄群慧，2020），2022年第三季度的工业产能利用率为75.6%，同比下降1.5个百分点。综合以上分析可知，由于新冠疫情引致的产品市场上供求结构的变化将导致消费需求减少、总产出减少。

三　新机遇

从某种意义上说，新发展格局下，深圳经济发展将迎来一个非常重要的跨越期，面临着进一步提升到全球城市定位的难得发展机遇。

（一）我国国际地位稳步上升，经济向好态势为能级跃升带来新机遇

在需求持续紧缩、供给严重冲击、期望预期转弱三重压力下，我国经受住了各种风险挑战，国际地位不断提高，日益走近世界舞台中央。过去十年，我国经济年均增长6.2%，经济总量占全球经济总量的比重由2012年的11.3%提升至2022年的18%左右，与高收入国家差距逐步缩小。经济运行质量效益不断好转，微观主体经济活力不断释放，战略科

技力量加快壮大，高质量共建"一带一路"稳步推进，在经济发展、科技创新、政治格局等领域国际影响力持续增强，2022年度《财富》世界500强上榜企业数量、名次再创历史新高，中国居世界第一，达145家，高技术制造业增加值增长7.4%，我国经济社会实现新的历史性跨越，产业链韧性得到提升，中国将迎来发展能级全面跃升的重大机遇。

（二）新发展格局的构建，增强国际国内外资源要素链接能力

新发展格局是国家于"变局中开新局"重要战略部署，并不代表不再重视国际经济循环，而是以国内经济循环为主体，畅通生产、分配、流通各环节国内大循环，全面实行更高水平对外开放。要求深圳准确站位、积极进位，挖掘内需潜力、拓展投资空间，进一步强化国际优质资源要素配置，为打造国内大循环中心节点城市和内引外联、大循环交汇点城市发展带来的新机遇。自改革开放以来，深圳主动拥抱了市场机制、WTO和各种国际协作机构和平台，加快推进工业经济结构优化，对外开放的规模更大、范围更广、层面更深，国际化管理水平也发生了质的跨越。作为我国开放前沿的国家级经济核心城市、国际性都市，在错综复杂的国内外形势下，深圳始终坚持加强与全球经济联系，主动融入国际经济多边体系，已成为我国经济开放量最大的城市之一。从发展的角度看，深圳的国际关系发生着由低级到高层次、简单到综合、硬件连接为主向软件连接延伸的演化过程。深圳市作为改革开放重要门户，是保障"双循环"格局强而有力的"新枢纽"与"风向标"。新发展格局的构建，有利于深圳发挥国内国际双循环战略链接的优势，深度融入"一带一路"建设，超大规模市场优势和强大的内需潜力将充分显现。

（三）数字经济强势崛起，为经济实现"弯道超车"提供新路径

以数字化的知识和信息作为关键生产要素的数字经济正处于重大突破期，已成为推动全球创新版图加速重构、工业和服务业的转型升级、国际贸易增长、国内消费扩容的新动能和新引擎。发展数字经济已上升为国家战略，我国在数字技术上不断突破，数字经济规模从2012年的11万亿元增长到2022年的45.5万亿元，占国内生产总值的比重由21.6%提升至39.8%。数字贸易、数字经济、数字技术将是我国经济弯道超车的重要机遇，代表着未来产业技术发展的方向。数字化转型创造了超大

规模的市场，抓住了数字经济就抓住了经济发展新引擎和未来发展大趋势。经济的数字化转型发展加速重塑新型经济形态，在需求端降低消费者购物成本，在生产端提高供给侧质量，为经济社会发展注入更强动力。数字技术代表着科学技术的前沿，推动全球经济组织、产业结构、分工服务发生重大变革，是重组全球要素资源的关键力量，深圳将迎来在新经济赛道实现"换道超车"和"半道超车"的重大机遇。

四 新挑战

作为外向型经济的深圳，对国际市场具有高度依赖性，尽管大部分指标处于回升向好、降幅收窄的趋向，但当前深圳经济仍然面临考验和挑战。

（一）国际环境日趋复杂，世界百年变局和世纪疫情交织

国际市场乃至国际政治风云变幻，大国战略博弈加深、地缘政治局势紧张叠加全球疫情蔓延冲击，全球经济治理体系正在发生深刻变化，国际经贸秩序和经济贸易格局深度调整。全球能源、金属等国际大宗商品价格仍将高位运行，受乌克兰危机影响，欧洲多地天然气价格屡创新高，我国输入性通胀压力明显加剧，多种超预期因素冲击与潜在风险陡然增加。新冠疫情是自第二次世界大战结束70多年以来，范围最广也最严重的一次全球性危机，对于全世界的经济影响具有一定的灾难性，在这份"黑天鹅"事件的影响下，超级经济全球化进程严重受阻，产业链供应链价值链步入了当下全新的重构阶段，外延式扩张开始放缓，逐渐向区域化、本土化、短链化趋势收缩。全球经济体系下贸易供应紧张，消费需求持续走弱，在对未来经济的悲观预期中，全球经济均处于一种停滞或倒退的状态。

在国际局势日益复杂背景下，我国面临的国内外约束日益增强，国际市场竞争正趋激烈，屡遭"专利天花板""技术封锁线"，综合成本持续提高，制造业投资增长进入下降通道，生产分工、消费模式受到重大影响，消费内生性恢复动力严重不足。未来我国面临的压力可能继续增大，经济运行存在的诸多潜在风险势必将给深圳未来产业结构的优化和长远发展、迈向更高层次的发展新境界带来一定挑战。

（二）世界经济复苏脆弱乏力，外需收缩压力持续增强

全球供需缺口恢复速度放缓，经济全球化的阻力正在增强，全球经济复苏进程放缓。2022年12月摩根大通全球综合PMI、全球制造业PMI指数均为48.6%，低于50%的枯荣线，全球制造业继续呈现下滑趋势。美欧等发达经济体也正经历复苏放缓困境，2022年10月份美国、欧元区制造业PMI指数分别为47.8%、48.4%，均处于下滑通道。欧洲经济研究中心（ZEW）10月经济景气指数显示，欧元区、美国经济景气指数分别为－59.7%、－45.6%，自2022年3月转负以来，下降态势仍未见减缓；2022年11月，欧洲与美国经济意外指数分别为8.4%和12.5%，自2019年以来经济情况仍未脱离下滑态势。

另一方面，东南亚国家实施更为宽松的疫情管控措施，外贸复苏势头强劲，我国出现订单加速外流东南亚态势。据越南海关总局公布，2022年，越南货物贸易进出口总额达7325亿美元，与同期相比增长了9.5%，对美国出口金额保持增长，贸易顺差达112亿美元。相比之下，我国新出口订单增长较为疲软，2022年12月，我国新出口订单PMI为44.2%，为近半年来最低值，已连续二十个月位于收缩区间。受新冠疫情、乌克兰危机等因素影响，世界经济持续下探格局没有改变，消费者对经济发展的社会和环境成本，以及制造业全球化所引发的劳动环境恶劣等问题日益关注。

（三）疫情对供需两端扰动加剧，供应链断链风险增大

疫情冲击导致交通物流通道受阻、部分供应链环节停摆，直接暴露出全球产业链和供应链其固有的脆弱性。随着疫情全球多点暴发蔓延，欧美日等国家开始审视供应链过于集中的风险，并着力推动"近岸外包""友岸外包"，强行推动对华"技术脱钩"，利用国家力量吸引制造业回流，重塑以美国为核心的供应链联盟，维持本国的经济发展可持续性，全球贸易和价值链（GVC）加速重构。从需求侧方面看，疫情暴发后部分国家出于疫情的恐慌心理，倾向于对中国进口产品采取一系列防范措施，对我国货物、集装箱、交通运输设施等实施更为严格的检疫程序，直接增加我国出口产品的仓库成本、检疫成本和运输成本等，弱化我国出口商品竞争力，导致其他国家对我国货物的需求减少，致使我国出口受损。

从供给侧方面看，我国为防止疫情扩散而采取的一系列管控措施（延迟复工、交通停运）也将影响外贸企业的正常生产经营活动。出口订单发生交货延期或者订货数量减少，造成原料供货商和生产需求方短缺，从而对外贸出口产业链上游和下游公司产生一定打击，增加产业链的外移以及经营风险，进而对出口市场产生消极影响。受疫情影响，深圳主要港口出现大规模航运延误，盐田国际集装箱码头停靠等待的时间延长，进而引发苏伊士运河大规模堵塞事件，本已高昂的航运成本再次被推高。2022年第一季度，深圳货物、集装箱吞吐量出现不同程度的下滑，分别下降11.7%、10.1%。供应链周期的加长，造成企业需要预备更多原料和库存来应对交付。总之，由于新冠疫情引致的国外市场上供求结构的变化将导致进出口双双受到打击，引起宏观经济波动。作为经济中心的深圳，疫情防控已进入新阶段，疫后经济并未出现报复性反弹，供给端和需求端需要一个缓慢修复与适应的过程，面对海外供应链重构与需求收缩的多重压力，经济复苏的道路可能要比预期更加艰难。

（四）制造业面临"两头挤压"，产业跨境外迁速度加快

在新冠疫情暴发之初，跨境产业链转移由此前的单向迁移变为多向迁移。一方面，发达国家开始意识到制造业自主的重要性，加速推进部分产业链向本土回流，提升本土关键产业的生产能力。美国等西方国家开始基于邻国资源推动"近岸迁移"和区域化贸易，借机重组全球产业链，部分高端制造业出现本土回流趋势，跨境工厂转场、产业链大量从中国转走。未来，企业将减少对全球市场的依赖，转向地缘政治联盟和旨在服务于本地市场的地区伙伴，并建立生产联系。这样的区域化产业链将使它们更接近特定市场的消费者，从而缩短对不断变化趋势的反应时间，同时还能对冲更广泛的地缘政治动荡。

另一方面，以越南、缅甸、马来西亚等为代表的东南亚国家开始承接加工制造等劳动密集型产业，凭借人工成本低的比较优势迅速突出重围。"中国制造"正遭受来自一些东南亚土地人工等低成本的奋起直追、东欧以及美国的挤压，制造业承受两端夹击，创新链、产业链、价值链加速重构。近年，我国劳动力成本逐年快速攀升，加上人口红利将"消失殆尽"，中国进出口贸易资源要素制约、市场表现低迷等压力，过去赖以生存的廉价劳动力资源枯竭，传统增长模式难以为继，企业的利润受

到严重挤压,生存空间越来越窄。当前越南正举国家之力对出口型制造业进行扶持,越南进出口额从2011年的2020亿美元增长至2022年的7325亿美元,年均增幅12.45%。部分国际级经济寡头出台系列"布局越南"计划,加速将生产线搬迁至越南。2022年越南出口额已超越深圳,深圳仅在9月、10月、12月出口额反超越南。大量产业向越南迁移的趋势不可阻挡,深圳需要警惕产业链转移所带来的风险,把产业安全摆在更加重要的位置,突破危局、把握新机,打造中国先驱城市群新范式(见图2-13)。

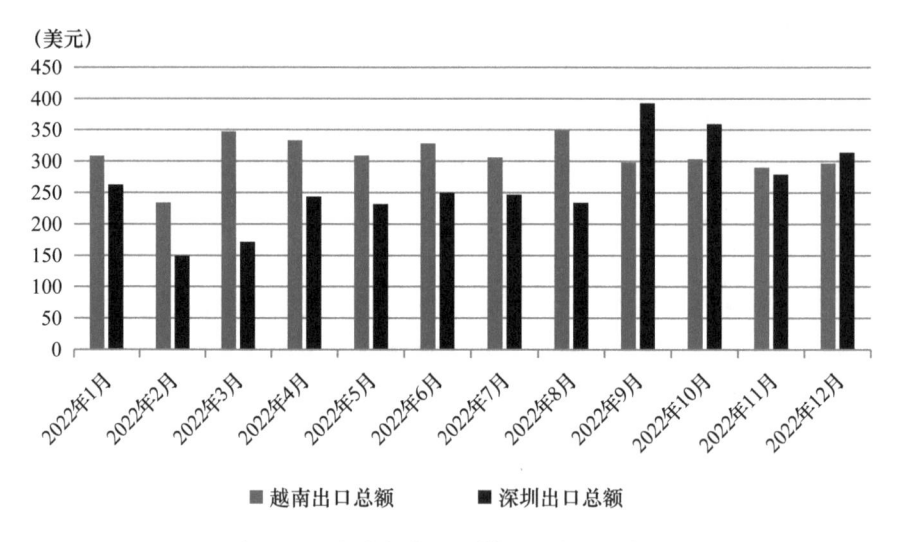

图2-13 越南与中国深圳2022年出口情况

资料来源:深圳统计局和越南国家统计局。

(五)国际竞争更加激烈,劳动力要素供求结构失衡

相互重叠政治经济危机对全球劳动力市场的消极影响仍存,失业和不平等现象将进一步加剧,新冠疫情对要素市场的影响主要表现为劳动力市场。从劳动力需求侧方面看,疫情持续发展,势必导致一部分难以承受营收锐减的企业直接退出市场,尤其诸如餐饮、住宿、旅游等劳动力吸纳能力强的行业内企业。大批企业的退出将导致大量就业岗位的消失,市场对劳动者提供岗位的能力更加不足,从而对就业市场造成一定的负向联动效应。

从劳动力供给侧方面看，新冠疫情对劳动力供给的冲击将从直接劳动力损失及间接劳动力供给中断两个层面对宏观经济运行产生影响。直接劳动力损失主要来源于因为感染而处于住院治疗及不幸死亡的劳动力；间接的劳动力供给中断来源于因疫情防控无法提供面对面接触或集聚性劳动，劳动力居家待业造成的供给中断，从而出现了劳动力供给的断崖式下降。综上可知，由于新冠疫情引致的要素市场上供求结构的变化将导致失业增加、总产出减少。2022年全国城镇调查失业率为5.7%，比2021年约提高了0.6个百分点。高质量的劳动力要素是深圳占据竞争制高点的关键，在疫情冲击之下，深圳劳动力需求也发生了结构性变化，传统制造加工行业衰退，产业工人失业，而以数字技术为代表的新兴行业增长速度加快，互联网、工程师等高技能岗位空缺数量增加，劳动力市场失业者具备的技能与当前市场需求之间不匹配成为当下深圳面临的挑战。

（六）贸易壁垒增多增高，外贸形势复杂性持续加剧

国际秩序与经贸规则正在重构，全球经济步入深度调整阶段，逆全球化暗流涌动，贸易保护主义进一步加剧，经济摩擦快速升级，经济脱钩形势严峻。作为外向型经济的深圳，较大部分企业对外依赖度比较高，在中美经贸关系形势严峻且尚未得到有效缓解的情况下，未来走向充满不确定性，中国经济下行压力加大。美国持续对中国进行政治与经济施压，通过科技战遏制中国创新活力，外贸出口上升空间十分有限。由于中美两国经济占全球GDP的比重是40%上下，中美经贸摩擦直接影响全球贸易，2019年，我国对美货物贸易出现了两位数的下滑，2020与2021年因对美出口防疫物资、医药材及药品量激增，拉动对美贸易。美国始终是深圳进出口贸易额前三的重要贸易伙伴，2022年深圳对美出口为3453.78亿元，仅次于中国香港、东盟，考虑到发达国家经济复苏十分缓慢，未来巩固和拓展与美国的贸易依然是深圳外贸高质量发展的关键。美国对盗版侵权调查加强，尽管深圳已建立最严知识产权保护体系，但知识产权保护模式仍然存在较多漏洞，深圳华强北地区电子、美妆产品的进出口贸易在未来贸易壁垒力度的增强下可能会受到极大的影响（见图2-14）。

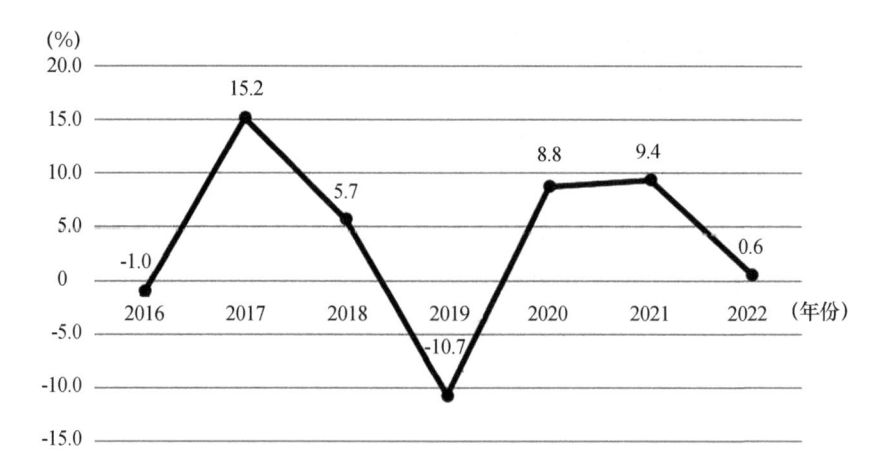

图 2-14　2016—2022 年中国对美货物贸易增速

资料来源：国家统计局。

(七) 市场预期相对偏弱，投资下行压力不容低估

从资金需求侧方面看，新冠疫情的暴发，将引致宏观经济的波动，影响金融市场上企业的投资心理与投资能力，减少整个经济社会的投资需求。在此背景下，疫情增加了企业投资环境的复杂性，企业更看重的是投资安全性与流动性，因担心疫情反复导致项目的投资收益率很低或不足以覆盖投资成本，短期内企业会倾向于规避风险，从而减少当期投资。当然除了恐慌心理造成的企业投资需求减少外，疫情防控期间由于企业整体经营效益差，营收大幅降低，致使企业投资能力较弱，也是企业投资需求减少的原因之一。

从资金供给侧方面看，疫情防控期间由于企业外部经营环境整体较差，投资收益率较低甚至难以覆盖本金，导致大量资金方不敢放贷，即在经济形势较差情形下，金融机构出于对预期收益和风险偏好的考虑，存在惜贷心理，致使疫情防控期间资金供给不足，总之，新冠疫情引致的金融市场的资金供求关系发生变化又会带来投资需求的减少、总产出减少。此外，一直以来，深圳的房地产投资严重挤占了私人消费和实体投资，房价高企使得运营成本过高，房价上涨所带来的财富效应大于挤出效益。在疫情冲击叠加复杂国际形势的影响下，深圳房地产市场进入深度调整阶段，如何保障房地产行业软着陆，有序释放局部风险，实现金融和宏观经济更良性的循环，对深圳经济走出一条更高质量、更稳更快发展道路具有重要作用。

五 综合分析判断

进入新发展阶段，深圳正处于跨越式高质量发展的窗口时期，站在新的历史起点，深圳必须乘势而上、起而行之，科学地审视所处的新方位，坚持主动融入和服务国家发展大局，坚决贯彻新发展理念，以扩大内需为战略基点，明确深圳在新发展格局下的新定位。借助国家政策授予的实验权，充分发挥"新型举国体制"优势，坚持先行先试、引领示范，在全面扩大开放上走在前列，深深嵌入全球产业大循环系统中，增强联通国内国际双循环功能，率先成为国内大循环中心节点和战略链接。瞄准在重点领域改革上的深层次问题，从世界高端产业中找标杆，从世界科技创新抢抓新机遇，从资源要素配置中找动力，从国际时尚消费潮流中谋发展，深挖超大规模市场潜力，大胆进行新尝试、形成新生优势，推进更高水平对外开放。展望未来，深圳要在全国经济中心城市定位基础上更进一步，打造竞争力、创新力、影响力卓著的全球最具经济活力都市（见表2-2）。

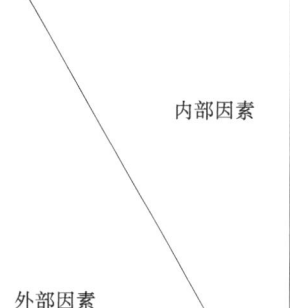

表2-2　　　　　　　SWOT分析及其战略组合

	优势（S）	不足（W）
内部因素	①经济发展进入"新常态"，"稳"有预期，"进"有动能 ②人均GDP稳居城市前列，户籍人口缓慢上升 ③科技创新实力日新月异，创新之城享誉全球 ④高精尖产业厚积成势，新经济形态快速发展 ⑤外向型经济结构向内向型转变，开放活力持续释放	①经济能级有待提升，制造业受到疫情冲击较大 ②新旧动能转化较慢，支撑高质量发展的动力源不足 ③要素成本持续上升，企业外迁引发产业空心化危机 ④部分关键核心技术受制于人，前沿产出能力还不强 ⑤产业集约程度不足，高端创新人才相对紧缺 ⑥海外产能继续修复，出口的错峰优势有所弱化 ⑦消费出现萎缩现象，消费供需市场匹配度错位
外部因素		

续表

机遇（O） ①我国国际地位稳步上升，经济向好态势为能级跃升带来新机遇 ②新发展格局的构建，进一步增强国际国内外资源要素链接能力 ③数字经济强势崛起，为在新经济领域实现"弯道超车"提供新路径	SO：抓住机遇，发挥优势 把握经济高质量双循环发展关键期、窗口期，以实体经济为本，持续完善梯度培育体系，促进先进制造业和现代服务业深度融合发展，夯实制造业"基本盘"	WO：把握机遇，克服不足 坚持面向世界科技前沿，把握未来科技创新趋势和方向，积聚力量进行原创性引领性的关键技术核心攻关，优化和创新支持方式，在前沿技术、成果转化、创新机制、人才培养等方面实现突破，全力做强产业集群发展的创新引擎
挑战（T） ①国际环境日趋复杂，世界百年变局和世纪疫情交织 ②短期全球经济修复放缓，外需收缩压力持续增强 ③全球经济复苏基础仍很脆弱，供应链断裂风险增大 ④制造业面临"两头挤压"，产业链跨境外迁速度加快 ⑤国际竞争更加激烈，劳动力要素供求结构失衡 ⑥贸易壁垒增多增高，外贸形势的复杂性持续加剧 ⑦市场预期相对偏弱，投资下行压力不容忽视	ST：利用优势，应对挑战 通过内部培育和引进外资两条途径，构建更加安全的产业链、供应链。树立起"消费之都"的形象，挖掘消费者新偏好，以高质量供给引领创造新需求，支持新业态发展，开辟发展新赛道、新领域	WT：摒除不足，迎接挑战 面对新形势、新任务、新要求，要迎难而上，攻坚克难，主动对标最高最好最优最强，不断塑造在产业创新、资源配置、科技自强中新动能、新优势，统筹推进有为政府和有效市场结合，营造要素集聚、开放包容的创新生态，努力在经济发展赛道上走在前列、勇当尖兵

第三节 深圳未来15年所处发展阶段、动力及趋势

按钱纳里工业化阶段的分组，深圳刚刚达到发达经济初级阶段，正在由工业化后期迈入后工业化时代；以波特的经济波段理论衡量，深圳正在进入知识与创新驱动的发展阶段。深圳作为最早的开放试点城市，由于具备毗邻香港的地域优势，在工业化初期，深圳主要探索外向型经济模式，以"外资牵引"为主，承接港澳等地转移的劳动密集型产业，大力发展"三来一补"加工业。在工业化中期，即从20世纪90年代开始到2000年，深圳把高新技术产业作为主导发展战略，华为、中兴等企业此时也开始崭露头角，到1999年，第一产业占比已经非常微小，第二、第三产业GDP占比分别呈现倒"U"形与正"U"形分布。进入21世

纪，深圳逐步走向工业化的后期，工业化和信息化深度融合，第二、第三产业产值差距逐渐变大。工业从注重数量转向注重质量，朝着效率更优的发展阶段迈进。

但从产业结构、创新能力、资源配置、居民收入实际购买力等方面综合来看，深圳产业高级化远未完成，技术与知识密集型产业尚未占据主导地位，科技对经济增长的贡献率远未达到"创新型国家"的标线，对土地、资本等初级要素的依赖依然较高，区域发展不平衡依然存在，经济增长的动力明显弱化，仍具有低水平扩张、非内生增长的发展特征，这些问题需要在新发展格局下通过新一轮经济升级加以化解。

一 未来15年发展阶段及其特征分析

基于当前阶段的判断，我们进一步从经济发展和城市发展两个维度来分析深圳未来15年的阶段及其特征。

（一）经济发展阶段

预计未来15年，深圳经济运行特征可分为两个阶段。

第一阶段是2023—2028年。这一时期伴随着进入新发展阶段，国内大循环内生动力的增强将会为深圳实施创新驱动发展战略带来重大机遇，有助于实现新旧发展动能接续转换。估计在这一时期产业转型会取得显著成效，高端装备、航空航运等战略接续性支柱产业逐步成长和形成，传统制造业的信息化和智能化改造步伐加快，总部经济蔚然成势，基本改变了深圳"星星多、月亮少"的产业组织形态。

第二阶段为2028—2038年，这一时期是深圳经济高质量发展的关键阶段。到2038年，深圳市经济规模达到或接近当前纽约、东京等世界顶级城市的规模。人均收入达到当时发达国家的中上水平，区域协调发展向着更高水平迈进，形成连接国内和国际两个大市场的资源要素的集聚中心，基础研究、应用研究到产业化的双向通道打通，基本形成全球最具经济活力都市。

（二）城市发展阶段

从国际经验看，世界主要大都市在空间结构的演变上通常会经历四个发展阶段：中心城市—大都市区—大都市圈—大都市连绵带。从城市发展的轨迹看，深圳先后走过了改革开放后20年的单中心扩张发展，以及自21世纪初以来逐渐形成多中心、组团式发展态势阶段,目前开始进入与周边城市协同共进、逐步融合的大都市圈发展阶段。近几年,在深圳都市圈基本形成的基础上,深莞惠市长联席会议召开,提出加快推进深莞惠城际铁路建设,进一步打造深圳都市圈。这意味着,未来15年深圳城市发展的趋势特征,将是以深圳为核心的大都市圈的进一步扩展,圈内深度分工与协作体系加速构建,同时深圳城市多中心、网络化的空间布局将进一步演化。

二 未来15年深圳发展动力分析

深圳要畅通国内经济循环而顺利实现国内国际双循环,要完成这一挑战,必须着眼新发展格局,夯实经济发展动力,未来15年城市发展的重大战略性动力不外乎以下五方面:

(一) 改革的动力

党的二十大报告指出,要坚持深化改革开放。深圳将以此为契机,大力推进各个领域改革,形成发展动力。第一,在率先建立市场经济体制的基础上,将进一步深化经济发展的市场化改革,并将全面建立以市场为主导的经济体系。作为经济发展的推动力量,市场机制将促使经济发展要素的流向和组合,加快产业结构优化调整和转型升级。第二,强化市场在产业发展的主导作用。深圳将更好地将有效市场与有为政府进行结合,视具体情况发挥产业政策和市场优势,加快破除不利于产业链上下游合作稳定的体制机制障碍,激发市场活力和资源配置能力。第三,深化科技创新管理体制改革。深圳将在科技投入稳增长机制、健全科研人员激励机制、国有科研机构制度创新等领域实现重大突破,实现一批具有世界影响力的硬核成果,加快建设成为世界科技创新策源中枢。第四,积极推动要素市场体制创新。通过在要素管理体制、要素开放水平、要素资源流动等领域的改革和创新,推动先进生产要素有序流通,进一步建设超大规模国内市场。第五,推进消费市场体制改革。通过增加高品质消费品供给、破除制约内需增长机制障碍、系统全面促进消费需求结构等综合措施,加快培育更多消费新增长点。总之,通过上述五个方面的改革创新,推动深圳城市经济全面协调和可持续发展。

（二）开放的动力

全面推进对外开放是我国顺应全球化发展的重大战略，"一带一路""互联互通"和"自贸区"的战略安排将深刻影响着深圳的对外开放。从深圳对外开放的历程看，20世纪八九十年代的招商引资，发展外向型经济，到21世纪"走出去"，输出劳务、服务和资金，目前已经基本形成了全方位对外经贸合作的开放格局，并且服务贸易和对外投资发展迅速，经贸结构转型步伐加快。这一态势在今后15年将继续发展，并将从根本上改变过去"引资—出口"的外向型经济，加快实施进口产品替代，主动融入亚太自贸区，形成"投引资—进出口互动"的全面开放新的外向型经济，推动着深圳经济增长、城市发展与国际接轨，加快实现国际化大都市的建设目标。目前，深圳已经拥有前海深港现代服务业合作区等重要对外开放平台。未来将大力以高新科技和知识产权服务为主的知识密集型产业，扎实推进深港深发展合作，将在政策创新、产业升级、自贸区联动建设等方面探索创新，积极拓展内外市场，加快融入新发展格局。

（三）创新的动力

在以德国工业4.0为代表的第四次工业革命推动下，城市发展已成为经济转型升级的核心影响因素，也就是说，科技已成为重要驱动力。在这一大趋势下，深圳经济发展也将由过去重视加大投资，转变为更加重视创新，而且投资的方向也会向创新倾斜，从而在经济发展上形成投资和创新双轮驱动发展，创新驱动力将会有较大幅度的提高。近年来，深圳不断加大对科技创新的支持力度，R&D投入占GDP的比重大幅提高。自2008年国际金融危机以来，深圳每万人专利申请和授权量呈现出加快增长的态势。在新发展格局与新常态条件下，创新在经济增长中的作用越来越重要，加上国家对创新的重视和支持力度加大，深圳创新产出的良好增长趋势将会继续保持。从长远来看，在未来15年里，深圳将充分依托新型举国体制，始终瞄准国家和"双区"建设的重大战略需求，大幅提升科技攻关体系化能力，经济增长逐步转向创新驱动的轨道上来，创新型经济产出所占的份额在整个经济产值中的比重会越来越大。由于创新越来越受到重视，经济活动中的技术和知识的比重更高，因此，产业发展将从资本、劳动密集型为主转变为技术、知识密集型为主,"智慧经济"将全面替代"汗水经济",在信息技术(IT)和生物技术(BT)等若干重要前沿领域实现关键技术的核心突破。

(四) 区域化的动力

近几年来,深圳实施"东进、西协、南联、北拓、中优"的发展战略,城市空间结构形态已由单中心扩张向开放弹性有机紧凑的组团式发展转变。"中优"战略加快主城区布局和功能有机更新,金融、总部等生产性服务业提升深圳城市的综合服务能级。"南联、北拓和东进"战略的实施使深圳产业发展的集聚水平更高,在南、东、北形成了包括电子信息、数字经济等若干产业集群。可以判断,未来靠单打独斗已经很难再实现经济跨越,这种组团式、开放式的城市空间结构优化在一个较大区域内推动深圳城市能级的快速上升,也为经济成长和产业结构升级提供了充足的市场动力。此外,区域化还表现为以多中心组团城市化的内部优化与以深圳为中心的都市圈腹地拓展相结合的城市发展。也就是说,在城市内部空间结构和功能优化的同时,深圳与周边地区乃至国际市场联系进一步加强;此外,深圳还以高铁、高速公路等大湾区高标准交通互联互通为支撑,加强跨区域间经济社会联系,立破并举建设全国统一大市场。这些都将有效放大深圳对内对外辐射的能量,从而为深圳经济在更大范围、更高平台上的成长提供持久的外部与内部动力,在"以内促外"与"以外促内"中实现双向良性互动。

三 未来 15 年深圳经济主要发展趋势

深圳未来十五年的发展将从产业发展、科技创新、资源配置、增长引擎四个维度发挥示范、引领和标杆作用,进而将深圳打造成为全球最具经济活力都市。

(一) 产业趋势:跨界融合、创新发展成为产业升级的基本路径

预估未来产业发展趋势主要包括两个方面:一是产业发展方式,二是产业结构特征。

在产业发展方式方面,过去 40 多年,深圳以高新技术产业为突破口,加快推进产业逐步向资本、技术、知识密集型产业转换,发展动力持续增强,这种产业升级路径是建立科技创新基础之上。而未来一个阶段,随着产业变革向纵深演进、示范引领作用显现,深圳产业升级将呈

现新的突出特征和趋势，其核心路径可概括为八个字：跨界融合、创新发展。具体表现为从产业的"制造者"逐步转变为"创造者"。深圳必须准确把握新发展格局的时代内涵，未来不能仅限于作为"世界工厂"的地位，而更应以创新驱动、科技赋能，向产业创造者的角色跃迁，努力成为产业高端价值链的引领者，着力提升产业向绿色化、智能化、集聚化方向发展。其基本路径是：制造业服务化、服务业数字化、互联网门户化、产业资本化。

制造业服务化就是在疫情冲击和产业链深度重构背景下，将服务业与制造业深度绑定，实施工业 5.0 版战略，向制造业注入更多服务元素，利用数字经济赋能新制造、催生新服务，推动生产方式向柔性转变。服务业数字化即利用新技术改造提升传统服务业，营造一种良好的创新生态环境，向用户提供更优质、专业的服务。产业资本化就是致力于技术、品牌这些高附加值产业，将产业与金融进行结合，利用产权、基础设施获得公募、私募的资金支持。尤其是充分发挥深圳在产业金融方面的优势，着力推动资产资本化、资本证券化，将资源转化为经营性资产，促使金融、资本、产业相互融合，助力产业集群转型升级。特别在市场一体化上，目前深圳与粤港澳大湾区其他城市在主导产业上虽有一定差异，除电子信息外仍缺乏跨区产业链上的紧密协作（如深圳总部 + 珠三角生产基地），预期未来 15 年，深圳与粤港澳大湾区在跨区产业链协作上将会出现突破性进展。

在产业结构特征方面，随着信息技术加速应用、消费结构不断升级和生态文明建设力度加大，未来 15 年，我们预测国内及深圳产业结构演化趋向中，前瞻性产业、健康休闲产业、数字产业将凸显其巨大潜力，将会在产业交融发展、互动融合的基础上，进入新一轮发展的高峰。具体体现为如下趋势与特征。

一是前瞻布局未来产业。深圳部分产业对国际供应链相当依赖，在面临疫情、产业链回流等危机时，风险被无限程度放大。新发展格局下，深圳传统产业增长乏力、优势逐步消退，新兴产业梁柱作用不够突出，面临前有"标兵"，后有"追兵"的状况，推动未来产业发展是深圳保持发展位势、增强产业链前瞻性与稳定性，把握产业发展主动权与赢得发展先机的战略举措。在可预见的未来，深圳要把产业格局变化趋势和资源优势进行结合,利用经济率先恢复时间窗口,补齐短板领域和关键"卡脖子"环节,加快推进新旧产业动能接续发展,加强在未来材料、未来能源、未来健康、未来空间等优势领域的基础研究,注重强化科技创新与成果转化,高定位、高标准打造成为未来引领全球产业创新和孵化高地。

二是健康休闲业将凸显对城市经济的支撑作用。新发展格局下,公共卫生的重要性开始凸显,对于消费医疗需求逐步增长。在新冠疫情之后,健康休闲成为当今世界最富活力的产业,伴随着全球经济步入复苏周期,旅游业、休闲度假、文化娱乐、医疗健康等产业逐步兴起,深圳人均GDP领先全国,健康服务领域的发展逐步加快,产业发展在科技应用、运营模式等方面的创新加速推进,健康休闲行业的专业服务技能与水平逐步提升,为深圳健康休闲经济扩展提供了强有力的外部条件。未来10—15年,深圳将引领健康服务业的发展方向,打造一批具有较高知名度的健康服务品牌,探索出更多规范化、标准化发展模式。

三是数字经济将获得突破性发展。全球高度重视数字经济的发展,疫情冲击客观上进一步推动了数字经济实现逆势增长,推进"无接触经济"发展,促使需求端消费模式转变,推动生产端数字化转型,数字经济将成为未来一个时期经济发展热点。深圳经济结构成熟,数字化生态布局前瞻开拓,高新技术走在全国前列,具有丰富的数字应用场景优势,为大湾区数字经济发展提供坚实支撑。未来深圳将继续坚持将数字融入到城市发展各领域,从生产、运输、消费等环节加速推进产业链数字化改造升级,率先从数字经济和数字贸易趋势中寻求新突破,走出更高质量的数字发展新路径,以高水平开放打造数字经济可持续发展新高地。

(二)科技创新:从技术"仿制创新"到"自主创新"转变

40年前,改革开放之初,深圳科技资源几乎为零,40年后的今天,深圳实现了由科技"荒漠"到创新"绿洲"的历史性跨越,部分科技创新领域处于国内前列。当前,国际对我国进行高新技术封锁,未来,深圳需要通过源头创新、自主创新,增强产业发展的核心驱动力,提升科学技术源头供给能力,实现从应用技术创新向基础技术创新的突破。

一是要从应用创新转为基础创新并重。硬科技是深圳走向智能世界的重要引擎,其中基础创新起到最为关键的作用,当前深圳具有较大影响力的原创性成果较少,研究资金大部分投向应用导向研究,真正投入原始探索的比重相对偏低,特别是前瞻性的技术和基础理论还存在一定的不足。未来深圳应瞄准原始创新和基础研究,加快推动科技关键领域的自主式发展,努力实现更多从"0"到"1"的突破,打好未来产业关键核心技术攻坚战。

二是营造更为优质的科技成果转化生态。繁荣产业生态是实现深圳新兴产业持续茁壮成长的保障,当前深圳大部分"高新成果"难以跨越技术,实验室科研成果不能有效转化和对接,真正能转化为现实生产力的创新偏少。深圳高新技术产业的发展,需要重点提高科研机构创新成果转化的效率和质量,着力推动研发与转化功能型平台与产业对接,加快推进一批未来产业创新应用项目建设,高效搭建未来产业与资本、市场链接的桥梁,更快地促进前沿技术向大规模生产阶段的转化,构建有利于"政产学研用"融合创新的体制机制。

三是打造未来核心技术自主创新的策源地。各国相继发布面向未来的科技创新战略与产业发展规划,希望借助颠覆性技术突破,解决当前制约经济未来可持续发展的主要问题。随着科技和产业发展越来越多进入"无人区",未来15年深圳需要牢牢把握未来产业在前沿技术产业化过程中的技术路线、主要用途、领先企业和商业模式,以新需求为牵引,建成一批跨领域、跨机构、贯通创新链的重大科研基础设施和科研机构、创新服务平台,在日趋激烈的全球竞争格局中突破一批具有战略意义的关键共性技术,初步打通基础研究、应用基础研究到产业化的双向通道。

(三)资源配置:市场在资源配置中将占据更为重要的地位

深圳属典型的追赶型经济,产业政策将市场资源向政策扶持的产业进行引导,政府选择特定的具体产业以及技术路线,以集中资源进行重点产业的突破,在单纯外循环拉动下,通过直接引进发达国家的产业或技术并进行大规模复制生产。深圳经济增长模式较为粗放,过去靠大量劳动力和资本支撑经济发展的模式难以为继,在新发展格局以及产业变革下,城市经济能级的提升不能单纯再依靠政府所给予的传统大量资源投入,而是将朝着市场选择、可持续、高效能方向演变。在这一过程中,资源配置将发生几个方面的重大转变。

一是选择性政策向功能性政策转变。经过40多年的高速发展后,深圳在创新领域上大幅缩短与发达国家的差距,且自身经济结构体系也日趋完善。"十三五"之后深圳经济步入新常态,正在向形态更创新、分工更复杂、结构更高级的阶段演化,深圳与亚洲"四小龙"等过去的标杆已逐渐站在了同一起跑线上,同样面临着技术路线上的诸多不确定性。颠覆性技术创新已经出现,新兴技术和产业领域存在着更大的不确定性,在新发展格局与新工业革命背景下,再实施全方位、体系化、硬性化的选择性产业政策,存在较大的决策风险,可能在投入大量资源之后,遭受诸多失败甚至将经济引入歧途。

功能型产业政策主要注重促进企业创新与能力建设,将政策取向转为维护公平竞争环境,完善创新技术扩散的市场环境与网络、市场制度与市场环境,促进提升产业的竞争力。可以预期,随着党的二十大确立的市场化改革导向的进一步落实和国家创新驱动发展战略的大力实施,未来20年内,深圳产业政策模式将以市场主导型,实施分散决策、分散创新和以市场为主导的资源配置,通过民间的试探性投资,更多地发挥市场机制的作用以探索新兴产业的发展方向、技术路线和新的经济增长点。地方政府主导产业政策的作用将大为弱化,政府的职能角色将由经济活动的"主导者"转向"引导者"甚至"协助者",政府的核心责任是为各类市场主体行为营造公平、规范、透明、高效的制度环境,即使保留部分经济职能,也可能由过去实施产业政策为主向创新政策为主转移。

二是统一开放竞争有序是市场经济未来方向。依照世界大都市的经验标准,深圳及其周边地区目前仍处于大都市区化阶段或都市圈形成的早期。作为中心城市,尽管深圳近些年已有部分产业、要素和资源向周边地区扩散,但总体上看,深圳"融合周边、一体发展"的模式还远未形成,粤港澳大湾区城市之间的资源要素尚未得到合理配置,依然存在要素流通不畅、资源错配等现象,要素市场的制度性壁垒还没有实质性打破。未来15年,随着经济能量的不断累积和城市化的不断深化,深圳将逐步进入大都市圈并以发挥要素扩散效应为主的阶段,进一步打破市场区间藩篱,疏通区域内循环的诸多痛点堵点,减少乃至消除市场准入的有形壁垒和隐性壁垒，提升跨行业、跨区域政策的相容性和协调性，以开放、合作、共赢的胸怀建设统一大市场。

三是更加注重两种资源、两个市场的统筹能力。深圳作为全球双链的重要一环，只有充分增强两个市场、两种资源的黏合度，才能打通供给与需求之间存在的堵点、难点，破解制约经济可持续发展的要素资源约束。由于国内国际双循环的本质在于价值的互通互联，特别是深圳处于全球城市网络核心节点位置，更需要与国际外部市场建立密切联系，增强区域中心的集聚和辐射能力。深圳作为国内国际双循环的重要支点，将更多地承担起各种资源要素在网络体系中流动的功能，从而越来越显示出城市平台经济与流量经济的发展模式。深圳与周边地区关系更强调合作与带动，吸引集聚优质资源，在提升周边经济能级的同时实现更高质量发展。可以预期，未来10—15年，深圳将处于全球城市体系的主要网络节点上，并通过与全球连通性发挥其资源跨境管理与协调功能。将充分挖掘和激发国内市场，建立相互配合、融合发展的循环体制，防止两个循环生态体系的脱钩，让各种要素在国内充分流通，塑造国际经济合作和竞争新优势，形成大循环空间格局。

（四）增长引擎：把对外开放优势转化为激发内部超大规模市场潜力

过去40多年，深圳作为改革开放的前沿，负有前行改革、创新改革的重要使命，从边陲小镇、资源禀赋较差的城市，成长为一座世界级的创新活力城市，在开放新格局上走在全国前列。深圳外贸进出口、利用外资、引进世界500强、服务贸易等对外开放的各项综合指标成效赫然，对外辐射功能逐步增强。然而，在新发展格局与全球总需求持续不振的背景下，深圳内部网络构建尚缺乏足够的能力，对国内市场需求的培育与开发不够，低成本比较优势也发生了逆转。深圳需以国内大循环释放内需潜力，以供给端结构性改革挖掘消费需求，未来15年，经济发展向内需主导转变，深圳改革开放将呈现出一系列新的趋势和特征。

一是对外开放领域由外到内逐步扩大。过去40多年，深圳从发展之初就参与国际市场分工，经济已深深嵌入全球产业大循环系统中，形成了内地—深圳—国际市场"三点一线"外向型经济模式。未来15年，深圳在外部区域整合上必然走向构造内部统一大市场，推进企业实施出口转为内销，提升园区合作发展能级，打通国内大循环的堵点和痛点，加强自主品牌培育，实施产业基础再造、产业链高级化，推动发展总部经济、科技创新，探索对内开放和联动发展新路径。在这一过程中，深圳的经济腹地将进一步拓展。首先，粤港澳大湾区深度一体化将加速推进。功能分工仅仅为区域一体化提供了可能，要形成市场一体化发展，需要进一步协调深圳与广州、香港中心城市的功能关系。其次，粤港澳大湾区各市之间的功能分工将更为明显。深圳必须致力于在金融、总部经济、科技创新以及装备制造业等高端产业领域确立相对优势，以形成自己的核心竞争力和对区域的辐射力。

二是将消费转为未来经济增长的主拉动力。步入新发展时代，消费结构由生存型向发展型、享受型转型，市民生活的一个共同特征，就是满足基本生存需要的物质消费比例下降，而服务型、健康型消费比例上升，人们更加注重精神、价值、生态、生活质量等高层次需求。党中央高度重视扩大内需作用，党的二十大进一步明确扩大内需对于未来稳定经济发展的重要意义，增强消费在畅通国内大循环中的内生动力。在外需持续低迷的情况下，坚持扩大内需这个战略基点成为新发展阶段抵御疫情给经济带来的负面冲击与影响、巩固我国超大市场规模优势、应对更趋复杂严峻国际环境变化的内在要求。未来 15 年，深圳要在供给和需求两端发力，推出适应现代生活需求的高品质消费项目，努力创造内需和外需"双引擎"协调拉动经济增长的良好局面。

三是外向型经济结构进一步优化。随着国际比较优势的转换和产业结构的不断升级，未来 15 年，深圳将逐步改变目前货物贸易占绝对优势的状态，对外合作与交流除了传统的制造业等贸易领域外，亦将进一步向数字经济、知识产权等服务领域拓展，经贸硬、软件要素会更紧密配合，重心将进一步向规则衔接和标准制定领域转移。外向型经济国际化战略将深化推进，国际交往功能也将进一步增强，如果再进一步紧抓构建中国—东盟自贸区"升级版"和 APEC 自贸区建设的新机遇，则在可预见的未来，深圳的战略性腹地将得到较大幅度的拓展。

第 三 章

新发展格局下深圳的战略定位与担当

习近平总书记强调:"要把构建新发展格局同实施国家区域协调发展战略、建设自由贸易试验区等衔接起来,在有条件的区域率先探索形成新发展格局,打造改革开放新高地。"[①] 深圳作为我国改革开放的前沿阵地和社会主义先行示范区,必须主动担当有所作为,以高质量发展率先形成改革创新发展的良好格局。首先,深圳要全面认识加快形成"双循环"新发展格局的重要意义,准确廓清新发展格局对深圳提出的新要求,明确理解深圳的潜力在国内循环,而优势在国外循环。其次,深圳要立足国内超大市场规模优势,坚持内外双向发力,通过强化大湾区核心引擎功能、增强高科技企业和产业创新外溢效应等方式,深化对内经济联系,着重提升对内辐射带动效应,为国内大循环发展赋能,更好助力构建全国统一大市场,使国民经济循环更加顺畅。最后,深圳要协调好国内外两个市场,利用好两种资源,提升对全球资源配置能力,全力推动"双循环"能量交换,加快建立与国际接轨的制度规则,促进与国际市场的高效连接和双向开放,努力构建国内外"双循环"的战略连接,打造新发展格局核心战略支点。

第一节 深圳加快构建新发展格局意义重大

构建新发展格局是党和国家结合当前外向型经济发展模式和经济结

[①] 《习近平谈治国理政》第4卷,外文出版社2022年版,第226页。

构作出的重大战略调整，也是着眼于我国进入新发展阶段、为了适应世界百年未有之大变局作出的重大战略选择。我国是一个拥有14亿人口和超大市场规模的社会主义国家，只有立足自身基础和条件，夯实自身的发展实力，才能在外部国际形势复杂变化的环境下，始终保持生机勃勃和欣欣向荣的发展势头。加快构建新发展格局，就是要在各种"黑天鹅""灰犀牛"事件中，保持生存力、竞争力、发展力和增长力，确保中华民族伟大复兴进程永续向前，不被迟滞甚至中断。

一 积极修炼内功，适应新发展阶段任务要求

在新发展阶段，深圳必须把构建新发展格局作为主动的战略选择，把握新契机是快速形成全新发展格局的切实保证。改革开放四十余年来，深圳立足优越的地理、完善的区位交通条件和丰富的劳动力等优势，率先把握了世界经济的全球化机会，主动实施外向型经济发展战略，顺利融入了世界市场经济循环系统体系和全球制造业市场的分配体系，形成了外向型的经济发展模式，在推动全省、带动全国快速提升综合经济实力和国际竞争力作出了重大贡献。

2021年，深圳货物贸易出口1.93万亿元，规模持续29年位居内地外贸城市第一。1979年至2021年，深圳出口总值从0.09亿美元增长至3021.4亿美元，增长了3.2万倍，深圳出口总值占全国出口总值的比重从0.1%增长到8.9%。从全球市场占有率来看，深圳外贸出口的国际占有率在可比城市中占有显著优势，并长期领跑领先于全国平均。2021年，深圳外贸出口的全球市场占有率（深圳出口总额与全球出口总额之比）达到1.36%，分别高于上海、广州和北京0.25%、0.92%和0.93%（见图3-1），比较优势特别显著。

综合来看，深圳尽管已较好地融入了全球经济与产业循环体系，在创新链和产业链方面与国际形成分工。但是，如果进一步研究深圳在全球产业链分工体系中的地位，还是可以发现国际分工整体水平不够高等问题。例如，从产品分工路径和国际贸易流向来看，深圳进口的货物包括集成电路、自动数据处理设备及其配件、农产品、液晶显示屏等，而出口的货物则是自动数据处理设备及其配件、塑料制品、服装、家具等。从对外贸易商品结构来看，同时存在着产业内贸易和产业间贸易。深圳

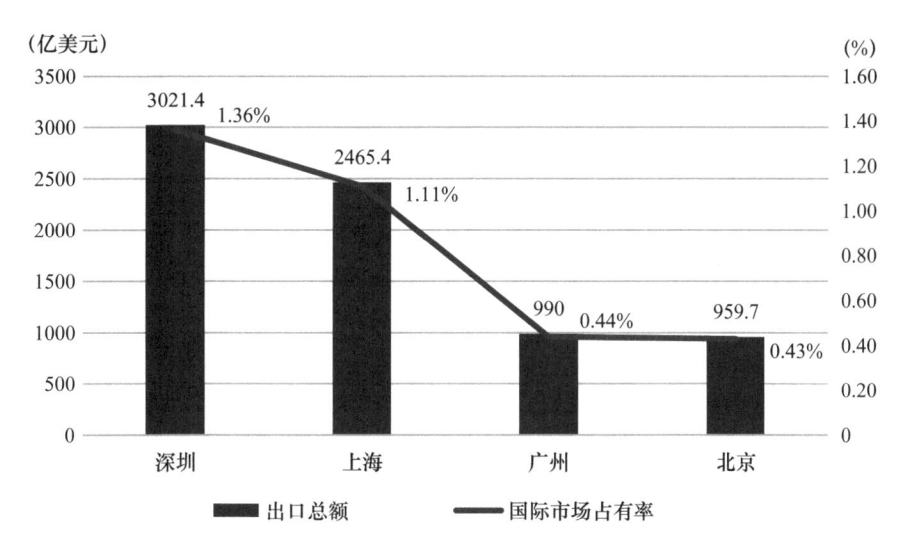

图 3-1　2021 年国内四大一线城市的出口总额和国际市场占有率

资料来源：2021 年各市统计公报。

有像自动数据处理设备及其附件这类的产业内贸易，说明深圳在计算机、设备机和终端机等机密制造的产业内部的一些细分领域在国际上已经取得了显著的比较优势和规模经济。相反，在进口农产品等产业间贸易领域，由于受限于土地资源、基础农业较少等限制，深圳的产业禀赋和技术等优势在这方面不明显，也与事实相符合。

近年来，随着深圳对外贸易的商品结构在不断调整，最为显著的特征是深圳对外贸易额与 GDP 的比值呈现出明显下降。进一步说明深圳经济对外部经济的依赖程度出现明显地下滑。经济发展的驱动力主要来自深圳内部产业转型与升级，以及与国内区域城市产生的内循环。2021 年，中国香港、美国、欧盟和东盟等前四大贸易伙伴占深圳出口总额的 73.2%，而与此同时，东盟、中国台湾地区、韩国和日本等前四大贸易伙伴占深圳进口总额的 58.5%（见表 3-1）。

表 3-1　　2021 年深圳同主要国家（地区）进出口额及比重

	出口总额（亿元）	比重（%）	进口总额（亿元）	比重（%）
中国香港	7074.58	36.7	150.85	0.9
中国台湾地区	246.39	1.3	3337.01	20.6
韩国	339.88	1.8	1508.97	9.3
日本	552.53	2.9	1054.50	6.5
东盟	1767.84	9.2	3560.42	22.0
欧盟	2403.85	12.5	804.42	5.0
美国	2849.56	14.8	363.02	2.2

资料来源：《深圳市 2022 年国民经济和社会发展统计公报》和世界贸易组织数据库。

深圳作为我国改革开放的前沿阵地，也是国内最早面临转型压力与发展困境的城市。当前发展形势下，深圳要像过去四十年那样，以旧模式推动经济高速增长已经变得不现实，进一步扩大对外开放也面临诸多挑战。一是随着土地资源紧张引致经营成本提高。深圳整体城市建设开发强度大、土地资源承载力不足等问题，推高房价、物价和物流等要素成本，制约深圳进一步实现产业升级和对外开放。二是旧的资源投入模式、生产模式、循环模式和供给模式都在面临脱节、老化和凋零的状态。人口红利逐步消退，要素成本不断攀升，以及资源和环境约束日益强化，传统劳动密集型、高耗能高污染产业的比较优势将快速减弱甚至完全消失。三是供应链经营压力增大。受外部环境影响，深圳部分供应链龙头企业呈现出增长放缓、工业投资下滑、整体负债率上升、经营风险增大和海外迁移动机提高等问题，未来经济的增长无法再通过大规模进出口来拉动。

在新发展格局背景下，深圳作为社会主义先行示范区应该尽快激活供需两端的超大规模市场潜力，积极突破核心技术和关键零配件"卡脖子"问题，推动产业升级和产业链迈向中高端。率先畅通生产、交换、流通、消费过程中的关键阻滞，打破供需流转、产业统筹、区域整合的瓶颈，解决好发展不平衡、不充分的问题，夯实提高经济发展的基础和韧性，全方位把握发展的主动权。

二 加强战略部署，应对国际外部形势变化

习近平总书记指出："当今世界正经历百年未有之大变局。"① 从国际环境看，经济、科技、政治和治理等多领域的基本格局均发生深层次、趋势性和关键性剧变，我国也在面临这一深刻变革的挑战中。

国际经济、产业和科技格局面临趋势性的变革。2008年国际金融危机以来，经济全球化就开始进入深度转型期，保护主义、单边主义和民粹主义等"逆全球化"思潮抬头，导致全球的产业链供应链不得不向本土化、区域化、短链化等方向加快重构。欧美等发达国家倡导的"战略脱钩"与"战略自主"导致传统全球化经济模式的失灵，世界经济显著加快收缩，越来越多的国家开始推行"经济主权"和"国家安全"，甚至"有限全球化"等战略。新兴大国与守成大国之间的博弈持续加剧，对全球经济格局与竞合关系产生重大影响。例如，美国已确定"小院高墙"式的精准局部脱钩策略，对我国高科技领域划定明确的战略边界②。企图采取更严厉更高密度的封锁和实施精准打击。企图全面扼杀中国的芯片、半导体等产业，以"脱钩"企图遏制中国的发展。

全球政治和治理格局面临新常态化的调整。随着世界多极化的加速发展，新兴市场国家和不少发展中国家迅速成长、全球竞争力日益扩大，而西方老牌发达国家却深陷诸多困难而发展乏力。全世界经济中心与国际影响力中心迅速向东半球转移，东西方国际政治格局日趋均衡，力量对比东升西降的国际潮流大势不可逆转。国际货币基金组织数据显示，按照国际购买力平价标准，2021年新兴市场和发展中国家占全球经济的比重已达到58%③。中国作为最大的发展中国家，经济总量已经突破114万亿元，占全球经济的份额超过18%，已经是引领全球经济发展的主要引擎。国际金融危机暴露了西方发达国家主导的全球治理体系"失灵"和难以为继，无法有效应对全球重大挑战和大规模非传统安全问题。

---

① 《习近平谈治国理政》第4卷，外文出版社2022年版，第164页。
② 陆丽萍、樊星、邱鸣华：《国际经贸格局调整和产业链重构对上海发展的影响及深化开放的思路》，《科学发展》2022年第5期。
③ 钟飞腾：《把发展置于国际议程中心位置》，2022年7月，中国社会科学网（https://www.cssn.cn/qygbx/202308/t20230826_5681488.shtml）。

概言之，构建新发展格局既是综合应对大变局演进的长期策略，更是持续推进和实现高质量发展的根本之道。对此，习近平总书记指出："保持定力，增强信心，集中精力办好自己的事情，是我们应对各种风险挑战的关键。"① 深圳作为社会主义先行示范区，更应该敏锐认识内外部环境和条件的重要变化，必须坚持"以我为主"，把发展立足点放在内需驱动上。牢牢把握新一轮科技革命发展机遇，把握"四新"经济带来的发展契机，重构产业链、供应链、创新链、价值链的结构体系，重塑经济产业结构的版图，从推动高度依赖国际市场的外源型经济发展模式，加快向以内需驱动为主的内生型经济发展模式转型。

第二节 新发展格局的科学内涵及对深圳提出的新要求

深圳要准确把握构建新发展格局的科学内涵及其内在逻辑，精准标定深圳发展所处的新的历史定位，充分利用我国 14 亿人口和超过 4 亿中等收入群体超大规模市场的优势，为实现国内大循环发展释放"深圳动力"。

一 新发展格局的科学内涵

2020 年 5 月，习近平总书记首次提出"逐步形成以国内大循环为主体、国内国际双循环相互促进的新发展格局"②。党的十九届五中全会正式提出"要加快构建以国内大循环为主体、国内国际双循环相互促进的新发展格局"。因此，新发展格局下的"双循环"既是加快中国更深层次改革、更高层次开放的法宝，也是推动实现更高品质、更高效率、更为公正、更具可持续性、更为安全的高质量发展的正确路径。

（一）坚持国内大循环为主体，夯实新发展格局的内核

国内大循环的核心关键在于要立足国内市场的需求，依托我国经济

---

① 习近平：《习近平著作选读》第 2 卷，人民出版社 2023 年版，第 205 页。
② 习近平：《坚持用全面辩证长远眼光分析经济形势 努力在危机中育新机于变局中开新局》，2020 年 5 月，人民日报网（https：//baijiahao.baidu.com/s？id=1667573046709813318&wfr=spider&for=pc）。

纵深宽、需求大、规模大和集聚强的优势特征，使得各类生产要素和商品资源率先在国内实现无障碍自由流动和良性循环。经济发展进入新常态是促进供给侧结构性改革和推动内循环发展的重要诱因，坚持以内循环为主导，可以有效减少因外部环境不确定性和外需不稳定性带来的巨大冲击，降低外贸依存度。

深圳要逐步优化"外贸依存度"等指标。对外贸易依存度是衡量一个国家或地区贸易依赖程度的关键指标。例如，2020年，美国和日本等发达国家，其外贸依存度仅分别为18.3%和25.2%，明显低于世界42.1%的平均水平[①]。相比较而言，深圳外贸依存度却高达115.6%（2021年），远高于全国平均水平（34.1%）。参考北上广等一线城市的指标，深圳在可比城市中也是属对外贸依存度最高的城市（见图3-2）。这意味着深圳外贸依存度亟须改善，进一步优化相关的指标，加快构建以国内大循环为主体的新发展格局。

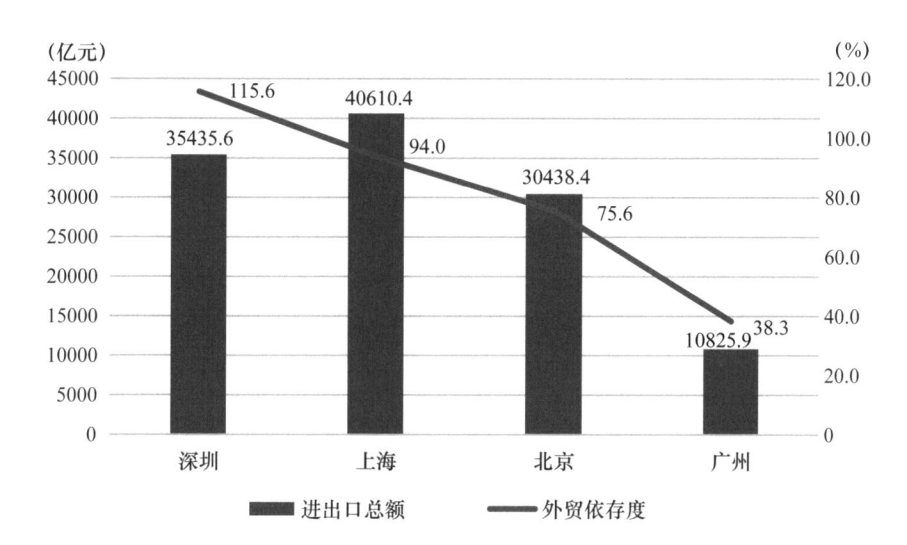

图3-2　2021年国内四大一线城市的国际依存度

资料来源：2021年各市统计公报。

---

① 连维良：《加快构建新发展格局 把握未来发展主动权》，《习近平经济思想研究》2022年第2期。

深圳要加快推进核心产业自主可控。以科技自立自强进而实现核心产业的"自力更生"是实现"内循环"的关键环节。通过持续调整供给结构、提升供给效能和完善供给体系,从而形成强大的市场韧性,建立起牢固的内部发展循环系统和扎实的经济盘,保障自身经济运行安全稳定的同时,形成对全球核心资源要素的强大吸引力,在激烈的国际竞争中构建强大的竞争优势,夯实在全球城市竞争中的极核位置。

(二)推动双循环互促互进,构建新发展格局的"双翼"

我国的经济循环不是独立的国内或国际循环,而是国内国际双循环。国内循环和国际循环是相互关联的关系,而非相互隔离或彼此孤立,就像两个紧密咬合的齿轮。一方面,国内循环需要深入融入国际循环中,同时保持一定的独立性;另一方面,国际循环包含国内循环,为国内循环提供动力和支持,使其向更高水平发展。构建相互促进的双循环新发展格局涉及国内和国际,包括供给侧和需求侧,需要进行整体谋划和统筹安排。

深圳要用好"双循环"机制吸引全球核心要素资源。全球的生产网络和分工体系经过几百年的塑造已经形成,各个国家或地区以不同的形式和程度参与国际产业链分工的事实长期不会改变。推动国内国际双循环要充分利用两种资源、两个市场,有利于深圳发挥通过内循环建立起来的新优势,持续吸引全球的高端要素资源流入深圳,助力深圳能够在更大范围、更宽领域和更深层次参与全球产业链和创新链分工,并引领国内的巨大优势和发展动能融入到国际大循环中去,进而夯实深圳在新的国际合作中的影响力,推动提升深圳在全球城市中的价值地位。

深圳要握紧抓牢融入"双循环"大框架的既有优势。正如前文提到,深圳是一个对国际市场高度依赖的城市,与世界不少的国家和地区都建立起了紧密的要素联通网络。深圳作为外贸大市,截至2022年,实现进出口3.67万亿元,其中,出口2.19万亿元,出口规模连续30年居内地外贸城市首位。各类外贸新业态在深圳蓬勃发展,跨境电商、市场采购贸易快速增长。作为我国对外开放的前沿,深圳吸纳外商投资的成效也十分显著。截至2022年8月,深圳累计吸引外商投资企业接近6000家,汇聚了全球超过160个国家(或地区)的企业,接近300家世界500强企业来深圳投资项目,累计批准外商直接投资项目超10万个。与此同时，深圳作为全国最先遭遇空间资源约束的超大城市，叠加城市之间的竞争进入白热化，部分对外开放的政策"洼地"优势逐渐被填平，深圳参与"双循环"的先机将逐渐削弱。

二 新发展格局对深圳提出的新要求

构筑新发展格局是事关发展全局和未来长远的整体性、深层次调整，这要求深圳结合发展实际，准确掌握和积极推进。具体来看，深圳服务和融入国家"双循环"新发展格局应做出先行示范，需要主动回应以下五个方面的新要求。

新发展格局以扩大内需为战略基点，要求深圳率先链接国内国际两个市场。习近平总书记指出"当今世界，最稀缺的资源是市场。市场资源是我国的巨大优势，必须充分利用和发挥这个优势，不断巩固和增强这个优势，形成构建新发展格局的雄厚支撑"[1]。随着我国成为世界第二大经济体和第二大消费市场，国内市场已初具"世界市场"特征，"磁石效应"正在不断显现[2]。2022年，我国经济总量达到121万亿元，继续稳居世界第二，我国社会消费品零售总额接近全球第一大市场美国的平均市场容量。更为重要的是，全国居民人均可支配收入达到3.68万元，城镇居民人均可支配收入达到4.93万元，形成了一个由14亿人口、4亿多中等收入群体所构成的全球最大规模的内需市场。背靠如此庞大的国内市场，深圳要以加快推动扩大内需为目标，在更好地帮助建立国内统一的大市场体系的同时，努力扩大国内市场的辐射拉动效应，以优质供给引领和创造消费需求，持续拓展高端消费供给，提升国内市场供应能力和市场能级。与此同时，深圳还要充分考虑到两个市场不同的成熟度水平和特征，积极应对日益复杂多变的国际形势，充分保证好参与国际大循环的基础，有效推动国内外居民消费能力增强，构建起涵盖资金、技术、人才等各类高端资源要素多层次的市场体系，成为国内经济大循环源源不断的动力源。

---

[1] 习近平：《把握新发展阶段，贯彻新发展理念，构建新发展格局》，《求是》2021年第9期。

[2] 杨祖增：《主动构筑国内国际"双循环"新发展格局》，《浙江经济》2020年第7期。

新发展格局以科技自立自强为本质特征，要求深圳加快打造全球科技创新策源地。实现高水平的先进科技自立自强，必须更强调自主创新，充分做好重大科技创新建设的布局，高效集聚优势资源，大力地推进核心技术的新突破。随着世界科技革命和生产转型的深度推动，世界大国之间的技术争夺也越来越激烈，中国要应对外围技术围堵挑战也越来越严峻，诸多"卡脖子"相关的重要技术难题也亟待攻克。这要求深圳自觉肩负高水平科学技术与自立自强能力的责任担当，在国家科技创新发展大局中充分发挥推动、聚集、辐射和引领的重要引擎的作用，主动作为科学新发现、技术新发明、社会发展新方向和产业政策新理念的关键策源地。围绕我国基础研发水平提高和重点技术突破，在一些前沿优势领域抓紧推进形成若干基础研发和应用基础研发的原创性成果，在一些全球关键核心研发领域争取形成全球领导者，在一些重要行业和关键性行业掌握若干世界重要技术，积极推动打造有世界竞争力的创新策源地。

新发展格局以产业自主可控为关键，要求深圳主动协同粤港澳大湾区城市打造世界级产业集群。新发展格局要求全面优化升级产业结构，提升现代产业发展水平，整体提质创新能力和综合竞争力。深圳要充分发挥作为核心城市的引擎带动作用，率先探索构建现代化产业体系的实现路径，依托现有产业基础协同周边城市，共同打造自主可控的大湾区世界级产业集群。深圳要坚持更高站位，主动围绕重要领域，明确产业定位和产业链各关键环节的分工布局，深入理顺产业链条，持续强化优势产业的对外协作，推动粤港澳大湾区的产业体系联动发展。深圳要主动推动区域合作与协同发展，逐步形成由战略性新兴产业为引领的与传统产业转型优势互补、先进制造业与现代服务业深度融合发展的高端制造业聚集区。深圳也要强化产业链共生发展和产业生态建设，提高产业链融合与配套能力，逐步形成自主可控、安全可靠的产业链供应链组织框架，积极带动大湾区在电子信息、新能源、高端装备、生物医药、金融和科技服务等重点领域，助力推动粤港澳大湾区打造若干世界级先进制造业与现代服务业的聚集区。

新发展格局以要素市场化改革为支撑，要求深圳提档升级资源配置能力。从要素循环角度看，只有推动要素市场化改革，全面释放市场在要素配置中的作用，高效打通资金、技术、人才、数据和文化等资源流动的障碍和壁垒，畅通要素循环途径，全面释放无效区域和低效产业占用的要素资源，提高要素资源的配置效率，激发要素市场活力。当前，由于市场分割和地方保护等历史原因，我国在要素资源跨区域、跨产业自由流动中仍存在诸多障碍，加快构建全国统一大市场任重道远。这要求深圳要始终坚持社会主义市场经济体制改革的方向，不断优化营商环境和完善知识产权制度，持续深化要素市场化改革，率先推动国内要素市场与国际要素市场紧密衔接，提升对全球资源配置能力，打造成为辐射全国、联通国际人流、物流、信息流、资金流、数据流、文化流等各类要素相互衔接的战略枢纽。要求深圳进一步发挥自身在科技、金融和人才等要素资源领域的优势，提升对全球资源要素的配置的影响力，不断增强全球资源的集聚和配置能力，夯实自身在数据信息、国际人才和科研创新等领域的核心综合竞争优势，全面体现深圳在要素市场化改革中的担当作为。

新发展格局以高水平开放为动力，要求深圳深入推进制度型开放。开放是当今世界最显著的特征，也是当代中国最鲜明的特质。实行高水平对外开放，以国际外循环提升国内大循环的效率和水平，可以改善国内要素的质量和水平，提高要素配置效率。这要求深圳继续保持改革开放40年以来坚持开放不止步的精神，持续为全国改革开放作引领，将作为国际社会观察我国改革开放的重要窗口打得更开更亮。深圳要瞄准全球标准、最好水平，以高水平开放为动力，通过推进更大范围、更宽领域、更深层次的改革，推动经济开放的基本内涵从商品要素开放为主转向制度规则开放为主，建立制度型开放制度。深圳要加快完善要素市场准入、优化营商环境、完善公平竞争等与国际接轨的制度规则体系，充分发挥前海深港现代服务业合作区、前海蛇口自贸片区"双扩区"先行先试作用，进一步形成全面扩大开放新格局。深圳要在规则衔接、制度创新、政策开放等方面形成可复制、可推广的经验，提高我国在制定国际经贸规则、参与全球经济治理中的制度主动权与制度话语权，建设更高水平、多层次的开放型经济体制。

第三节　新发展格局下深圳城市定位的总体思路

当前深圳的城市战略定位，应在深入贯彻习近平总书记关于新发展格局的重要论述的基础上，理解和领会构建新发展格局的科学内涵，在科学把握深圳历史方位和城市总体定位。通过比对世界全球城市和国内一线城市的基础上①（见表3-2），有利于廓清新发展格局对深圳提出的新要求，更加清醒认识深圳潜力在国内循环、优势在国外循环，坚持内外市场双向发力，把经济内需为主导、内部循环优先的文章做足，着重提升对内辐射带动效应，为国内大循环发展赋能。

表3-2　　　　　　　　　国内外先进城市的总体定位

城市	来源	总体定位	具体功能定位
纽约	《一个纽约：迈向强大而公正的城市》	强大而公正的城市	将纽约建设成更强大、更持续、更有弹性以及更公正的国际大都市
东京	《东京都长期愿景》	世界第一城市	—
伦敦	《伦敦规划》	顶级全球城市	—
新加坡	《新加坡概念规划》	亚洲先锋城市	世界级的电子、化工和生物科学中心，世界级的贸易、物流中心，亚洲国际金融中心，亚洲创意中心
首尔	《首尔规划2030》	世界一流城市	—
法兰克福	《2030法兰克福规划》	世界网络城市	国际化特色的金融、经济和博览中心，崛起的创新经济中心
墨尔本	《墨尔本2030规划》	国际区域性城市网络	紧凑之城、繁荣之城、公平之城、魅力之城和绿色之城
香港	《香港2030+：跨越2030年的规划远景与策略》	亚洲首要国际都会	国际及亚洲金融商业中心、国际及亚洲贸易物流中心、世界级旅游名城、华南地区创新科技中心

---

① 覃剑：《增强广州综合城市功能路径分析》，《城市》2019年第3期。

续表

城市	来源	总体定位	具体功能定位
北京	《北京城市总体规划（2016年—2035年）》	国际一流的和谐宜居之都	全国政治中心、文化中心、国际交往中心和科技创新中心
上海	《上海市城市总体规划（2016年—2040年）》	卓越全球城市	国际经济中心、国际金融中心、国际航运中心、国际贸易中心、国际科技创新中心、国际文化大都市
广州	《广州市城市总体规划（2017—2035年）》	活力全球城市	率先建成社会主义现代化先行区，全面建成国际商贸中心、综合交通枢纽、科技教育文化中心，成为活力全球城市
深圳	《中共中央、国务院关于支持深圳建设中国特色社会主义先行示范区的意见》	全球标杆城市	2035年建成具有全球影响力的创新创业创意之都，成为我国建设社会主义现代化强国的城市范例。2050年成为竞争力、创新力、影响力卓著的全球标杆城市

资料来源：根据覃剑（2019）资料整理。

一 提高发展质量的全球排位

改革开放40年来，深圳努力解放和促进社会生产力，大力推动科技创新，地区生产总值从1980年的2.7亿元增长到2022年的3.24万亿元，经济总量稳居全国内地城市第三位，超越韩国首尔、中国香港和新加坡等先进城市，位列亚洲城市第四位。人均GDP突破18.32万元，位居全国内地城市第6位（见图3-3）。财政收入从不足1亿元增加到1.11万亿元，实现了从一座落后的边陲小镇到具备全球影响力的国际化大都市的历史性飞跃。地均、人均GDP居内地城市前列，单位GDP能耗、水耗居全国大中城市最低水平。实体经济根基持续巩固发展，规模以上工业总产值连续三年排名全国城市首位，战略性新兴产业增加值突破万亿元，高新技术产业发展成为全国的领军力量。

从供需两端入手，把握好"增能"和"示范"两个关键点。充分发

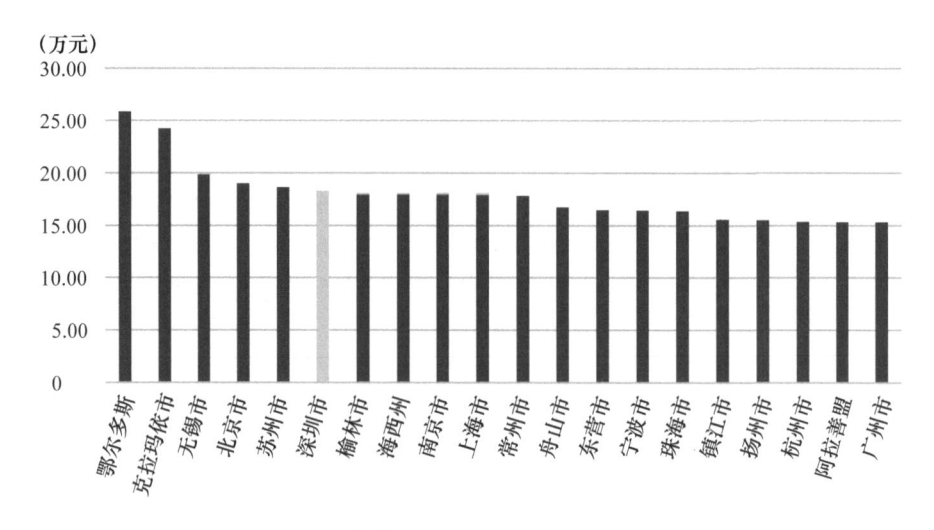

图 3-3 2022 年中国先进城市的人均 GDP（万元）

挥作为全国性经济中心城市和社会主义先行示范区的综合优势，找准制约高质量发展的重点精准施策。持续提高城市的发展能级和发展质量，优化升级生产、分配、流通、消费的全体系，推动产业、创新、消费、要素流通等多个方面持续升级，率先在全国各大城市中实现更有效率、更加公平、更可持续、更为安全的高质量发展。持续发挥先驱、示范引导、突破攻坚的典范作用，主动承担起领先推动质量变革、效率变革、动力变革的责任，在要素配置中掌握关键节点，在供需对接中铸就核心链条，在市场结构中打造重要支撑。依托社会主义先行示范区国家战略的政策优势，加大对内开放力度，深化供给侧结构性改革，破除环境制约，大力培育和推动新产业新模式新业态。

一是加快推动产业链现代化和产业发展基础高级化。实施产业升级工程，积极参与国家产业升级项目，打造国际科技信息中心和产业信息中心，完善企业主导、院校协作、多元投资的技术创新中心和产业创新中心。要坚持把发展经济着力点放在实体经济上，实施全产业链发展战略，推动补链、强链、延链、控链、稳链，构建自主可控、安全高效的产业链供应链，建立供应链管理制度和企业数据库，重点管理高风险零部件和关键技术，培育产业生态主导型企业和产业链龙头企业。依托深圳丰富的科技创新资源和强劲的产业化能力,推动区域产业优势互补、紧密协作、联动发展,壮大发展先进制造业和前瞻布局战略性新兴产业。推动传统工业区和产业园区向新型产业社区转型,建立示范工业园区,重塑高品质产业发展空间,推广定制产业空间模式,完善产业空间供应市场,建立多层次产业用房保障体系,加强对工业区块的管控,提升工业区和产业空间的质量和规模。

二是高水平培育发展战略性新兴产业。加快培育新兴产业,推动产业升级。重点发展数字经济、高端装备制造、新材料、绿色低碳、海洋经济等战略性新兴产业。保持制造业比重稳定,发展都市型智造业,实施培育先进制造业集群行动,重点发展集成电路、新能源汽车、超高清视频、智能制造装备等先进制造业集群。建设世界级新一代信息技术产业高地,加强集成电路设计能力,推进5G核心技术研发,布局新型产业领域。构建泛在高效安全的新一代信息网络,打造世界级电子信息产业集群。打造生物医药强市,突破关键技术,培育生物医药产业应用基础平台,发展高性能医疗器械,推进精准医疗、数字生命健康等领域。加强科学数据中心和监测中心建设,提升基因检测技术水平(见表3-3)。

表3-3　　　　　　　　珠三角9市现代产业发展情况

	先进制造业		高技术制造业	
	增加值(亿元)	占规模工业的比重(%)	增加值(亿元)	占规模工业的比重(%)
全省	18075.60	55.6	10350.06	31.8
广州	2643.88	58.2	715.41	15.7
深圳	6096.96	71.2	5775.36	67.4
珠海	715.62	60.1	372.33	31.3
佛山	2314.40	49.8	253.20	5.4
惠州	1051.83	62.2	739.54	43.8
东莞	2371.39	53.0	1769.98	39.5
中山	576.63	49.2	176.85	15.1
江门	384.83	37.4	107.47	10.5
肇庆	202.40	31.0	65.90	10.1

资料来源:广东统计年鉴2021。

三是聚力打造全球金融创新中心。支持深圳证券交易所建设优质创新资本中心和世界一流交易所，深化创业板注册制改革，健全多层次资本市场体系。持续提升金融结构与经济结构匹配度，构建金融有效支持实体经济的体制机制，推动设立以中小微和民营企业为主要服务对象的金融机构，着力增加制造业中长期融资。完善金融支持科技创新的体制机制，积极探索多样化的科技金融服务模式，推动创建科技金融合作示范区。优化私募基金、创业投资企业等市场准入和发展环境，建立覆盖天使投资、风险投资、股权投资、并购投资等在内的完整科技金融服务体系，打造最活跃的国际风投创投之都，创新"设计＋研发＋服务"设计体系。大力发展跨境资产管理业务，打造国际一流财富管理中心。扩大金融业对外开放，支持设立外资控股的金融机构，支持境外银行设立分行和子行。试点外汇管理改革，先行先试推进人民币国际化，推进资本项目跨境人民币收入境内使用便利化。

二 增强粤港澳大湾区引擎功能

建设粤港澳大湾区是习近平总书记亲自谋划、亲自部署、亲自推动的重大国家战略，也是构建新发展格局的重大战略平台。"9＋2"城市存在"一国两制"，分属三个关税区、三套法律和货币体系。《粤港澳大湾区发展规划纲要》赋予深圳全国性经济中心城市和大湾区核心引擎的战略定位。从大湾区四大核心城市看，深圳经济总量居大湾区首位。人口总量居大湾区第二位，仅次于广州。人均 GDP 和地均 GDP（经济密度）居大湾区第 3 位，仅次于香港和澳门（见图 3-4）。

一是深圳携手粤港澳大湾区城市群提升"城市群"首位度和全球影响力。粤港澳大湾区核心城市之间发展较为均衡，深圳、香港和广州在首位度优势方面各有所长，首位城市的引领带动作用不明显。对比其他国内先进城市看，无论是人口首位度，还是经济首位度，北京、上海均牢牢占据京津冀地区和长三角地区的领先地位，在区域经济发展中体现了很强的辐射带动能力，首位城市引领地位十分稳固。北京在京津冀地区的人口首位度和经济首位度分别比天津高 7 个百分点、26 个百分点；上海在长三角地区的人口首位度和经济首位度分别比苏州高 10 个百分点、12 个百分点。相对而言，大湾区的中心城市发展较为均衡，首位城

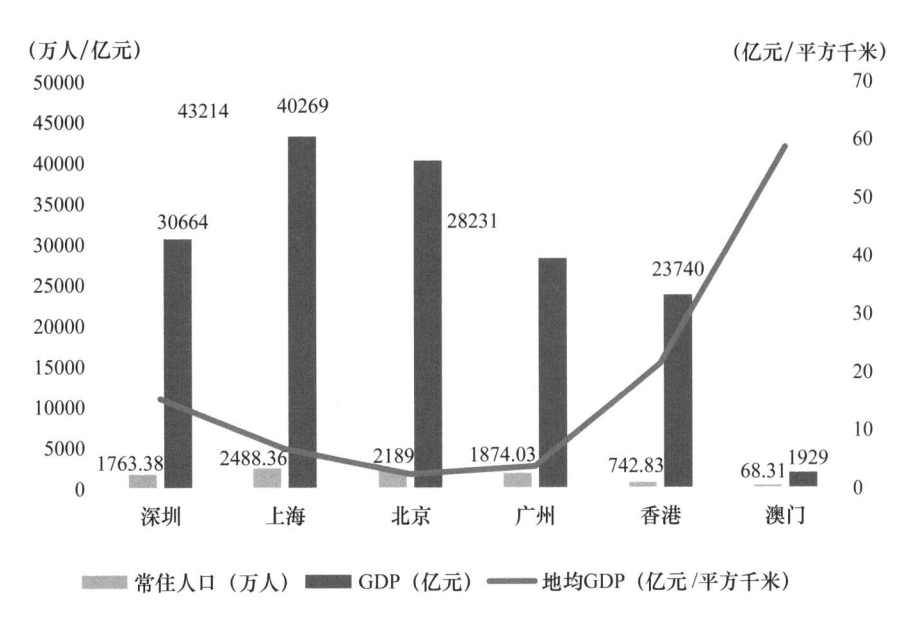

图 3－4　2021 年国内部分城市的常住人口和地均 GDP

市的引领带动作用不明显。深圳在大湾区的人口首位度比广州低 2 个百分点，在大湾区中排名第 2 位；深圳在大湾区的经济首位度比广州高 2 个百分点，比香港高 3 个百分点，在大湾区排名首位（见表 3－4）。例如，深圳打造世界创新创意之都、香港建设国际大都会，有利于实现深港两地的差异化国际分工，有利于引导各类资源根据深港的功能定位进行布局，进而实现深度合作[①]。深圳要以推动经济发展成果共享为基点，积极推动粤港澳大湾区内产业链、科技链、教育链、金融服务链协同合作，推动香港、广州等城市科研、教育、人才等特色资源与深圳产业链、发展环境、创业氛围的有机结合。充分发挥深圳与粤港澳大湾区城市在科技、金融、专业服务领域的合作，共同建设经济腹地共享和开辟平台，创新合作模式，打造合作标杆和品牌，充分激发整体、集聚、协同和辐射等效应作用。

---

① 贾善铭：《探索以经济腹地共享为基础的深港合作新模式》，《开放导报》2022 年第 3 期。

表 3-4　　　　　　　　国内先进城市在各区域的首位度

地区	中心城市	经济首位度	人口首位度
京津冀地区	北京	0.43	0.21
	天津	0.17	0.13
	唐山	0.09	0.08
长三角地区	上海	0.25	0.21
	苏州	0.13	0.11
	杭州	0.10	0.10
粤港澳大湾区	深圳	0.24	0.20
	广州	0.22	0.22
	香港	0.21	0.09

注："十一城市指数"是测度城市首位度的通行指标。课题组根据《长江三角洲区域一体化发展规划纲要》《京津冀协同发展规划纲要》和《粤港澳大湾区发展规划纲要》等来源计算所得。人口首位度按年末常住人口计算，经济首位度按 GDP 计算，服务业和工业首位度按服务业和工业增加值计算。

资料来源：各城市统计年鉴 2021。

二是深圳要率先探索粤港澳大湾区内部制度对接经验。充分发挥大湾区的核心引擎和"一带一路"建设的桥头堡功能，率先探索打造规则衔接示范地和制度型开放新高地，以集成制度创新，以投资、贸易、资金、运输、人员等方面的自由化、便利化为抓手，拓展自贸试验区制度创新的链条和范围。深圳与港澳之间协作存在政府架构及管理体制、司法系统等也各有不同，人才、资金、货物和信息等生产要素跨境流动尚未实现顺畅高效等壁垒。深港两地规则衔接和标准对接尚待协调，两地政府管理执法能力和市场管理体制、发展模式有明显差异，部分跨境合作项目仍存在贸易联系不畅通、检查标准不统一、认定信息不对称、合作无法紧密衔接等的问题。深圳要聚焦"中央要求、湾区所向、港澳所需、深圳所能"，推动与港澳在体制机制相融，注重平台和资源等多个领域对接，强化深港澳一体联动作用、科技和产业引领作用、重大平台示范带动作用，增强核心引擎功能，进而推动大湾区在更大范围、更深层次促进科技、资金、人才、信息、数据等高端要素互联互通与共享开放，共同打造国际一流湾区和世界级城市群。

三是深圳要发挥与港澳合作的优势和"纽扣"作用。深圳作为粤港澳大湾区的四大发展极核之一,已经具备了推动粤港澳大湾区建设的优势条件。习近平总书记对深圳在粤港澳大湾区建设中的作用提出了明确的要求,党中央和国务院对深圳在粤港澳大湾区中发挥关键引擎作用的提升和发挥,也作出具体战略部署。粤港澳大湾区建设作为深圳的重心工作之一,深圳要增强核心引擎功能,强化深港澳之间一体化联动作用,发挥重大平台引领作用,进一步强化区域辐射带动作用,与粤港澳大湾区城市共同打造国际一流湾区和世界级城市群[①]。从区域合作和经济联系看,深圳与大湾区其他城市经贸联系密切,尤其是深圳与香港山水相连、人文相近、经贸密切、经济互补,合作潜力巨大。深圳要利用好香港经济自由度和市场开放度高、与国际规则衔接顺畅、营商环境优良、国际化科研水平高、专业服务业发达等优势;也要利用好澳门作为中国与葡语系国家经贸和文化交流的平台优势。深圳要主动在高水平推动"软硬联通",主动协同港澳,积极探索构建"共商共建共享"的协同开发模式和管理体制。

三 巩固全球创新网络的优势

深圳"因改革而生""因创新而强",一直是我国内地市场化程度最高、创新能力最强的国际化创新型城市,拥有我国首个以城市为基本单元的国家自主创新示范区。作为我国改革开放的"领头雁",深圳一直在科技创新方面处于全国领先地位。截至2022年,深圳的PCT国际申请量达到了1.59万件,连续十九年位居全国首位。其中,有7家深圳企业进入了PCT国际专利申请量前五十的总申请人名单,华为公司更是第七次夺得榜首。国内专利授权数量达到了27.58万件,每万人口发明专利拥有量高达137.9件,约为全国平均水平的5.8倍,在全国范围内排名第二,在省内更是名列第一。国家级高新技术企业数量突破2.1万家,电子信息等新兴产业在国内首屈一指,产业配套完善。高新科技领域成为国内一面旗帜,华为、中兴、腾讯、比亚迪、大疆等一大批高科技企业在这里崛起。在部分科创领域,深圳已实现对全球先进生产力的"跟跑"向

---

① 《深圳市第七次党代会报告全文发布》,《深圳特区报》2021年5月。

"并跑"甚至"领跑"的重大突破,"创业创新之都"享誉国内外。

深圳要将市场主导创新的优势不断做实。深圳始终以市场主导,将科研创新活动进一步融入产业经济发展中去,通过发挥人才资本在企业创新中的核心关键作用,建立起以市场化为导向、以产业化为目的、以企业化为主体的综合创新体系,夯实作为中国乃至全球科技创新的前沿高地的位置。深圳以建设具有全球影响力的创新创意之都为目标,将创新视为城市发展的战略重点。为此,深圳积极营造市场化、法治化和国际化的营商环境,不断增加科研投入,并加强知识产权的创造、运用、保护、管理和服务体系建设。截至2022年,深圳全社会研发投入经费占GDP的比重达到了5.49%,超过了美国、日本、德国等发达国家。2022年,深圳市专利授权量27.58万件,居全国一线城市首位;每万人口发明专利拥有量达到137.9件,达到全国平均水平的5.8倍,全球排名仅次于日本东京,超过美国硅谷、韩国首尔。坚持企业创新主体地位,形成了以"六个九成"为鲜明特征的创新生态。深圳的创新型企业、研发人员、研发资金、研发机构、职务发明专利和重大科技项目发明专利中,超过90%来自龙头企业。这些企业已经成为科技创新的主要推动力量,在推动产业链和创新链的深度融合方面起到了重要作用。

深圳要坚持重点发展高新技术产业。经过40多年的发展,深圳已成为国内规模最大、集聚性最强、技术创新最活跃的城市之一。先进制造业和高技术制造业在整个大湾区的规模以上工业增加值中占据了首要地位,其中高技术制造业的增加值占规上工业的比重接近70%,比全省平均水平高出近36个百分点。在高新技术产业方面,深圳的国家级高新技术企业数量居全国第二,是全国高新技术成果产业化的重要策源地和全国高新技术高质量产业发展的一面旗帜。2022年,深圳市战略性新兴产业增加值达到1.33万亿元,占全市GDP的比重达到41.1%。概言之,创新是深圳最鲜明的特质和发展基因,始终坚持市场化改革方向、建设具有全球影响力的科技和产业创新高地是深圳实现跨越式发展的主要驱动因素,也是未来深圳进一步提升自身发展能级和核心竞争力和增强发展动能的关键所在。

表 3-5　　　　　　　2021 年珠三角 9 市专利申请授权情况

	国内专利授权量		PCT 国际专利申请量	
	授权量（件）	占比（%）	申请量（件）	占比（%）
广州	189516	24.2	1900	7.3
深圳	279180	35.7	17443	67.3
珠海	27201	3.5	493	1.9
佛山	96487	12.3	924	3.6
惠州	25624	3.3	457	1.8
东莞	94573	12.1	4408	17.0
中山	41513	5.3	163	0.6
江门	21272	2.7	101	0.4
肇庆	7584	1.0	23	0.1

资料来源：广东知识产权局，2021 年广东省知识产权统计数据。

三是深圳要建立全过程创新生态链体系。加强基础研究体制机制建设，持续增加对基础研究和应用基础研究的投入。创立新的关键核心技术攻关机制，实施项目遴选制度，项目负责人技术顾问制度，以及里程碑式考核制度等，确保产业链关键环节的自主可控性。建立科技成果高效转化机制，支持企业和战略科研平台组建创新联合体，促进科技成果的快速应用。依托中国科学院深圳先进技术研究院、哈尔滨工业大学等高科技企业和高水平研究型大学，通过发挥市场需求、集成创新和组织平台的优势，构建创新联合体，由企业牵头、高校院所提供支撑，各创新主体相互协同合作。在联合体中建立全新的机制，即"需求方出题、科技界答题"，旨在形成高效强大的共性技术供给体系。进一步引导社会资本参与创新投资，发挥政府投资的撬动作用。按照市场化和法治化原则，成立创业投资引导基金，构建风险分担机制，推动科技创新的引领和促进。在运营理念上秉持"全球化遴选顶级管理人、全球化引进早期硬科技、全球化招募合伙人、全球化让渡属地收益"的经营理念。成立市场化运作的早期创业投资子基金，引导社会资本投资早期创业项目和种子期、初创期企业。

四 强化全球资源配置的能力

资源配置能力是指城市在全球范围内链接和配置商品、资金、信息、技术、人才、文化等战略性资源要素的能力，也是衡量城市开放能级和核心竞争力的主要指标。资源配置能力强调对全球高端要素的链接、集聚、创新、控制和激活，重点是促进全球高端要素加速集聚，提高高端要素的集聚浓度，进而提升城市的资源配置效率和全要素生产率。概言之，一个城市的资源配置能力越强，则该城市越能在全球范围内快速链接和配置高端资源，越能吸引跨国公司、总部企业或专业服务机构等核心主体集聚，越能成为物流、资金流、信息流、技术流、人才流、文化流集聚和辐射高地，因此该城市的国际化程度就越高，城市开放能级和核心竞争力也越强。纵观全球城市发展进程，纽约、伦敦、东京等全球顶级城市均致力于在全球范围内发展具有资源控制力和集聚辐射效应的流量经济，进而对全球产生强大影响力和控制力，其城市活动主轴就是围绕商品、资本、技术、信息、人才、文化等资源要素形成巨型交易流量，打造成为全球首屈一指的国际航运、金融、贸易、创新、控制及文化中心。全球顶级城市依托跨国公司和优势产业对产业链、价值链创新链核心环节及全球市场、全球标准的话语权和控制权，持续吸引全球范围内的商品、资金、信息、技术、人才和文化等资源要素高效集聚配置和高效流动增值，成为全球资源配置中心和全球城市网络体系中的"核心节点城市"。

深圳在市场主体、现代物流、金融平台、信息技术、人才资源和文化产业等领域优势显著，为高效配置商流、物流、资金流、技术流、人才流和文化流等要素奠定良好的根基。2022年深圳世界500强企业达到10家，位居内地城市第三位、全球城市第八位（见图3-5）。深圳向海而生、向海而兴，现代物流和海洋经济发达，海洋生物医药、海洋电子信息等海洋新兴产业蓬勃发展，海城协调、产城融合的"盐田—大鹏—深汕"和"蛇口—前海—海洋新城—光明"海洋科技创新走廊正在加快建设，全球海洋中心城市建设蓄势待发。2022年深圳港完成集装箱吞吐量突破3000万TEU，位居全球第四。深圳作为全国资本市场的发源地之一，在资本市场规模、金融机构实力和资本活跃度等方面走在全国前列，是内地三大金融中心之一。2022年深圳金融业增加值达到5137.98亿元，位居内地城市第三位。在英"全球金融中心指数"（GFCI31）排名中，深圳跻身全球十大金融中心行列，在国内城市中仅次于香港和上海。深圳作为典型的人才输入型城市，人才创新活力和吸引力优势较为明显。《中国城市人才吸引力排名2022》报告显示，2021年深圳人才吸引力指数位居全国第三位。深圳作为全国首批文化和旅游产业发展获国务院督查激励的城市，2022年，深圳全市文化产业增加值突破2600亿元，占全市GDP的比重超过8%，增加值居全国前列，文化产业已成为全市四大支柱产业之一。

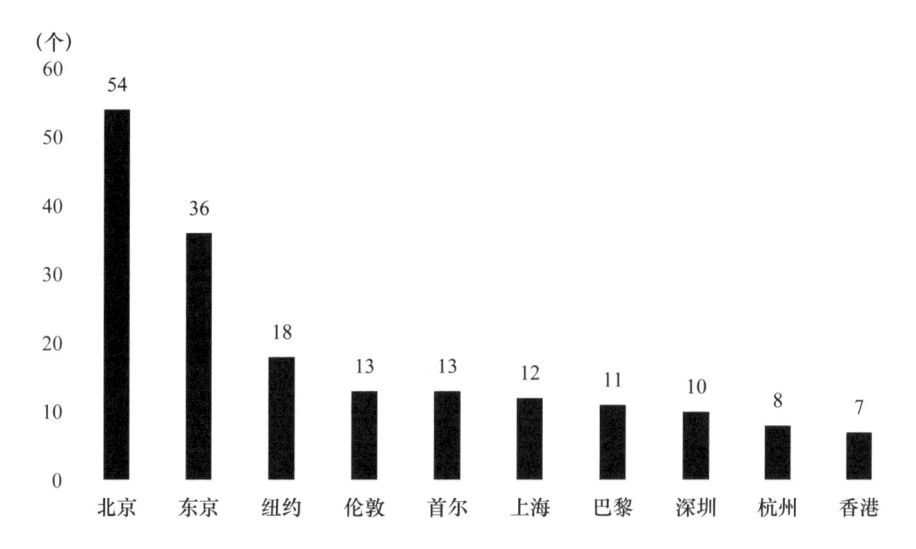

图3-5　2022年全球主要城市世界500强数量

资料来源：2022年财富世界500强排行榜。

深圳在参与全球资源配置中存在明显短板问题。从金融发展规模来看。与国际一流金融中心相比，深圳金融市场在规模、总部、要素、开放等多个方面还有较为明显差距。深圳的金融业增加值仅为北京、上海的60%，外资法人金融机构数量和高端金融人才偏少。从技术领先水平来看，基础研究投入相对不足，源头创新能力比较弱，产权、技术等要素市场发育程度和定价功能不强。从海洋经济成长质量来看，航运金融、海事法律等高端航运服务能力不足，国际航运、海事话语权和影响力较为薄弱。从文化品牌全球影响力来看，与纽约、巴黎、伦敦等世界文化时尚之都相比，国际高端时尚资源和知名品牌的集聚程度不够，具有全球影响力的时尚展示平台缺乏，具有全球影响力的文化企业、文化产品、文化品牌偏少，全球文化市场的定价权和话语权不足，城市文化引领功能和文化软实力亟待提升。

深圳要加快融入全球价值链的高价值环节。加快提升对产业链条的整合能力、交易配置能力、规则主导能力和综合服务功能。在打造全球产业链、供应链、价值链核心枢纽方面，持续提升基础创新和原始创新能力，围绕重点产业领域，努力突破关键核心技术、占据价值链高端地位，加快实现对资本、创新、人才、信息等资源的全球化配置。在打造高能级总部型经济枢纽方面，注重优化功能和优化条件，以建设创新型总部经济的首选基地，积极配置高端要素，如资本、信息和技术，以促进更多总部式和功能性企业的入驻发展。完善政策、更灵活地政策机制和更优质的服务，积极吸引具备世界眼光和全球经验的高素质人才。统筹推进现代流通体系的硬件和软件建设，努力打造国际性综合交通枢纽中心。在打造国家综合物流枢纽节点方面，围绕发展智慧物流、保税物流、冷链物流等领域，发展流通领域新科技新产业新模式，进一步健全流通领域的制度规则和技术标准，深入推动商品通关便利化，不断减少流通成本、提升流通效益。创新大湾区港口物流、海运业务的协作创新模式，积极深入参与"一带一路"沿线口岸的建立及运作，共建国际化综合海洋交通枢纽。携手港澳探索海上金融服务和涉海管理制度创新，共同推进建设全球海洋中心。建设数字化枢纽中心方面。合理规划推动数字化建设的支撑网络体系，努力打造全国一流的数字基建，争做建设现代化现代物流系统的先行示范者。在扩大金融市场枢纽影响力方面。推进资金要素的双向开放与深度融通，进一步健全市场体系、产业体系、社会组织体系、基础设施体系，构建全球金融资产交易平台，进一步增强对市场的定价权和话语权。在高能级文化产业枢纽中心打造方面，围绕数字文化、时尚设计、创意文化等重点领域，加快文化产业发展，做大做强文化产业龙头企业，持续培育新型文化业态，丰富文化消费模式，打造高品位高能级城市文化核心区，共建粤港澳人文湾区，协同打造一批大湾区标志性文化设施和国际性重大文化活动，促进文化要素跨区域流动,提高文化资源配置效率,建设区域文化中心城市。在多种要素流通效率提升方面。深化要素市场化配置改革,畅通资金、人才、信息、货物、技术等要素循环,共同构建大湾区产权交易、技术交易、大数据等统一市场平台,提升要素跨区域流动和配置能力。

五 打造面向全球的经贸体系

过去传统的对外开放,是"要素流动"的对外开放,主要做法是"边境开放",打造政策洼地和招商引资来集聚资源和要素,主要特征是商品和生产要素的自由流动,可以理解为商品的进出口,进出口贸易就属于这个范畴。制度型开放是"要素分工"的对外开放,主要做法是"边境后开放",以"外资准入前国民待遇"和"负面清单管理"为重要特征,更加注重竞争中性和规则公平,主要特征是规则、规制、管理、标准的无缝衔接,制度、观念、文化、思维方式等层面的开放,可以理解为制度的进出口。当前深圳基于土地、劳动力等要素低成本的传统开放优势逐步减弱,以人才、知识、技术、数据为代表的高端要素对贸易投资规则和制度环境的敏感性显著提升,仅凭降低关税和非关税壁垒等优惠政策难以集聚全球高端要素。

一是深圳要积极加快推动经济开放的转型。深圳要加快构建有利于吸引全球高端要素集聚、引领全球经贸规则升级的开放体系,打造具有国际化和现代化特点的营商环境新高地。不断消除制约全球高端要素在国内优化配置的障碍,积极推动国内国际双循环相互促进。率先探索推进粤港澳大湾区法律规则的衔接,引入境外高端法律专业人才参与法治建设,持续增强境外投资者的"引进来"和境内企业的"走出去"信心。加快打造国际仲裁的高地,构建粤港澳大湾区"境外调解深圳仲裁"的模式,推动跨境争议解决机制的多元化。完善知识产权保护体系、行政执法和刑事司法的衔接机制,降低知识产权维权的成本。吸引更多香港建筑业专业机构和人士来深提供服务,加强深港两地在建设领域的交流。

二是深圳要主动对接国际贸易投资规则。主动加大法规制度改革力度,围绕公平竞争、权益保护等核心议题,主动对标 CPTPP、RCEP 等高标准国际经贸规则,完善自贸区深化改革升级版方案。在服务贸易标准对接、政府采购、电子商务、金融服务、知识产权保护、竞争中性、劳工条款、环境条款、要素获取、经营运行、监管适用、争端解决机制等领域加大探索和压力测试的力度。率先在若干重点领域取得突破，建立有利于全球要素集聚、引领全球经贸规则升级的制度规则体系。加快形成更多可复制、可推广的制度创新成果，打造规则衔接示范地。探索以数字贸易为重点的全球贸易规则，大力构建数字经济新平台。建立数据跨境安全快捷流动机制，包括数据分级分类管理、数据交易确权、数据跨境流动司法保障、数据安全管理等方面。积极促进数字领域产品与服务的出口，打造具有全球吸引力的数字开放合作高地。

三是深圳要用好对外开放战略平台吸引外资。通过发挥前海自贸片区、河套深港科技创新合作区等战略开放平台的作用，以制度创新为核心，着力打造一流的营商环境。深圳作为外商投资的热门地区，吸引了来自全球超过一百个国家或地区的企业，其中包括近300家世界500强企业。累计批准的外商直接投资项目超过10万个，实际使用外资超过100亿美元。保持全球视野，站在高点，加快建设国家级营商环境创新试点城市，努力在营商环境国际化、现代化等方面不断提升。深圳是国内制度创新的重要源泉，前海自贸片区在推动改革创新方面取得了先行先试的成果，率先实施了企业登记"秒批"制度，实现外资企业设立商务备案和工商登记的"一口受理"。率先推行"多证合一、一照一码"改革。国家发展改革委还专门发布文件，推广深圳"构建以规则机制衔接为重点的制度型开放新格局"的创新举措和经验。

四是深圳要协同周边城市跻身全球城市前列。加快前海深港现代服务业合作区、深港口岸经济带、深汕特别合作区等重大合作发展平台建设，创新完善管理体制机制，进一步提升对内集聚和对外辐射能力，为率先构建新发展格局提供牵引。强化广深"双城联动、比翼双飞"，协同打造重大科技基础设施和产业合作基地。加强前海与横琴、南沙等国家级自贸区平台的交流合作，创新产业园区共建、产业梯度转移、产业链协作机制，实现珠江口东西两岸的融合互动。积极对接沿海经济带和北部生态发展区，深度融入全省"一核一带一区"区域发展。创新地区发展统筹工作机制，推动城市群的整合建设，共同推动建设国家现代化都市圈。坚持联动全国，积极协同京津冀协同发展、长三角"一体化"建设、中部地区高质量发展、海南自由贸易港建设和雄安新区建设等重大国家战略的统筹互动。

第四节　新发展格局下深圳的城市定位

城市定位是城市发展的顶层设计，明确而富有远见的战略定位，有利于突出城市特色、发挥主导优势，有利于明确战略方向、聚焦发展资源，有利于提升城市核心竞争力、获得最佳综合效益。从内涵实质看，战略定位是指在对城市资源、区位、产业等结构性因素进行综合考究的基础上，明确城市在区域、国家或全球范围内承担的角色和功能，力图在全球城市体系中明确自身的"坐标"和发展方向。"双循环"新发展格局下，深圳的战略定位必须立足全国全省和大湾区发展大局，服从服务于重大国家战略，并突出深圳的发展优势和特色。

一　以一个"总体定位"引领发展全局

基于以上总体思路的分析，我们从经济和产业发展的视角，从"全球视角看深圳""跳出深圳看深圳"，置身于全球城市的坐标体系中看问题，紧紧围绕彰显中国式现代化模式以及经济科技融合发展典范，成就持续韧性和绘就多元魅力，将深圳的城市功能定位为：全球最具经济活力都市。主要依据在于：

从国家定位和政策导向来看，《中共中央、国务院关于支持深圳建设中国特色社会主义先行示范区的意见》指出，深圳已成为一座充满魅力、动力、活力、创新力的国际化创新型城市，要求到 2025 年，深圳经济实力、发展质量跻身全球城市前列，研发投入强度、产业创新能力，文化软实力等方面达到国际先进水平，建成现代化国际化创新型城市。到 2035 年，城市综合经济竞争力世界领先，建成具有全球影响力的创新创业创意之都，成为建设社会主义现代化强国的城市范例。到 21 世纪中叶，能以更加昂扬的姿态屹立于世界先进城市之林，成为竞争力、创新力、影响力卓著的全球标杆城市。

中国当前虽已是世界第二大经济体，但人均经济水平还处于世界中等收入水平区间，在全球资源配置与分工体系中的主导权还较弱，即使是北京、上海等城市目前也仅处于全球城市体系的第二层级。深圳相比北京、上海等地，暂时在城市规模、经济实力和综合影响力差距较大，城市功能能级及国际知名度还存在差距，结合全球不少知名的城市排行榜，深圳大致可以位列于全球城市体系的第三层级。但是，相对在我国所有的城市中，深圳既是改革开放的最前沿，又是经济发展最快的城市，已被国家列为"社会主义先行示范区"。基于此，课题组通过专题一对全球城市内涵及其特征的相关理论进行研究后认为，深圳在新发展格局中打造卓越的全球标杆城市目标已经更加清晰、条件也更加成熟，有实力继续当好全国改革开放排头兵，有能力加快推进全球标杆城市建设工程，有磁力吸引更多高端要素、高级资源、高能企业和高层次人才集聚。

具体来看，一是从整体城市禀赋优势方面，深圳在改革开放40多年以来，GDP增速位居世界前列，技术创新全球策源力排名领先，深圳常住人口平均年龄32.5岁，全球、经济、活力和都市等关键词标签十分鲜明。二是从城市区位特质方面，从东北亚的东京、首尔、北京到中国东部的上海、东南部的台湾、再到南部的香港、广州和澳门，继续向西南沿陆海岸线延伸到胡志明市、曼谷、吉隆坡和新加坡，形成了亚洲地区最巨大的"环东亚沿海经济和创新带"。三是从城市可开发的潜力方面，深圳不仅在地理上位于经济带的核心位置，而且深圳的海陆空铁方式齐备，基本联通中国内陆与外部世界的重要通道节点功能，优越的对外交往门户枢纽，有望推动深圳进一步上升为全球要素流动的配置枢纽，打造全球名副其实创新经济和创新群体集聚高地。

二 以四个"细分定位"找准着力方向

打造"全球最具经济活力都市"关键在于"全球"和"经济活力"两个关键词，其核心要夯实"两权四力"，即经济话语权和规则制定权，以及经济要素资源集聚和配置力、产业链管控和竞争力、科技创新创造活力和时尚潮流引领力，最终实现"全球最具经济活力都市"的发展目标。

（一）世界科技创新策源中枢

未来一段时间是深圳建设国际科创中心的关键跃升期，迫切需要提升引领全球的创新策源功能。在新发展格局下，深圳要充分利用自身创新、科技、产业和区位等枢纽方面优势，加快强化国内大循环的中心节点和国内国际双循环的战略链接，用创新策源力推动关键核心技术领域取得更大突破，建立更加高效稳健的全产业链供应链，释放和创造新的更多需求，助力全国在"双循环"当中塑造新优势。以增强科学技术创新的国际策源能力为基础，力争在科学技术新发现、科学技术新发明、产业新方向、社会发展新方向等方面取得国际优势，力争成为世界科学技术发展的第一发现者、科学发明的创造者、先进生产的第一开拓者、技术创新的第一倡导者，成为具有全球竞争力的科学技术创新思想、技术理论与方法的国际策源点与交汇点。

(二) 全球高端产业核心磁极

深圳要担当起全国整合全球资源、积极构筑"一带一路"倡议的支点、主动服务于全国经济发展大局、推动粤港澳大湾区建设、全面提升城市能级和核心竞争力以及国际化能力水平的历史使命。围绕强化高端产业引领功能的重要战略目标，厚植城市发展韧性和活力，增强高端产业全球资源配置能力，优化要素资源集中配置效率，掌握一批核心技术，形成一批创新成果，打造一批高显示度集群载体，培育一批最具爆发力和国际竞争力的创新企业。突出创新引领、价值引领、集群引领和主体引领的作用，成为高端产业领域的"领航者"。为了优化适应高端产业变革发展、凸显产业融合渗透、体现数字技术赋能要求的城市功能，深圳要以培育壮大"20+8"产业集群为目标，结合"新基建"契机，推动产业基础再造工程，激发高端产业发展的内生动力。加快构建根植本土实际、联动区域发展、服务全国需求、面向全球未来的创新网络、生产网络和服务网络，培育具有全球化影响力的高端产业集群。

(三) 优质资源要素配置高地

深圳要创新与国际经贸规则对接融合的机制，以"双循环"建设和实施制度型开放为突破口，积极参与全球资金、信息、技术、人才等优质要素资源的配置。夯实深圳在全球金融、科创、文化和贸易等领域的基础优势，强化服务先进制造业等实体经济能力，率先建立高标准国际经济发展框架，打造我国深度融入全球经济发展和治理的先行区。高标准打造国际化中央商务区，发挥国际人才优势，建设总部企业聚集的新高地，推动国际航空、贸易、展览等现代交通设施深度融入，建设富有深圳特色的现代服务业集聚区，促进金融与贸易深度融合，加快高端生产性服务业的高质量发展。持续提高综合交通枢纽水平，优化连通大湾区的轨道交通体系，建立健全畅通便捷的综合交通门户。持续深化粤港澳大湾区协同开放，构建高端资源配置中心平台，打造联动大湾区、服务全国、辐射亚太的要素出入境集散地，引领深圳都市圈城市群更好参与国际合作与竞争。

（四）国际时尚消费潮流标杆

在夯实经济发展实力的基础，深圳要突出消费创新和引领能力，持续扩大对外开放的辐射力和影响力，加强对国际高端消费资源和总部企业集聚吸引力。优化提升生活性服务业的产业体系，打造一批具有全球影响力和美誉度的标志性地标或商圈。举办系列国际时尚和历史人文特色主题活动，构建集体验和社交为一体的产业体系，以满足高端消费群体对国际化、高品质和时尚性产品和服务的需求。营造多种业态融合发展的产业生态，形成商业、旅游、文化、体育、会展和教育等多个行业联动发展的城市有机整体，提升文艺消费方面的品牌形象。优化提升连接全球的交通、信息和物流设施的通达性，充分发挥新一代信息技术和数字经济的优势，提升消费的便利性和智能体验。持续优化自然和人文景观，完善国际标准型的市政设施和公共服务，以实现全球范围内的消费资源和供给市场的连接。完善严格的法律制度，保护国内外经营者的正当权益和消费者合法权益，促进公平竞争和提升消费信心。

三 以面向未来的指标体系护航发展

"全球最具经济活力都市"必须是经济发展上成绩"可圈可点"，创新创业氛围引领时代发展，且具备超越国界的影响力、控制力和辐射力的特大城市。全球最具经济活力都市应该是全球战略性资源、战略性产业、高端创新要素和战略性节点的控制中心，又是时尚消费潮流引领与交流的多元文化枢纽。全球最具经济活力都市也应该是管理体制及规则与国际接轨，引领全球时尚，是世界新思想、新技术、新体制的核心策源地。鉴于此，要顺利打造全球最具经济活力都市，需要有清晰、规范、科学、高效的指标体系进行引导。科学的评价体系能够帮助城市管理者对目标推进的结果及时做出客观和有效地评判，纠正建设过程中发现的问题，持续优化建设结果和建设效率。"全球最具经济活力都市"评价体系必须是由一套科学系统的评价指标构成，对建设成果能够进行科学有效评估的方法体系。基于发展导向、可操作性、系统性和科学性，本文基于对新发展格局中的全面研究，结合"四个定位"，细化出 32 个指标的评价体系。

表 3-6　　深圳全球最具经济活力都市评价的指标体系

功能标志	主要代表性指标
全球高端产业核心磁极	GDP 总量
	金融业增加值 GDP 占比
	生产性服务业比重
	先进制造业比重
	人均 GDP
	地均 GDP
	海洋生产（GOP）总值
世界科技创新策源中枢	R&D 经费占 GDP 的比重
	PCT 国际专利申请量
	高新技术产业占 GDP 的比重
	知识产权保护指数
	轨道交通营运里程
	受大学以上教育人口比重
	熟练掌握一门外语的人口比重
优质资源要素配置高地	政府法制化水平指数
	港口货物吞吐量
	机场旅客吞吐量
	国际人口比重
	外贸依存度
	国际会议召开次数
	市场化程度
	境外投资额
	高端产业总部经济发展指数
	国际组织数量

续表

功能标志	主要代表性指标
国际时尚消费潮流标杆	公共服务指数
	文化创意产业规模
	人均年度公共文化投入
	境外游客数
	每千人医生（床位）数
	养老服务指数
	人均拥有公园绿地面积
	空气质量达标率

第四章

深圳建设世界科技创新策源中枢的路径

高水平的科技自立自强是贯彻新发展理念、构建新发展格局、推动高质量发展的本质要求。无论是推动国内大循环还是畅通国内国际双循环，都离不开科技自立自强。只有以科技自立自强为关键支撑，尽快突破关键核心技术，才能有效提高供给体系质量，实现以高质量供给引领和创造新需求，催生产业和经济新发展动能，才能从根本上保障产业链自主可控和国家经济安全。

党的十八大以来，党中央明确提出：创新是引领发展的第一动力，要把创新摆在国家发展全局的核心位置，让创新贯穿党和国家一切工作。党的二十大报告提出，坚持创新在我国现代化建设全局中的核心地位，加快实现高水平科技自立自强，加快建设科技强国，并对完善科技创新体系、加快实施创新驱动发展战略等作出专门部署。党中央关于创新发展的系统论述为深圳在新发展格局下建设全过程创新生态链、提升创新发展能级提供了根本遵循。

40多年来，深圳科技创新历经引进吸收再创新—集成创新—自主创新—原始创新等发展阶段，创造了城市科技创新的奇迹，经历了"从无到强"的蜕变，成为中国乃至世界科技创新的新星。未来，在国际经济循环格局深度调整的背景下，深圳如何以科技创新引领高质量发展，加快迈进全球科技创新高地，并发展成为世界科技创新策源中枢，将成为深圳构建新发展格局的重要议题。

第一节　深圳科技创新发展现状

新的历史阶段，我国正在积极构建以国内大循环为主体、国内国际双循环相互促进的新发展格局。作为改革开放的前沿阵地，深圳在内外循环中处于重要位置，其科技创新的发展一直走在全国前列，也将成为深圳未来引领发展的重要抓手。

一　整体创新能力较高

深圳的整体创新能力在国内外均处于较为领先位置。从全球范围来看，2022年上海科学技术情报研究所联合科睿唯安发布的《2022 国际大都市科技创新能力评价》报告显示，深圳凭借拥有大量技术创新成果、高速增长的学术创新成果、大量领先企业以及对 IT 技术的良好把握，综合排名第三。2022 年上海市经济信息中心发布的《全球科技创新中心评估报告 2022》显示，中国 16 个城市入围全球科技创新中心 100 强，其中深圳凭借产业技术评分进入 20 强。深圳的整体创新水平在全球创新中排名靠前。

从国内范围来看，《国家创新型城市创新能力评价报告 2022》表明，深圳的综合创新能力在全国创新型城市中排名第一。由 2022 年北京科技创新中心研究基地和国家科技资源共享服务工程技术研究中心联合发布的《2022 年中国城市科技创新指数报告》显示，深圳的科技创新综合指数在全国排名第二，仅次于北京。

表 4-1　　　　　　　　2021 年北上广深相关创新指标规模

城市	R&D 经费支出（亿元）	R&D 人员（万人）	研发投入强度（%）	发明专利授权数（件）	有 R&D 活动的工业企业数（家）
北京	2629.3	47.3	6.5	79210	1243
上海	1819.8	34.5	4.2	32 860	2722
广州	881.7	23.6	3.1	24120	2868
深圳	1682.15	42.9	5.5	45202	6521

资料来源：各市 2022 年统计年鉴。

具体而言,从科技创新产出来看,深圳专利授权总量从2015年的7.21万件增加到2021年的27.92万件,连续4年位居全国榜首。2021年,深圳PCT国际专利申请量1.74万件,连续18年位居全国大中城市首位。从科技创新投入来看,深圳的财政科学技术支出比重达8%,高于广州(7.6%)、北京(5.8%)、上海(5.0%);深圳总体研发投入强度为5.5%,仅次于北京(6.45%)。

二 科技创新市场化程度高

企业研发在我国科技创新体系中发挥着重要作用。党的二十大提出,要加快实施创新驱动发展战略,提高科技成果转化和产业化水平,强化企业科技创新主体地位。目前,深圳已经实现90%的创新企业是本土企业,90%的研发人员在企业,90%的研发投入来源于企业,90%的职务发明专利产生于企业,90%的研发机构建在企业,以及90%以上的重大科技项目由龙头企业来承担。这充分表明企业是深圳研发创新的主引擎,深圳科技创新的市场主体活跃度高,总量和创业密度大。

党的二十大报告指出,充分发挥市场在资源配置中的决定性作用。深圳积极应对经济发展面临的挑战,着力培育壮大商事主体,夯实高质量发展根基。据《2022城市营商环境创新报告》,深圳入选2022城市营商环境创新城市,"市场机制改革"和"投资建设完善"这两项表现优异。深圳为人们投身创业,为市场主体的发展壮大,降低了准入门槛,提供了更好的发展平台。截至2022年年底,深圳市商事主体达到393.77万户,其中,企业占比达62.41%[①]。

根据深圳统计年鉴数据,深圳市2021年研究与试验发展经费支出1682.15亿元,其中科研机构研发经费支出61.98亿元,高等院校研发经费支出5.20亿元,企业研发经费支出最多,为1582.44亿元,占总研发支出的94%。在企业研发经费支出中,规模以上工业企业研发经费达1260.66亿元,占企业研发经费支出的80%。据统计,2016年至2021年,深圳市规模以上工业企业中有R&D活动企业数占比呈上升态势,到2021年,有R&D活动企业数占规模以上工业企业数的50.1%。规模以上

---

① 数据来源:深圳市市场监督管理局。

工业企业 R&D 经费支出结构仍然以试验发展为主,但基础研究经费支出占比有所提升,从 2016 年的 1.6% 增加到 2021 年的 5.2%。此外,2021 年深圳科技创新含量较高的高新技术产品进出口总额达到 3300.42 亿美元,其中进口占 53.2%,高新技术产品进口多于出口。

表 4-2 2016—2021 年深圳规模以上工业企业科技活动情况

	2016 年	2017 年	2018 年	2019 年	2020 年	2021 年
有 R&D 活动企业数占工业企业数的比重(%)	31.9	44.2	38.7	48.2	52.4	50.1
有研发机构企业数占工业企业数比重(%)	32.4	44.8	48.3	55.3	61.1	—
基础研究经费支出占 R&D 经费支出比重(%)	1.6	1.7	1.1	0.9	2.4	5.2
应用研究经费支出占 R&D 经费支出比重(%)	9.5	10.4	6.8	6.1	8.1	7.5
试验发展经费支出占 R&D 经费支出比重(%)	88.9	87.9	92.2	93.0	89.6	87.3
新产品开发经费(亿元)	1090	1340	1540	1806	1874	—
新产品销售收入(亿元)	10188	12139	12051	14239	14872	17147

科技企业孵化器承担着发展高新技术产业、转化高新技术成果、孵化高新技术企业、培养高新技术企业家的重要使命,对推动科技创新具有重要意义。根据《中国火炬统计年鉴 2022》,2021 年,深圳拥有 205 个科技企业孵化器,占广东省科技企业孵化器数量的 19.0%,占全国科技企业孵化器数量的 3.3%;其中,国家级科技企业孵化器有 39 个,占广东省国家级科技企业孵化器数量的 19.7%,占全国国家级科技企业孵化器数量的 2.7%。从在孵企业数看,2021 年深圳科技企业孵化器在孵企业数为 6924 家,占全国科技企业孵化器在孵企业数的 2.8%;其中深圳国家级科技企业孵化器在孵企业数有 2758 家,占全国国家级科技企业孵化器在孵企业数的 2.5%。2021 年,深圳孵化器总收入达到 43.3 亿元,

孵化基金总额为162.8亿元，对公共技术服务平台投资额达1.7亿元，收入达5千万元的孵化企业有83家。深圳科技企业孵化器的发展为深圳科技创新提供了不可或缺的创新载体。此外，据研究，私营企业孵化器的平均利润为203.57万元，低于事业单位孵化器的利润（1004万元）和国有企业孵化器的利润（1015万元），但是私营企业孵化器的门槛较低，因此数量较多，为草根创业者提供了机会，成为政府孵化体系的有效补充①。

三　高等教育发展相对薄弱

在科技创新过程中，高等教育在科技创新人才培养以及科学研究和知识创新中发挥着支撑和引领作用，是科技创新发展的重要主导力量。自1978年改革开放以来，深圳的高等教育发展大致经历了四个阶段。第一个阶段是初创阶段，主要指1980年至1989年，在这个阶段中，深圳的高等教育发展规模较小，未与政府、产业和大学之间实现互动，因此对科技创新发展促进作用有限。第二个阶段是构建阶段，指1990年至1999年，在该阶段，深圳大力发展职业技术教育，着力培养应用型人才和操作型人才。此外，该阶段中央政府进一步对深圳地方政府放权，深圳利用政策优势加大了政府与产业之间的互动，高职院校同产业之间也开始了互动，但是互动并不多，高职院校的发展对深圳的创新发展贡献不明显。第三个阶段是快速发展的阶段，主要指2000年至2009年，该阶段深圳开始实行开放式发展，积极引进优质教育资源，这一时期共引进51所海内外高校，共建设98个国家级科研机构。该阶段深圳政府大力建设科研成果转化平台，积极促进高校与企业合作，研究生教育发展迅速，在一定程度上弥补了高等教育的短板，为高新技术产业的发展起到了支撑作用。第四个阶段是高质量发展阶段，指2010年至今，这一时期，深圳原始创新能力不足、关键技术自给率低的问题凸显，为解决该类问题，深圳政府开始改革创新科技管理体制，对促进深圳市的科技创新起到了重要作用。这一阶段，深圳也开始建设产学研联合互动机制，政府、高

---

① 李兆友、刘冠男：《科技政策对国家高新区创新驱动发展的影响路径——一个定性比较分析》，《科技进步与对策》2020年第6期。

校、企业的互动进一步加强,为深圳的科技创新奠定了基础[①]。

经过四个阶段的发展,深圳的高等教育已经形成了一定的规模体系。根据深圳统计局的统计,截至 2021 年,深圳现有高等教育学校有 14 所,在校学生 14.52 万人,中等职业学校有 15 所,在校生 4.02 万人[②]。但深圳高等教育规模远低于北京、上海和广州,且重点高校建设方面亟须加强,缺少重点高校、门类不够齐全。目前,深圳市综合实力较为突出的只有深圳大学、南方科技大学、哈尔滨工业大学深圳校区、香港中文大学深圳校区这 4 所高校,深圳本土高校至今没有一所高校入选"双一流",与北京(34 所)、上海(14 所)、广州(5 所)存在明显差距。

四 科技创新政策不断完善

一个国家和地区要营造良好科技创新环境,离不开行之有效的科技创新政策。深圳市自 20 世纪 90 年代以来颁布的关于促进科技创新的政策措施超过 100 项,经过长时间的探索与改革,深圳已形成多层次、多维度的科技创新政策体系,为深圳科技创新进一步发展提供了重要保障。

目前,深圳的科技政策处于全国领跑期。2016 年,深圳全面落实创新驱动发展战略,颁布了《关于促进科技创新的若干措施》《关于支持企业提升竞争力的若干措施》《关于促进人才优先发展的若干措施》等政策措施,形成了独特的科技政策体系。当前阶段,深圳的科技创新政策侧重四个方面。第一是积极探索科技管理机制改革。主要包括改革资金管理制度、加大成果转化力度、构建高效的科研体系、加快建设创新载体等。第二是提高企业的科技创新能力。主要是促进企业新技术的应用、激发国有企业创新活力、全面落实国家税收优惠政策等。第三是加强对外合作。主要是指充分利用国内国外创新资源、进一步深化深港合作等。第四是优化科技创新环境。包括保护知识产权、保障创新型产业用地、发展众创空间、强化金融支持等。

---

① 陈琼琼、马近远:《区域创新体系中的深圳高等教育发展——基于三螺旋模式的分析》,《特区实践与理论》2022 年第 1 期。
② 数据来源:《深圳统计年鉴 2022》。

第二节　新发展格局下深圳建设世界科技创新策源中枢面临的机遇

当今世界面临着百年未有之大变局，贸易保护主义、民粹主义等思潮抬头，国内外政治、经济、安全等发生深刻调整，经济逆全球化加剧，加之内部存在的短板，使深圳建设世界科技创新策源中枢面临的挑战前所未有地加大。与此同时，随着国家为应对国内外经济形势正着力推进一系列国家战略，在自身独特的内在势能下，深圳在进一步促进科技创新的过程中也面临崭新的机遇。

一　"双区建设"助推深圳科创能级提升

"双区建设"是深圳融入国家构建新发展格局战略、提高自身创新发展水平的重要机遇。从粤港澳大湾区到先行示范区是国家战略空间演进的体现，最后落脚于深圳自身。"双区建设"将助力深圳加快在重大科技基础设施、产学研协同创新平台、重要科研机构等科技创新载体和平台方面的统筹部署。深圳自2019年"双区建设"的提出后，其创新发展取得了一系列显著成绩。2021年，深圳研究与试验发展经费支出相比2020年增加约171.34亿元。2022年深圳制造业领域创新载体共计633家，其中重点实验室121家，工程技术研究中心512家[①]。未来，深圳应以大湾区建设为总指导，以先行示范区建设为目标，抓住"双区建设"机遇，加快重大创新平台建设等创新资源布局，不断增强核心引擎功能，推动深圳高质量发展的同时提升深圳创新能级，并服务国家新发展格局的构建与"双区建设"。

二　"双区叠加"为深圳科创发展提供有力支撑

深圳建设经济特区与先行示范区一脉相承，从经济特区到先行示范区，反映了深圳不同历史阶段的功能升级，是深圳从"先行先试"向

---

① 周元春：《市政协举办"深聊会"为制造业更高端、智能、绿色支招》，《深圳特区报》2023年4月7日。

"先行示范"的新使命的转变①,深圳除了承担"特事特办"的经济特区角色,更要承担建设好全方位、全过程、高水平先行示范区的责任。"双区"叠加有助于深圳不断优化创新的软环境,助力打造世界科技创新策源中枢。通过政策引导,依托特区优势,早在2006年深圳的研发经费、研发人员等指标就已经达到了90%来自企业,创新的市场主导作用凸显②。深圳综合改革试点的进行使得深圳在打造一流国际营商环境和完善科技创新相关制度等方面拥有更大的自主权,为深圳科技创新的发展创造了制度优势的重大历史机遇。改革开放40多年来,深圳通过不断改革实现了从小渔村向充满活力与创新力的国际化创新型城市的转变。深圳的科技创新发展也取得了阶段性的进展。深圳在2020年通过了《深圳经济特区科技创新条例》,该条例从法规上对深圳科技创新在基础研究和应用研究投入、科技成果所有权或使用权等方面进行了硬性规定,先行实现科研投入的双轨制改革,不断完善科研机构管理机制和科技人才定向培养机制等③,为深圳科技创新进一步提供了制度保障。深圳还在特定领域放松了限制,例如对某些新兴的技术领域放松投资限制,并试点推行新型知识产权法律,逐步打造国际化营商环境。此外,综合改革试点方案还对深圳进一步扩大开放提出了要求,提出要通过制度方面的优势聚集世界范围内的高端资源。深圳综合改革试点的推行有利于深圳充分利用国内国外的创新资源,为深圳构建新发展格局战略支撑点、融入全球创新网络带来重要历史机遇。

三 数字经济优势助力深圳领跑科创发展

新冠疫情时期,数字经济在防疫方面显现出突出的优势,也成为经济增长的新动力。数字经济发展的背后是数字技术的支撑,新一代数字技术应用带来的一系列数字化革命将是未来国际博弈的重要方面,也是

---

① 深圳特区报评论员:《"双区"叠加,加出深圳远大前程》,《深圳特区报》2021年5月8日。
② 李南玲、彭勇:《4个90%深圳自主创新渐成气候》,《中国经济信息》2006年第19期。
③ 韩羽:《高举新时代改革开放旗帜 建设中国特色社会主义先行示范区 中共中央办公厅、国务院办公厅印发〈深圳建设中国特色社会主义先行示范区综合改革试点实施方案(2020—2025年)〉》,《中国科技产业》2020年第12期。

新时代深圳在创新发展格局中掌握主动权、占领有利竞争地位的重要抓手。新冠疫情暴发时期,世界各国加快发展数字技术,据《中国数字经济发展研究报告(2023年)》,我国2022年的数字经济规模约占GDP的41.5%,达50.2万亿元,其中数字产业化规模达9.2万亿元,产业数字化规模达41万亿元。根据《全球数字经济国家竞争力发展报告(2022)》,在2022年全球数字竞争力排名中,中国排名第二,仅次于美国。深圳作为中国最具活力的创新型城市之一,其数字经济规模和质量均位于全国城市前列。深圳市2021年的数字经济核心产业的总量排名全国第一,增加值达9000亿元。《中国城市数字经济发展报告(2021年)》指出,深圳是我国核心数字产业最发达、数字政策环境最友好的城市。数字技术作为新一代科技革命的重点方向之一,在未来科技创新方面具有重要地位。深圳市在"十四五"规划中提出了要"打造全球数字先锋城市"的发展目标,提出要构建数字经济新优势。深圳在数字技术发展上具有先发优势,已实现了5G网络高质量全覆盖,这将使得深圳在数字技术的进一步创新及其应用带来的一系列科技创新上占据先机,对深圳在新发展格局下打造畅通国内市场大循环的中心节点、集聚全球高端数字技术创新资源、提升在全球中的创新地位具有重要意义。

四 "一带一路"助力深圳构建高水平国际创新网络

深圳是"一带一路"倡议的战略枢纽,"一带一路"建设有利于深圳对外扩大创新网络的支撑区域,对内充分利用科技创新优势,集聚创新资源,建设自己的全球创新网络。2022年,深圳市对"一带一路"沿线国家的进出口贸易总额达8930.1亿元,占同期深圳市进出口总值的24.3%。其中,出口机电产品约3782.8亿元,占同期对沿线国家出口总值的74.3%,进口机电产品3016.7亿元,占深圳市自沿线国家进口总值的78.5%,贸易结构持续优化[①]。深圳的创新能力在"一带一路"沿线国家中具有明显的创新优势,能够促进"一带一路"沿线国家积极与深圳开展科技合作,有利于深圳与其他国家共同合作建设国际化的创新合作平台,为深圳科技创新提供外部区域支撑。同时,将沿线国家的创新

---

① 数据来源:中华人民共和国深圳海关。

资源引入粤港澳大湾区其他城市，促进内部腹地的创新发展，从内、外两方面打造科技创新的支撑区域。此外，深圳可借助"一带一路"倡议，与"一带一路"沿线国家共建高科技产业园区，借助产业园区实现境内外的科技互通，促进全球创新网络建设的同时助力我国新发展格局的构建，充分利用国内、国外两个市场，提高国际创新资源的利用效率。

第三节　新发展格局下深圳建设世界科技创新策源中枢面临的挑战

随着新一轮科技革命的发展、内外部环境的急剧变化，深圳科技创新面临诸多新挑战。

一　内外风险挑战增加创新难度

从外部环境看，世界各国创新的进程可能受到阻碍。第一，新一轮科技革命如火如荼，本次科技革命具有涉及技术领域及其应用领域较广、跨界融合的趋势、世界各国可同步进行创新等特征，对科学研究范式出现新的变化，深圳科学研究范式改革提出了要求，若不能适应新阶段的发展要求，则面临错失科技革命机遇、科技发展进一步落后于人的风险。第二，新一轮科技革命除了为人们生活带来新技术，还同样面临着法律风险。由于某些新技术是史无前例的，其对应的法律监管滞后于其发展水平，可能带来一系列法律风险，甚至引发伦理问题。从内部环境看，第一，深圳除了面临外部疫情变化的风险也面临自身疫情失控的风险，深圳开放度相对较高，不管是在对内交流还是对外交流方面，都面临着人流和物流上的新冠病毒流入风险，从而对其经济产生影响，进而提高创新的市场风险。第二，深圳还面临着创新的技术风险，由于深圳在关键核心技术方面存在短板，其可能受到发达国家的技术封锁问题，带来创新的技术风险问题。第三，深圳的市场需求千变万化，且很多企业也朝着高端化发展，追求满足个性化需求，但是企业在前期挖掘客户的同时也面临针对特定目标群体实现的技术创新应用后期衰落的风险。

二 新一轮科技革命带来创新格局变化

《全球创新指数2022》指出，全球创新格局发生了变化。根据2022年全球创新指数综合得分排名，瑞士、美国继续体现出其突出的创新优势，排名前30位的大部分是欧洲经济体，中国的全球创新指数综合排名第11位，是唯一排名位于前20的中等收入群体，土耳其（37）、越南（48）、印度（40）等一些中等收入经济体也迈入前50位，部分中等收入经济体正在改变全球创新格局。

《国际科技创新中心指数2022》对全球100个城市（都市圈）的科技创新进行了综合评价，该报告显示，随着新一轮科技革命的发展，虽然美国在科技人力资源、高技术制造等方面仍占绝对优势，但亚洲的新兴经济体在创新高地指标方面得分较高，呈现出较大的创新潜能，研发与创新活动逐渐向新兴经济体转移，全球创新格局正在重塑。由深圳、广州、香港等11个城市组成的粤港澳大湾区科技创新指数综合得分排名第六，湾区科技创新集成优势明显，综合排名前10的城市（都市圈）中，除旧金山、纽约、东京三大湾区外，粤港澳大湾区首次超越东京湾，成为亚洲新的创新中枢。但与此同时，仍与旧金山－圣何塞、纽约、伦敦等国际一流城市在创新基础、创新环境等方面均存在较大差距。从各种国际城市排名中可以看出，深圳俨然已经迈入全球城市第二梯队，虽然全球创新格局正向亚洲转移，但深圳如何抓住新一轮科技革命，赶超纽约、伦敦等国际一流城市，并在新的全球创新网络格局中占据一席之地仍面临着严峻的挑战。

三 政策红利减少激化资源竞争

过去40年深圳的发展，很大一部分原因是深圳临近香港且具有特区身份，但这种优势正逐渐消失。与此同时，随着国内全面深化改革推进，上海和香港金融中心的地位愈发稳固，雄安新区在探索先行示范区上的地位不可动摇，广州的区域经济金融中心地位也已经明确。未来，深圳还能否在整个国家发展大局中获得差异性的政策或者改革地位，会对深圳未来聚集创新资源、推动科技创新发展产生重要影响。深圳的发展目标是世界一流城市，其战略定位、发展理念、产业结构、技术研发、创新实力、城市管理、环境治理都会向世界最高水平进军。高质量发展需要高质量人才,而深圳房价高昂、公共产品不足、基础教育不足、高等教育缺乏,具有全球引领作用的制度性社会基础设施建设落后。这对整个城市发展体系的完善产生了阻碍作用,也降低了城市的吸引力,未来需要弥补。

深圳的科技创新在一定程度上与国内其他城市存在竞争关系。《机遇之城2023》对从经济发展、社会民生、城市基础设施、自然环境等多个维度进行了测度与比较。报告显示,深圳在智力资本方面严重落后于广州、北京和上海。未来,深圳创新资源的集聚可能受其他国内一线城市的影响。目前,北京和上海的定位之一是建设成国际科技创新中心;广州的定位之一也包括成为科技教育文化医疗中心和国际化大都市;深圳则是定位成为现代化国际化创新中心、综合性国家科学中心。从北京、上海、广州、深圳的城市定位可以看出均存在创新中心的定位,这或多或少会造成这四个一线城市对人才、教育、重大科研设施等创新资源的竞争,若城市间的创新中心定位不准确,可能会造成城市间创新资源的错配,为深圳科技创新持续健康有力发展带来挑战。

表4-3　　　　　　　　　　　北上广深相关指标对比

维度名称/排名	#1	#2	#3	#4	#5
智力资本	广州	北京	武汉	上海	南京
技术与创新	深圳	广州	北京、上海（并列第3）		杭州
区域重要城市	上海	广州	重庆	北京	成都
城市韧性	上海、香港（并列第1）		北京	深圳	杭州
交通和城市规划	厦门	南京	佛山	苏州	武汉、宁波（并列第5）
可持续发展	海口	福州	广州	惠州	深圳
文化与生活	上海	北京	杭州	广州	苏州
经济影响力	香港	上海	北京	深圳	杭州
成本	唐山	呼和浩特	保定	石家庄	太原
宜商环境	深圳	上海	苏州	杭州	北京

资料来源:《机遇之城2023》。

四 经济"脱实向虚"不利于科技创新

按照其他城市产业结构演变轨迹分析,深圳的产业结构可能会无可避免地"脱实向虚",即由二产主导转变为三产主导。实际上,深圳的二产比重已逐步下降至40%左右,与此同时,前几年深圳不断在强调金融等高端服务业的发展,深圳市2022年金融业增加值5137.98亿元,占GDP的比重达15.9%,而2005年深圳金融业占GDP的比重还低于6.2%,12年间金融业比重上升幅度超过9.7个点。在这种背景下,深圳能否遏制工业和制造业比重的持续下滑,避免产业体系"脱实向虚",不仅是保持整个城市未来在制造业领域强大竞争力的根本,也是深圳未来科技创新能否持续发展的重要保障。

五 基础创新能力不足导致创新发展瓶颈

深圳基础研究的起步时间较晚,目前仍处于高度重视和战略布局的爬坡过坎关键阶段,基础研究和应用基础研究能力与现实需求不匹配。近10年来,深圳R&D经费支出总量逐年上升,年均增速高于GDP增速,研发投入强度也达到了较高水平,但与国内外有关城市相比,还存在较大差距。建设全球创新城市是深圳发展的方向,然而比对国际其他创新城市,深圳还面临很多问题。深圳创新的长处在于企业创新能力强,科研成果转化率高,在国内处于领先地位。但深圳的短板在于基础研究能力不强,高水平研究型大学数量较少,基础研究人才数量偏少。其中有历史原因,也有深圳战略谋划不足的原因。深圳已有的研究机构更多类似孵化器,在基础研究方面的供给与强大的市场需求仍不匹配。长远来看,将影响深圳创新发展的后劲,不利于深圳产业创新升级。再者,创新资源不均衡。深圳是典型的市场驱动型创新模式,但也存在研发投入、研发成果主要集中在少数大型企业,中小型企业创新活力不足的不平衡问题。创新严重依赖少数企业的负面影响将逐步凸显。

六 资源不足削弱创新创业的市场土壤

深圳在城市化进程中,由于没有完成对原村民和集体经济组织使用和开发权的合理处置，衍生了一个容纳700多万人、4亿平方米建筑面积的"法外"建设用地市场。空间成本上涨导致生活成本上升，从而对城市的发展路径产生巨大压力是深圳最大的劣势。深圳当前土地开发强度近50%，比土地更为稀缺的香港高一倍，对未来的产业、生活和生态空间形成了明显的挤占效应。与香港相比，深圳土地资源的空间配置效率却并不高。一方面，多重因素抬高的地价、房价大大增加企业的运行成本和进入门槛，恶化了经商环境，对深圳制造业、物流业产生了巨大的挤出效应，使深圳的产业面临空心化的风险。高房价、高成本正在削弱创新创业的市场土壤，抑制了大量的中小微企业。深圳市市场监督管理局数据，2022年，全市共注销企业11.91万户，同比增长16.3%。另一方面，高房价既降低了深圳对各种人才的吸引力，对继续保持深圳的活力、创新力产生了负面影响，也削弱了深圳中产阶级的规模，挤压了中产阶级的消费空间，造成了深圳中产消费不足、经济系统无法生成可持续增长的内循环及内生动力等严峻问题。据计算，2018年深圳房价收入比已经超过40倍，位居全国第一，远远高于通常被认为5—7倍的国际通用的标准和水平。除少数行业收入水平较高的群体之外，绝大多数工薪群体难以依靠自己的努力购买市场商品房。数据显示，深圳自有住房率仅有不到30%，超过70%的人依靠租房，这个比例远超面积更小的香港。而高房价使得深圳人均年度消费总额占人均GDP的比例仅为27%，远低于北京的41%、上海的39%、广州的44%，更远远落后于消费对经济增长的贡献率平均超过70%的美国。这一现状在外贸受阻、投资低效、内需成为唯一增长动力的形势下，给深圳未来发展蒙上了一层阴影。

第四节　新发展格局下深圳建设世界科技创新策源中枢的新要求

对新发展格局下深圳科技创新面临的机遇和挑战的深入分析，为下一步深圳建设世界科技创新策源中枢提出了一系列更高的要求。

一　创新发展服务国家战略

为应对复杂的国际变化、实现我国的持续发展，党中央提出"科技自立自强"战略。立足我国经济高质量发展与创新能力不匹配的基本国情，坚持科技自立自强战略是我国构建新发展格局、在新时代国际力量对比格局中占据主动权的关键之举。从"自主创新"到"科技自立自强"的战略调整对深圳的创新提出了新的要求。深圳应立足科技创新发展新阶段的新要求，坚持"制度创新＋科技创新"两条腿走路，以国家创新发展战略为大纲，坚持创新网络以国内创新为引领、拓展国际创新网络的"双循环"，充分发挥其对大湾区其他城市的辐射能力，从横向层面链接国内创新资源的同时对全球范围内的创新资源进行整合，实现自身科技创新的同时服务大湾区的建设和我国新发展格局的构建，打造创新中心的先行示范区。

二　内外合作牢固树立新型竞合观

双循环新发展格局下，深圳的创新发展应全面辩证认识与国内外城市的竞合关系。城市之间、城市群之间历来不缺乏竞争与合作，如何在竞争与合作中实现"1＋1＞2"的效应才是目标。如何扬长避短、在城市之间、城市群内部实现创新的有效合作与竞争对深圳的创新发展提出了更高的要求。深圳应立足新发展阶段，明确竞争的对象，拓展合作的主体和领域，创新合作方式，避免无序竞争。一方面，深圳在与国际同等水平的城市进行创新竞争的同时，要加强与国际一流城市的合作交流，准确判断什么技术可以引入，探索对引入技术的安全性、适用性、可控性的评估方法，提高先进技术的消化吸收能力，助力核心技术攻坚与引入技术再创新。另一方面，深圳在与国内城市竞争过程中要立足自身的短板与优势，对接香港、广州等高等教育资源，共建科技合作走廊，在竞争与合作中促进创新要素在不同地区、不同领域的高效匹配。

三　科创网络定位坚定道路自信

根据科尼尔历年全球城市指数排名，深圳从2015年排名第84位上升到2022年的第73位，深圳已迈入全球城市第二梯队，其在全球城市网络中扮演着重要的枢纽与节点角色。随着经济的发展，全球城市网络的特征也发生了变化，从单一网络转向多层网络发展，全球城市通过差异化发展在多层网络中找到自己的发展定位，从而发挥全球效应。科技创新是深圳发挥全球影响力的重要发展方向。深圳发展科技创新应明确自己在全球创新网络中的位置，发挥和强化自己的比较优势，并发展成为核心枢纽。根据《2022国际大都市科技创新能力评价》，深圳在无人驾驶汽车、区块链、沉浸式体验、人工智能四项新兴技术处于技术研发领先地位。未来，深圳可立足新兴技术研发，发展全球差异化领先优势，同时补足其他维度的短板，找准自己在全球创新网络中的定位，坚定道路自信。

四 突发公共卫生事件提高应对能力

新冠疫情暴发期间，深圳坚定落实严进严出、严防反弹策略，在全国率先使用健康码对疫情进行监控追踪，疫情防控取得了战略成果，提供了超大城市、移民城市疫情防控的全球经验。人口常态化的流动使得无法对个体进行精准识别[①]，同时，面对相同风险的社会公共卫生安全事件，不同城市、同一城市不同社区等的应对措施与水平不同，且管理内容不同，这均为突发的公共卫生事件管理带来了挑战。深圳是一座超大城市，且具有移民城市属性，国际、国内交流比较频繁，其突发公共卫生事件的应对能力面临着更高的要求。深圳应继续发挥数字政府的优势，利用数字技术做辅助，完善突发公共卫生事件的响应机制，不断提高应对突发公共卫生事件的能力，尽可能降低突发公共卫生事件带来的流动、沟通阻碍，进而保障深圳的跨市、跨省、跨国创新活动能顺利进行。

五 经济制度坚持创新引领

当前世界处在大变革、大调整的时代，深圳作为中国开放型经济的窗口，势必要承担起加入世界游戏规则重构的重任，向外界传达中国坚定不移以开放姿态融入世界的决心。深圳要敢于挑战和攻坚改革深水区，以更加开放的姿态参与全球贸易和经济交流，加紧破除影响融入国际经

---

① 孟兆敏：《社区常态化疫情防控机制研究》，《西北人口》2021年第2期。

济的各种体制机制障碍，要成为"社会主义先行示范区和强国城市范例"，在融入大国游戏规则的基础上以自己成功的模式改造原有规则，深圳要充当世界游戏新规则的探索者。要继续厘清政府和市场的关系，创新经济制度，破除一切束缚经济发展的体制机制性障碍。深圳作为特区经济的典型代表以及粤港澳间得天独厚的地缘优势，有条件成为经济制度创新的探索者。

六 新兴产业坚持高标准统筹布局

当今世界，颠覆性科技革新带来了社会生产力的大解放和生活水平的大跃升，各国围绕科技创新核心要素的竞争愈加激烈，今后很长一段时间中国科技创新战略的重点在新一代信息技术、智能经济、生物医药、绿色科技、高端制造、新材料、新能源、海洋经济等领域，在全球统筹部署创新链、技术链和产业链，补足科技产业化的短板，彻底解决关键核心技术受制于人的被动局面。深圳具备孕育新产业独一无二的环境。一是深圳拥有国内极为完备的科技创新体系，科学体系、研发体系、技术体系、制造体系的完备程度不仅在国内首屈一指，甚至在世界范围内都很难再找到相似的地方。二是深圳创新发展优势的形成，不仅在于深圳市委、市政府具有强烈的忧患意识，最早将经济发展导向创新发展的轨道，而且表现在促进创新发展中善于绘蓝图，发挥市场难以起到的引领作用。因而深圳要把力量更多放在培育先发优势上，加快建设成为全球科技创新策源地和新兴产业高地。

七 改革创新发挥先行引领作用

40多年来，深圳一直是改革开放的先行者，深圳人所富有的"敢闯敢干、敢为天下先"的创新精神，已经转化为一种制度优势和文化特色。新时代建设更高水平的中国特色社会主义面临许多新的艰难险阻和挑战，只有坚持"改革不停顿、开放不止步"、勇于自我革命的精神，才是克服任何障碍和挑战、获得最终胜利的保证。深圳加快建设中国特色社会主义先行示范区，就是要着力发挥其在改革开放上的先行引领作用，就是要在深圳这一改革开放成功经验多、经济发展水平高、体制机制充满活力的地区，率先建成由"富起来"走向"强起来"的成功样板，并复制推广，从而加快实现社会主义现代化强国的进程。

第五节 新发展格局下深圳建设世界科技创新策源中枢的新对策

面向未来科技创新的新使命和新形势，深圳既要强化市场机制作用，又要更好发挥政府作用，遵循产业发展规律、科技创新规律、科技管理规律和人才成长规律，以增强科技创新体系效能为核心，以提高科技创新响应产业创新能力为关键，以推动产学研深度融合为战略抓手，以突破关键核心技术、实现科技自立自强为目标，构建"链条全覆盖、主体多元化、要素全方位、生态环境优、体制机制活"，具有立体、协同、活力、高效特征的科技创新体系，促进创新链、产业链、人才链、资金链、政策链深度融合，提高科技创新治理效能和组织效率，畅通科技创新循环，支撑和引领建设大湾区综合性国家科学中心和具有全球影响力的科技创新中心。

一 识别关键核心技术，突破技术封锁

科技创新的源头是基础研究。深圳虽然在部分新兴技术领域处于全球领先地位，但其在集成电路、医疗器械等方面的核心零部件、高端芯片等核心技术上仍然依赖进口，成为深圳科技创新的关键短板。深圳R&D经费虽然投入强度大，但仍存在两大问题：投入类别严重不均衡，表现为基础研发投入不足；基础研发资金来源结构单一，企业占主导地位。政府作为投入主体之一对基础研发的投入力度需继续加大。提高基础研发投入的总量与调整结构对深圳市的可持续创新发展至关重要。深圳需从多个方面入手，提升基础研究能力。

一是布局国家重大科技基础设施，打造国家战略科技力量。依托综合性国家科学中心的建设，围绕深圳自身在集成电路、医疗器械、关键元器件、基础软件等领域的核心技术短板，高标准谋划、前瞻性布局国家重大科技基础设施，加快推动鹏城实验室、深圳湾实验室等项目的进行，打造国家战略科技力量。探索政企共同支持企业参与基础科学研究的模式、方法、路径。探索采用"联合冠名、共同使用、财税激励"等

模式，引导企业持续加大研发投入，发挥财税政策的激励引导作用，支持企业参与建设基础研究机构，牵头联合高等院校、科研机构承担国家基础科学研究任务。

二是加大政府基础研究投入力度，优化经费使用结构。2021年，深圳的基础研究经费投入122.02亿元，低于北京、上海。深圳除了要在基础研究上加大投入力度，也应对基础研究项目进行综合评价，不能简单地以成功失败进行评价。此外，应以成果共享等激励方式鼓励和引导市场力量对基础研究领域加大投入力度，探索政府和企业共同参与基础研究的方式。充分发挥集中力量办大事的制度优势和我国超大规模的市场优势，着力提高基础研究经费投入占全社会研发投入的比重，牵引应用研究投入比重同步提升，实施分类分级策略，提升基础研究投入的精准性、高效性、持续性，探索中国版全球创新引领型城市的基础研究模式，力争在短时间内能够见到成效，产业创新能力显著提升。

三是聚焦产业创新需求，展开定向与应用基础研究。市场需求是对创新最好的引导。深圳应从国家对基础研究的战略要求出发，聚焦自身产业发展需求，尤其是聚焦新一代信息技术、生命科学与技术与人工智能的发展需求，依托创新合作平台，引导科研院所和企业展开定向基础研究。联合国家实施关键核心技术和产品突破计划，围绕5G、集成电路、人工智能、网络空间科学与技术、生命信息与生物医药等尖端领域，建设一批体现国家战略需要的重大创新载体，开展基础研究和应用基础研究，实施关键核心技术攻坚行动，开展重大仪器、装备及核心零部件研制，提升产业创新策源能力，夯实产业安全基础，为解决"卡脖子"问题提供"深圳方案"。通过层层发力，攻关核心技术，突破颠覆性技术，打通深圳在全球创新网络中的科技创新通路。

二 汇集海内外优秀人才，建设开放包容的创新人才高地

创新人才是深圳科技创新进一步发展必不可少的要素，深圳在科技人力资源方面与国际一流城市存在较大差距，在高等教育规模方面与北京、上海、广州也存在一定的差距。深圳应加大对基础研究人员的培养，保障原始的科技创新。

一是加强自身城市的人才培养。深圳的硕士、博士比例相比北京、

上海、广州等较低，在世界一流大学、一流科研机构方面存在弱势，一方面可通过鼓励已有高校与世界一流高校进行联合培养项目对接世界优质教育资源；另一方面可通过用地优惠等措施加快国内外高水平大学在本地建设分校或者科研机构，并发展一流高职院校，推动自身高等教育的改革，从而提高对人才的培养水平。支持深圳大学、南方科技大学建设世界一流大学、一流学科，纳入国家"双一流"建设体系。在专业设置、学位授权、招生计划等方面开展扩大自主权试点。建立健全适应"双元"育人职业教育的体制机制，支持深职院建设世界一流高职院校。此外，深圳毗邻香港，香港高等教育水平较高，深圳可依托深港合作平台强化与香港高校的交流合作。

二是加强引进外部高端创新人才。目前深圳仅有4个海外人才联络处，分别是美国洛杉矶、比利时布鲁塞尔、日本东京和澳大利亚悉尼。深圳要增设海外人才联络处，同时建立有效的沟通机制和激励机制，调动海外人才联络处的积极性和能动性，拓展服务职能，有效地、可持续地进行海外人才的对接引荐，助力科技创新人才队伍的建设。此外，深圳应充分发挥其经济特区以及先行示范区的优势，先行先试，建立健全国际人才引入的评估机制，注重人才的再培养，强化机制、平台、服务"三大保障"，创造国际人才"愿意来、愿意留"的发展环境[①]。通过内外共同发力，建设自己的人才储备库，不断强化人才队伍建设，逐渐打造创新资源高地。

三是完善人才服务体系。继续实施实物配置与货币激励的人才住房保障措施，缓解人才住房供需矛盾。如通过人才公寓、购房补助、租房补贴等政策来满足人才住房需求。加大优质学位供给，解决因教育资源短缺而导致引进人才子女入学难的问题，可采取加大国际学校建设力度、给予跨学区入学权利以及政府补贴入读民办学校的方式。提高人才医疗的保障待遇，满足人才的健康保障需求。如提供商业医疗保险补贴或医疗费用报销服务，提供就医绿色通道服务，并扩展医疗保障服务至人才的直系家属。重视基础设施建设，如广深港高铁、港珠澳大桥，还有深中通道等交通网络，以提高人才要素的流动性。

---

① 朱莉、袁丹：《深圳国际人才引进障碍及对策研究》，《特区经济》2020年第1期。

三 深挖数据资源，数字化赋能创新发展

大数据资源正逐渐成为技术、产品和产业创新的关键要素，显著促进了数据密集型突破性创新的发生[①]。深圳在数字技术领域具有发展优势，未来如何充分挖掘数据资源、将数字技术应用到创新过程中是深圳要解决的重要命题。

一是加强数字基础设施建设。加快数字基础设施布局，借助数字化平台，高效地以数字技术推进创新过程。加快建设新基建，推进与民生相关的普惠精准的人口健康技术、智慧绿色低碳的新型城镇化技术、可靠高效的公共安全与社会治理技术、生态环保技术、资源高效利用技术的成果转化和产业化示范。

二是创新数字技术应用。以"数字产业化"和"产业数字化"为发展主线，鼓励新模式、新业态的数字技术的创新应用，将数字技术与市场需求紧密结合，挖掘数字技术应用的创新价值。发挥我国超大市场规模优势，加大政府采购力度，支持新技术、新产品、新业态、新商业模式在深圳进行测试、试用、应用，加快科技成果转化，并以创新成果的转化全过程为中心，打造突破性创新组织间去中心化和动态变化的关系结构。

三是创新建设数字化平台。围绕基础研究开发部门，对各类机构进行数字化改造，借助数字化平台将动态变化的上下游企业和消费者"嵌入"突破性创新的迭代过程。由于数字化平台的扩展需要能够适应难以预测的技术和市场变革，需要采取模块化的数字化平台建设和发展路径，鉴于此，应以开源开放的模块接口技术引导创新者之间隐性知识的交流共享[②]。

四 改革科技管理机制，激发各主体创新潜能

虽然深圳在科技体制方面采取了一系列的改革措施并取得了明显的

[①] 梁娜、曾燕：《推进数据密集科学发现提升科技创新能力：新模式、新方法、新挑战——〈第四范式：数据密集型科学发现〉译著出版》，《中国科学院院刊》2013年第1期。
[②] 孟庆时、余江、陈凤：《深度数字化条件下的突破性创新机遇与挑战》，《科学学研究》2020年第7期。

成效，但束缚科技生产力的体制机制问题依然存在。比如，财政科技投入的管理和运行机制的清晰度，以及科技行政管理体制的协调性有待提高；科研机构陈旧的体制机制导致其成果产业化程度不够；科技平台以及仪器设备的共享制度有待完善；某些税收政策有待调整以调动企业的自主创新性。解决这些问题，根本的出路在改革，以改革来推动深圳科技体制服务国际科技创新中心的建设。深圳政府应充分利用综合改革试点的机遇，在国家赋予更大自主权的同时，创新科技创新管理机制，激发创新潜能。

一是健全科技创新政策体系，提高科技创新供给质量。深圳虽然高度重视科技创新，但未能提供足够丰富的政策支持。目前有关科技创新方面的政策法规仍不完善，科技创新法尚未形成。未来，深圳科技创新部署需要围绕经济转型升级，以高质量的科技创新供给支撑引领经济高质量发展。系统谋划，建设高质量科技创新供给示范城市，在科技创新各领域和全过程进行系统性改革试验，提升、畅通科技创新全链条。在新一轮科技创新规划中，以提高科技创新供给质量为主线，完善创新能力、创新环境、创新政策等专项规划和政策，形成系统布局和发展合力。

二是明确各科技管理部门的职责，优化科技管理机制。政府应深入调查市场，访谈企业、高校、科研机构等在展开科技项目研究时实际遇到的问题，通过充分调查，简化不必要的流程和手续，在实施问题导向的基础上标准化科技管理机制，做到"有法可依"，实现科技管理整个过程的"责任可追踪"。推进资本市场注册制改革。资本市场支持经济创新，创新资本市场更助力粤港澳大湾区国际科技创新中心建设。以改革推动深圳资本市场为创新赋能。建立注册制改革是推动深圳市资本市场进一步发展的关键因素。深圳可通过IPO注册制、再融资制度、与港澳市场互通等改革措施鼓励资金投入新科技的孵化中。这些措施将有效加速科技创新企业的发展，而科技的发展也将吸引一批成熟的金融科技公司走向资本市场。

三是借力数字政府，提升服务效率。借助数字化政府，加强科技项目实施过程涉及的政府部门间的互联互通，建立统一平台信息，线上线下结合，加强科技创新相关制度宣传的同时，避免重复劳动，为科技创新活动提供一站式受理服务。政府部门要加快从管理创新向服务创新转变，充分发挥市场机制作用，加强分类管理和服务，提升科技治理体系效能。

五 接轨、制定国际化创新标准，标准化引领国际化创新发展

深圳建设世界科技创新策源中枢需要良好的创新环境支撑，更亟需一套能够被广泛认可、执行的创新管理的标准体系以及有力的法律标准体系。

一是建设高水平、专业化的科技服务体系。深圳科技服务业发展不均衡，服务机构主要分布在南山、福田两区，空间布局有待完善。科技服务机构平均规模偏小，且机构之间不完善的网络化协作机制使其难以形成规模效益。现有的机构业务定位模糊，机构的类别需进一步丰富。高水平、高素质的科技服务从业人才的缺乏阻碍了行业的发展。深圳当前急需挖掘科技服务国际合作的潜力，建立"四化"①的科技中介服务体系来促进建设世界科技创新策源中枢。深圳应从企业事务处理程序与处理效率上提高发展水平，优化创新的政务环境。深圳应在企业开办、投资、侵权诉讼处理等方面简化流程，提高办事效率，缩短处理周期，提供优质的政府服务环境。与此同时，应在创新管理标准等方面加强与国际标准的统一，在创新成果的认定、评级等方面建立国际通行的标准，创造更加开放、公平的市场创新环境。

二是营造有利于市场主体创新活力迸发的创新环境。在知识产权保护等创新的法律保护上加强与国际标准的对接。通过不断改善创新环境，促进国内外创新主体创新活力的迸发。同时，国际标准的统一有利于消除体制阻碍，促进跨国创新项目的落地实施，有利于发挥科技创新中心的容纳功能。制定新技术、新产品、新业态、新模式的相关标准规则，建立风险可防可控的管理机制，搭建现实应用模拟场景，开展市场准入和监管体制机制改革试点，建立更具弹性的审慎包容监管制度，推动试验发展及推广应用，积极发展智能经济、健康产业等新产业新业态。加强人工智能、生命科技、大数据等领域的相关法律、伦理和社会问题研究，建立保障相关领域健康发展的法律法规和伦理道德框架。

---

① "四化"：即社会化、市场化、专业化以及国际化。

六 构建区域协同创新网络,增强创新集成、辐射带动能力

抢抓粤港澳大湾区和中国特色社会主义先行示范区"双区建设"重大历史机遇,加强与周边城市合作,推动形成大区域创新协同发展新格局,发挥创新引领作用。

一是打造开放、协调的区域创新协同机制。对内以大湾区经济圈建设规划为指导,做好"深港合作"这篇大文章,把香港高校世界一流的科教资源和深圳良好的技术创新与产业生态深度融合,打通深港融通的创新生态链,引领带动粤港澳大湾区国际科技创新中心建设。联合港澳企业、高校、科研机构共同承担国家重大科技战略布局,联合开展重大科技攻关,提升科技资源利用效能和科技成果产业化能力,构建开放型区域协同创新共同体。与此同时,进一步提升对周边城市的辐射带动能力。继续发挥深圳示范和带动作用,加大对交通等基础设施的投入,缩短与深圳重要的资源外溢点,如东莞、惠州、汕尾、汕头等城市的地理空间距离,助力深圳都市圈的整体能级的提升。积极参与中央财政科技计划项目、国家自然科学基金区域创新发展联合基金项目等,加强与外部城市创新合作。

二是探索跨区域创新共享体系。积极探索"港澳+深莞惠+汕河"人才保障房供给体系,在解决深圳空间有限的同时,共同推动公共服务水平和推动消费升级。探索"港澳+深莞惠+汕河"协同创新制度,打破地域性限制,实现区域创新资源深度整合和协同。进一步完善城市间跨区域公共服务共享机制,加强优质医疗和教育资源共享,探索建设跨市域的大型安居社区,推动区域创新要素便捷流通。

三是共建"一带一路"创新之路。以《区域全面经济伙伴关系协定》、全球海洋中心城市建设等为契机,发挥深圳作为"一带一路"的重要枢纽作用,打造具有深圳特色的全球创新枢纽城市,从内外两个大局着手,对全球范围内的创新资源进行控制和调配,实现自身创新价值增值的同时产生创新价值外溢效应,发挥科技创新中心的创新整合功能。与此同时,深化"一带一路"科技创新空间载体合作,在全球创新资源高度集聚地区布局建设海外创新中心,与大湾区其他城市联手,鼓励大湾区高校、科研机构、企业与相关国家高校和科研机构开展科技合作,携手相关国家共建"一带一路"创新之路。

七　加强产学研深度融合，整合利用创新资源

企业通过跨界合作方式参与基础科研创新是深圳研发的一大特色。深圳市政府应充分利用这一优势推进企业与高校之间的多维度合作，包括专利和技术转让活动，以及共同发表学术论文，从而达到节约研发成本，加快产品开发进程的目的。

一是重点建设优势学科。有限的创新资源促使深圳市政府集中创新要素资源投入优势学科，以此来提高政府资源的有效配置，实现科技政策效益最大化。深圳的学科优势主要在材料科学、电子电器工程、应用物理等领域。在具体研究方向上，深圳在基因序列、蛋白质、复合物、DNA、纳米微粒方面优势明显。因此，深圳加快创新资源整合，形成创新合力，重点建设优势学科将极大地助力国际科技创新中心的建设。

二是建设"教、科、产"融合发展试验区。以西丽大学城、深圳高新区等区域为核心载体，深化教育改革，突出创新创业教育，增强对产业创新需求的敏感度，促进教育链、人才链与产业链、创新链有机衔接，系统提升人才培养、学科建设、科技创新协同能力，为人才培养供给侧和产业发展需求侧的均衡发展探索新途径、积累新经验。支持行业领军企业整合科研院所、高等院校力量共建企业联合创新中心和创新联合体，探索协同攻关模式，推动产业需求与技术研发精准对接，提供产业技术整体解决方案。

三是创新制度供给。深圳科技创新的优势与特色在于与产业紧密结合，培育和发展了一批世界一流高科技产业。随着全球创新创业进入高度密集活跃期，新兴产业培育和形成的后端市场准入、监管、服务等仍旧滞后，迫切需要加快制度创新步伐，营造包容支持创业创新和推动传统产业提质增效的制度环境，促进产学研融通。

第五章

深圳建设全球高端产业核心磁极的路径

产业发展作为经济发展的发动机,是支撑经济发展的核心和基础,是构建新发展格局的重中之重。作为改革开放的标志性城市,深圳从"世界工厂"转型为"高科技之城""先行先试"到"先行示范",经历多次蝶变转型,从一个边陲小镇发展为世界级城市,从"深圳速度"迈向"深圳质量",不断以产业"新动能"推动经济"新发展",形成经济增量以新兴产业、工业以先进制造业、三产以现代服务业等"三个为主"的产业结构,实现了向梯次型现代产业体系的跃升。深圳已构筑起集成电路、5G、人工智能、生物医药等多个具有国际影响力的完整产业链,培育出一批对全球产业链供应链具引导力和把控力的龙头企业。

目前,深圳正主动对标全球最高最好最优最强,集聚高端资源、高端企业、高端人才等更多高端要素,强产业、蓄动能、布赛道,推动迈向全球价值链高端。同时,"百年未有之大变局"、国际经济循环格局深度调整和中美经贸摩擦的叠加冲击,对深圳产业发展提出了新的要求。展望未来,如何打造全球金融创新中心、全球服务经济中心、全球未来产业策源地,成为全球高端产业核心磁极,引领中国经济的下一个一百年,并努力成为全球产业标杆,将成为深圳构建新发展格局的重要议题。

第一节 深圳产业发展特征

近年来,深圳围绕科技人才、产业用地、核心技术攻关等领域搭建全方位政策扶持体系,密集出台了一批精准化产业政策,以科技产业创新深度参与全球价值链实现产业升级,多要素融合的产业软环境不断完善,产业创新不断向高端攀升,产业核心竞争力不断提升。2012—2022年,深圳规上工业总产值实现从2.1万亿元到4.55万亿元规模跃升,连续四年稳居全国城市首位。

一 产业政策不断出台,产业软环境日趋完善

一是系列政策护航新兴产业集群。在双循环新发展格局背景下,深圳先后出台生物医药、高端医疗器械、大健康产业集群的行动计划以及促进产业集群高质量发展的若干措施等关于战略性新兴产业和未来产业发展的系列文件,还针对产业集群共性,推出一批高质量园区建设、高效能临床研究激励等共性支持政策,并针对不同产业集群发展基础与发展特点,实施精准激励。2022年诸多战略性新兴产业政策和重大项目落地生根,出台的《关于发展壮大战略性新兴产业集群和培育发展未来产业的意见》("20+8"产业集群)为未来发展新兴产业指明了方向。深圳不断为战略性新兴产业集群、未来产业发展绘制"路线图",展现出作为中国特色社会主义先行示范区的担当和作为。

二是税费优惠精准"滴灌"。近几年,受国际形势和新冠疫情的双重影响,企业经营压力加大。深圳聚焦新的组合式税费支持政策和"惠企30条"涉税举措,推行增值税留抵退税、小规模纳税人阶段性免征增值税、制造业中小微企业缓税等一系列助企纾困政策减轻市场主体负担,为深圳企业走稳创新之路、抢占"智造"高地注入"强心剂"。与此同时,随着税费优惠政策的不断出台,研发费用税前加计扣除政策实施力度进一步加大,激发了企业加大研发投入的力度,有利于创新动能的壮大。2022年,深圳3.3万户企业享受研发费用加计扣除政策,为产业创新发展注入了创新动力。

三是营商环境不断优化。自2018年深圳将优化营商环境列为全市"一号改革工程"以来,营商环境不断迭代升级,先后经历了营商环境1.0"搭框架"、2.0"夯基础"、3.0"补短板"、4.0"促提升"、5.0"抓试点"五个阶段。特别是面对全球新冠疫情的反复冲击,深圳持续加大对企业的精准服务力度,坚持"一链一策""一企一策""一厂一

策",从多个层面密集推出政策工具包,全力支持解决重点企业生产经营的困难和问题,帮助市场主体纾困解难,产业应对冲击的韧性不断增强。

二 产业结构呈现"高先新",产业竞争力不断增强

一是战略性新兴产业不断做大做强。近年来,深圳不断以产业"新动能"推动经济"新发展",战略性新兴产业对经济的驱动作用不断增强,高端软件、人工智能、工业互联网等新兴业态迅速发展,宝安区被工信部评为全国唯一一个五星级国家新型工业化产业示范基地(工业互联网)。2016—2022年,深圳战略性新兴产业增加值实现从0.78万亿到1.33[①]万亿的跃升,战略性新兴产业实现增加值已连续四年运行在万亿区间,占GDP比在37%—41%。数字经济产业快速发展,数字经济核心产业占GDP的比重超三成,正成为中国—东盟数字经济产业合作的重要支点。新一代信息通信等4个集群入选国家先进制造业集群,新型显示器件等3个集群入选首批国家级战略性新兴产业集群发展工程。据深圳统计局数据,2022年,深圳七大战略性新兴产业(20个产业集群)增加值攀上1.3万亿元台阶,占GDP的比重达41.1%。

二是产业核心竞争力不断提升。近几年,深圳聚焦信息经济、生命经济、创意经济、绿色经济,不断提高创新能力,产业创新不断向高端化、规模化、集群化发展。目前,深圳在5G、8K、人工智能、基因测序、3D显示、新能源汽车、无人机等领域的创新能力处于世界前沿。医疗器械已有一批自主品牌产品达到世界领先水平,新产业超高速化学发光免疫分析仪单机测速全球领先,迈瑞、开立的高端彩超产品系列打破进口垄断,智能网联汽车产业、电动汽车产业链条完备,信息与通信技术实力雄厚,汽车产业智能化、网联化、电动化走在全国前列。2022年,深圳工业增加值达1.13万亿,首次超过上海(1.08万亿)跻身工业第一大市,也首次成为国内规模以上工业总产值、全部工业增加值"双第一"城市。同期,全市主要高技术产品产量持续快速增长,其中,新能源汽

---

① 深圳报业集团:《稳字当头 稳中求进!2022年深圳GDP32387.68亿元,同比增长3.3%》(http://www.szszfw.gov.cn/szsd/content/post_933436.html)。

车、充电桩、民用无人机、5G 智能手机产量分别增长 183.4%、113.8%、34.7%、22.3%。①

表 5-1 GFCI33 全球金融中心排行榜

城市	排名	得分	排名较 GFCI32 变化
纽约	1	760	0
伦敦	2	731	0
新加坡	3	723	0
香港	4	722	0
旧金山	5	721	0
洛杉矶	6	719	+1
上海	7	717	-1
芝加哥	8	716	+4
波士顿	9	715	+5
首尔	10	718	+1
华盛顿	11	713	+4
深圳	12	712	-3

资料来源：英国 Z/Yen 集团与中国（深圳）综合开发研究院联合发布第 33 期"全球金融中心指数"（GFCI）报告。

三是金融发展规模与质量再上新台阶。目前，深圳已建立多层次、网络化、科技化的金融市场体系，在私募、保险、基金、信托等分支领域也具备相当实力，为深圳发展战略性新兴产业、布局未来产业提供资金保障。与此同时，金融科技已渗透到消费金融、供应链金融、财富管理等各个领域，深圳积极建设全球金融科技中心，加快推动科技、金融的强强联合，培育出平安科技、财付通、微众银行等一批金融科技重点企业，金融科技实力飞速发展。据 GFCI33 数据，深圳金融科技分项排名

---

① 数据来源：深圳市 2022 年国民经济和社会发展统计公报。

全球第四、全国第一。

三 产业创新不断向高端攀升，创新能级不断提升

一是创新载体能级持续跃升。近年来，深圳着力锻长板补短板，大规模布局高端创新载体，光明科学城、河套深港科技创新合作区、西丽湖国际科教城等高能级创新平台加快建设，吸引国际各类创新要素加速汇集，形成了良好的创新生态和产业生态。与此同时，创新载体集成创新打响核心技术攻坚战。光明科学城以合成生物研究、脑解析与脑模拟设施为试点，一体化布局工程生物和脑科学产业创新中心。河套深港科技创新合作区集聚了金砖国家未来网络研究院中国分院、国际量子研究院等一大批创新平台。目前，深圳已建设基础研究机构10家、诺奖实验室11家、省级新型研发机构39家。截至2022年年底，深圳已累计建设各类创新载体总计超3223家，其中国家级153家，省级1278家。[1]

二是企业创新活力迸发。企业是深圳创新的主体，目前，深圳培育了华为、中兴、腾讯、迈瑞、大疆等一大批具有国际竞争力和影响力的创新型企业，诞生了华为、腾讯、万科、平安等8家世界500强。深圳企业创新活力竞相迸发，实现海外专利布局高质量发展。2022年，全市专利授权量约占全国总量的6.56%，PCT国际专利申请量约占全国总量的22.99%，知识产权证券化产品发行规模占全国总量的50.9%。[2] 2022年，全市全社会研发投入占比达5.49%，企业研发投入占全社会研发投入的比重为94.0%，国家级高新技术企业超2.3万家。[3]

---

[1] 杨阳腾：《夯实先进制造业发展根基》（http：//www.sznews.com/news/content/mb/2023-04/08/content_30163787.htm）。

[2] 深圳特区报：《知识产权厚植深圳国际化法治化营商环境沃土》（https：//baijiahao.baidu.com/s？id=1764385195495387163&wfr=spider&for=pc）。

[3] 数据来源：深圳市七届人大四次会议工作报告。

表 5-2　　　　　　　全球创新城市指数排名前 20 强

全球创新城市 20 强				全球人才集中度 20 强			
1	圣何塞	11	上海	1	圣何塞	11	斯德哥尔摩
2	东京	12	新加坡	2	波士顿	12	苏黎世
3	旧金山	13	深圳	3	旧金山	13	哥本哈根
4	波士顿	14	洛杉矶	4	东京	14	布鲁塞尔
5	纽约	15	圣地亚哥	5	北京	15	巴黎
6	首尔	16	特拉维夫	6	伦敦	16	都柏林
7	巴黎	17	多伦多	7	华盛顿	17	悉尼
8	北京	18	柏林	8	奥斯汀	18	多伦多
9	伦敦	19	奥斯汀	9	西雅图	19	纽约
10	西雅图	20	斯德哥尔摩	10	柏林	20	罗利-达勒姆

资料来源：由仲量联行发布的《2022 年全球创新城市指数报告》的数据整理所得。

第二节　新发展格局下深圳产业发展面临的机遇和挑战

深圳作为改革开放的重要窗口，产业发展面临前所未有的重大机遇。但与此同时，深圳面临劳动力成本攀升、土地空间相对不足等日趋严峻的要素瓶颈制约，以及复杂多变的外部环境、日趋激烈的区域竞争等诸多挑战。新发展格局下，深圳要积极把握国内外新形势新挑战，抢抓发展机遇，再创发展新优势。

一　面临的机遇

一是新一轮科技革命和产业变革机遇。新一轮科技革命和产业变革本质上是新生产要素替代旧生产要素、新生产方式替代旧生产方式、新动能替代旧动能的"创造性毁灭"过程。实践上，新一轮科技革命和产业变革通过改造传统生产模式和服务业态，推动传统生产方式和商业模式变革，促进工业和服务业融合发展，进而优化经济结构、转换增长动力①。新一轮科技革命和产业变革背景下，世界进入科技创新和商业模式更新互动耦合期，信息技术的突破性应用或将成为驱动社会生产力变革的主导因素，大规模个性化定制、社会化生产、平台型企业、网络化组织、开放式创新等新型生产方式和组织方式孕育兴起，信息化和工业化深度融合的趋势加快，"互联网＋"如火如荼，"新硬件时代"加速到来，智能制造蓬勃兴起，大数据、云计算、人工智能、新能源等产业领域多点突破，新产业、新技术、新业态、新模式迅猛发展。这历史变革期，一方面为深圳加速功能置换、结构调整和择机引入新兴产业、切入全球新兴产业链，提供更大的发展空间，另一方面，为深圳深度推动制造业和服务业在产业链上融合，助力制造业结构调整和转型升级，走制造强市之路提供良好机遇。同时，将为深圳自主创新能力的增强增添新动力，有利于提升深圳产业辐射能力和创新策源力。

二是全球产业链重构机遇。全球基本形成了以美国为核心的北美洲供应链，以德国为核心的欧洲供应链和以中国为核心的东亚供应链。目前，全球化已进入调整期，全球充分竞争的格局已经被削弱，带来了全球产业链的深度调整②。近年来，经济全球化遭遇逆流，国际经济循环格局发生深度调整，受全球新冠疫情蔓延的影响，全球经济衰退趋势日趋明显，逆全球化趋势加快，贸易投资保护主义进一步加剧，产业链供应链循环受阻，全球产业链收缩加剧，全球产业链面临重构。产业链重构是产业链环节重新定位、调整以及更换的过程，通过建立新的生产交易方式，挖掘产业链新的竞争优势，实现价值增值③。疫情暴发前，全球产业链布局通过生产要素市场化的方式自由流动进行最优化配置。新发展格局下，全球产业链的构建将以安全为导向，统筹考虑经济效率、产业安全和政治因素。新的产业链在全球范围内将更加割裂，在更小范围内（某个地区或某个国家）形成更完整的体系。受全球新冠疫情的催化影

---

① 易信：《新一轮科技革命和产业变革趋势、影响及对策》，《中国经贸导刊》2020 年第 10 期。

② 中制智库：《全球产业链重构中如何化危为机，赢得主动权，获得大发展？》（https://m.thepaper.cn/baijiahao_11692709）。

③ 刘贵富：《产业链基本理论研究》，博士学位论文，吉林大学，2006 年。

响，部分产业整合趋势明显，控制产业链核心环节的国家将考虑产业纵向整合以缩短供应链条，通信、汽车、电子等长供应链领域重要行业与生物医药、能源、粮食、军工等紧急状态下的重要行业将在本土或周边国家配置预备产能或加大库存，产业整合呈现本土化与周边化态势。就深圳而言，抢抓全球产业链、供应链重构机遇，有利于高度嵌入国际产业链的行业，构建竞争新优势。

三是双循环带来产业升级机遇。加快"构建双循环新发展格局"是新时代我国立足国内大循环、畅通国内国际双循环，筹划以更深层次的改革、更高水平的开放，加快形成内外良性循环，积极应对世界百年未有之大变局和当前国内外经济形势变化的战略新抉择[1]。立足国内大循环，是构建国内国际双循环相互促进的新发展格局的重要基础，扩大内需是实施"双循环"的战略基点，通过扩大内需刺激国内居民的消费需求，从而促进消费结构升级，进而反向倒逼产业结构升级。随着居民收入的增加，消费者对产品和服务的消费提出更高要求，消费需求将更加注重品质，品质化、个性化、服务化的产品需求增加，消费需求的多元化和消费结构的高级化将推动生产和服务向纵深发展，进而促进产业结构升级。反之，不合理的消费结构会导致生产资源流动不畅，制约产业结构的优化。另外，随着"双循环"发展战略的实施和深入推进，过去大量输送至国外的产能，接下来要为国内市场服务，国内消费市场开拓力度将进一步强化，将为深圳带来更为广阔的市场空间。就深圳而言，深圳已形成文化产业、高新技术产业、物流业和金融业四大支柱产业，在创新上有产业基础、产品和服务在国内有较大市场、在对外开放合作方面有先行经验、在要素市场化配置上有深港合作的内生需求，与"双循环"的发展逻辑较契合，将为深圳产业发展带来更多机遇。

四是"双碳"要求带来产业经济发展变革机遇。党的二十大报告明确提出，统筹产业结构调整、污染治理、生态保护、应对气候变化，积极稳妥推进碳达峰碳中和。"双碳"目标要把碳排放的额度看成一种新的生产要素，碳达峰、碳中和将推动钢铁、水泥、石化、建材等高耗能高排放产业链采用新能源技术、节能技术、碳捕集前沿技术等新技术实现

---

[1] 张任远：《构建双循环新发展格局的思考与路径》，《区域经济评论》2020年第6期。

脱碳,工业产品绿色化和附加值得到提升,从而推进产业结构低碳价值链发展。"双碳"目标将倒逼产业转型,推动制造业尤其是初级制造业向绿色低碳转型,加快高耗能、重化工业等产业去产能和重组整合的步伐。与此同时,能源技术将成为引领能源产业变革、实现创新驱动发展的源动力,清洁生产、节能环保、清洁能源等产业将迎来广阔的市场。在"双碳"的背景下,深圳传统产业中技术、工艺、装备、产品等创新升级的领先企业将得到更好发展机遇和更强市场竞争力,高端制造、新能源、清洁生产、节能环保等新兴产业凭借自身的低碳属性和高技术禀赋,也将迎来新一轮快速发展。

五是紧抓"双区"驱动"双区"叠加机遇。深圳进入了粤港澳大湾区、深圳先行示范区"双区"驱动,深圳经济特区、深圳先行示范区"双区"叠加的黄金发展期。建设"粤港澳大湾区核心引擎"和"中国特色社会主义先行示范区"是国家在新时代赋予深圳的使命。深圳作为大湾区的核心引擎城市,随着大湾区建设的深入推进,大湾区核心城市合作进一步深化,为深圳产业发展创造了区域合作基础。大湾区内包括人流、物流、资金流、技术流在内的高端要素和科创资源进一步加速流动,有利于深圳高端要素的集聚,且随着大湾区城市间基础设施的互联互通,将为深圳产业发展提供强有力的腹地支撑。另外,社会主义先行示范区建设的推进,有利于改革开放的进一步深化。2020年,中共中央办公厅、国务院办公厅发布《深圳建设中国特色社会主义先行示范区综合改革试点实施方案(2020—2025年)》(以下简称"方案")明确支持深圳实施综合授权改革试点,并赋予深圳在重点领域和关键环节改革上更多自主权。支持综合授权改革试点,是新时代推动深圳改革开放再出发的又一重大部署,意味着中央在一定条件下适度授权,以清单式批量申请授权方式,系统集成一揽子改革举措,有利于深圳全面深化改革不断向广度和深度进军,降低全面深化改革的复杂程度和行政成本。伴随着方案的落地实施,深圳将在重要领域推出一批重大改革措施,为深圳产业发展提供良好的外部环境。

二 面临的挑战

一是外部环境动荡带来产业发展的不确定性。在国际经济政治格局复杂多变，美国对我国遏制打压不断升级，新冠肺炎疫情加速全球产业链供应链格局向区域化、多元化调整的大背景下，产业链供应链稳定安全面临重大风险。近年来，中国产业的持续升级使发达国家的产业地位受到挑战，以美国为代表的发达国家对中国科技和未来产业发展的打压涉及的领域越来越广、手段层出不穷、遏制借口不断增加。与此同时，随着新一轮科技革命和产业变革加速全球经济结构的重塑，制造业数字化、网络化、智能化转型升级加速，全球产业链供应链竞争日趋激烈。新发展格局下，许多重要领域和关键环节的核心技术仍受制于人，产业链供应链面临"断链"风险。以电子信息产业为例，深圳电子信息产业规模约占全球的十分之一，但与电子信息制造环节密切相关的高端芯片以及芯片制造设备仍依赖美国、欧美等国。未来，对外依存度较高、需要大量从海外进口制造环节中间投入品的行业面临的"断链"风险将更加严峻，一定程度上将影响深圳产业的开放和国际合作。目前，深圳不仅拥有华为、大疆等一大批产品研发及出口都有赖于国际市场的创新型企业，同样有很多仍然处于"爬坡"时期的中小企业，这类企业经济风险抵御能力相对较弱，面对复杂的国际环境带来的不确定使企业的经营和发展面临更大的压力。

二是区域竞争放大城市虹吸效应。在地方竞争的作用下，各地通过重点产业政策优先扶持本地优势产业发展，为争取得到重点产业政策扶持及其配套的产业基金以及税收方面的优惠支持，各地辖区内的下级政府间会争相布局发展优势产业，从而降低各地的产业资源配置①。随着粤港澳大湾区建设的推进，湾区内产业、资金、技术、人才、信息等资源要素在主要城市之间加速流动，湾区城市纷纷出台"抢人"政策，人才、专利等战略性创新资源争夺加剧，一定程度上增加深圳创新要素引进的成本与难度。与此同时，粤港澳大湾区尚未制订统一的产业发展规划，湾区城市产业政策的制定缺乏与其他城市协调发展的统筹考虑，湾区城市之间新兴产业存在重复建设隐忧，产业同质化发展的现象比较普遍，过度同质化和低水平重复建设容易造成资源浪费、效率低下。另外，随

---

① 贺灿飞、王文宇、朱晟君：《"双循环"新发展格局下中国产业空间布局优化》，《区域经济评论》2021年第4期。

着区域和城市之间创新资源的竞争不断加剧,具有政策优势和低成本优势的城市将对部分产业形成吸引力,区域间存在发生"堵链""抢链"的可能性,将进一步加剧深圳产业发展的困境。在创新资源争夺加剧背景下,如何避免与湾区其他核心城市低水平的同质竞争,并在激烈的城市竞争中保持绝对竞争优势成为未来深圳产业发展的重要挑战。

三是要素瓶颈挑战。据第七次全国人口普查对比数据,2010—2020年,深圳人口增速远高于北京、上海,甚至远高于同为大湾区核心城市的广州。相较于强劲的人口增速,深圳面积仅占上海的32%,广州的27%,北京的12%,深圳高速发展和土地紧缺矛盾日益严峻。土地是产业活动的载体,产业发展必须通过付出更高的代价获得经济活动所需的土地和资源,提高了产业发展成本[①]。根据第三次国土调查,目前深圳土地开发强度已经达到50%,但地均GDP不到东京的50%、纽约的30%,随着产业规模的不断壮大,工业用地成本不断攀升,导致企业的运行成本和进入门槛抬高,经商环境恶化,在一定程度上削弱了创新创业的市场土壤,不利于中小微企业发展。深圳人口、土地矛盾引起的高房价、高成本对制造业、物流业等产业产生巨大的挤出效应,产业外迁、龙头企业外迁又导致供应链跟随外迁的风险,使深圳产业面临空心化挑战。因此,化解空间瓶颈、增加产业空间成为当前深圳产业发展的迫切需求。另外,随着经济发展进入新常态,资源和环境约束不断强化,除土地外,劳动力、能源、原材料等生产要素成本不断上升,势必造成原辅材料消耗大、劳动用工多、出口比重高的行业盈利能力降低,主要依靠资源要素投入、规模扩张的粗放发展模式难以为继,产业结构调整、转型升级刻不容缓。

四是产业领域全球影响力有待提升。产业创新活跃是深圳最宝贵的城市特质,"创新"是先行示范区建设最重要的关键词之一,与伦敦、纽约、东京等世界公认的全球城市相比,产业创新方面还有待提升。独角兽企业发展能在一定程度上反映一个城市产业发展潜力。据《2023年全球独角兽榜》,深圳独角兽企业共33家,全球排名6,较疫情前增加15

---

① 石奇:《基于要素供给条件变化的产业发展成本研究——以"外资代工模式"的长三角制造业为例》,《中国工业经济》2010年第8期。

家。独角兽企业无论在数量、还是增幅都与旧金山、纽约存在较大差距。与此同时,深圳金融服务实体经济能力尚未完全发挥,适应新阶段、新经济、新格局发展需求的金融创新能力还需进一步提升。相较于伦敦、纽约国际一流金融中心,深圳金融总部企业、金融体量、金融资源集聚等方面差距明显,国际竞争力不足。据全球金融中心排行榜,深圳以712分位列全球第12,排名有所下降,且与纽约(760分,第1)、伦敦(731分,第2)相比差距明显。

表5-3　　　　　　　　2023年独角兽企业全球城市排名

排名按数量	城市	企业数量	按数量对比疫情前变化	排名按数量	城市	企业数量	按数量对比疫情前变化
1	旧金山	181	+126	11	巴黎	22	+18
2	纽约	126	+101	12	帕洛阿尔托	21	+11
3	北京	79	-3	13	波士顿	20	+12
4	上海	66	+19	14	山景城	15	+9
5	伦敦	42	+33	15	圣保罗	15	+11
6	深圳	33	+15	16	芝加哥	14	+10
7	班加罗尔	33	+24	17	首尔	14	+9
8	广州	22	+14	18	特拉维夫	14	+11
9	杭州	22	+3	19	孟买	13	+12
10	柏林	22	+18	20	洛杉矶	12	+9

资料来源:由胡润研究院整理所得。

五是全球资源配置功能有待凸显。一个城市全球性服务企业数量或全球总部数量越多,形成的服务网络越庞大,城市的服务能级也就越高,对全球产业资源的控制能力也就越强[1]。纵观纽约、伦敦、东京等全球城市,均是在服务资源积聚到一定程度后,依托生产性服务业扩散服务功能,实现在全球市场中的服务地位。"十三五"以来,深圳服务业占GDP

---

[1] 张懿玮、高维:《从服务型城市到全球城市的逻辑机理和实现路径》,《北京社会科学》2021年第7期。

的比重始终稳定在60%左右，2022年现代服务业增加值占服务业增加值比重达76.2%，比2015年提升约7个百分点，深圳服务业迈向全面跃升的高质量发展关键期。与此同时，深圳服务业与纽约、伦敦、巴黎等城市还有一定差距。大型企业总部集聚效应还不高。近年来，深圳市政府出台了一系列具有吸引力的总部激励政策，深圳总部企业数量持续快速增加，但与北京、纽约、伦敦等全球领先城市的差距较为明显。2022年美国《财富》排行榜显示，北京拥有54家世界500强企业，超越东京、纽约、伦敦和巴黎等城市，连续第10年位居全球城市榜首。深圳仅有10家世界500强企业总部，深圳的大型企业总部集聚效应仍较不显著，这会在一定程度上制约深圳经济能级增强和突破性发展。

第三节 深圳建设全球高端产业核心磁极的新任务和新要求

面对新时代全球产业新的竞争格局，产业基础能力和产业链现代化水平至关重要。"十四五"时期，推动产业基础高级化和产业链现代化也是深圳产业发展和产业升级的重要指导方针。面向未来，建设全球高端产业核心磁极对产业基础高级化和产业链现代化发展提出了更高要求。

一 以产业高端化为引领，提高产业链现代化水平

随着全球化发展和产业分工深化，国与国之间的竞争看似是产品、企业和产业的竞争，本质上是纵横交错、相互关联的产业链供应链的竞争，即一个国家产业竞争力取决于整个产业链供应链的综合竞争力[①]。产业链供应链安全稳定是未来产业发展的核心竞争力，是应对复杂多变的国内外政治经济环境有效途径之一。现代化的产业链和供应链主要体现在产业的技术层次、附加值、自主可控性和产业体系的完整性等方面，应具备较强的技术创新能力、坚实的产业基础、深度的产业分工和高效

---

① 张占斌等：《当前我国产业链供应链仍然存在基础不牢、水平不高等问题》，《经济日报》2021年1月31日。

的协同体系、较好的产业安全性和自主性、占据主导优势的全球产业链控制能力以及绿色可持续发展能力等特征①。面对复杂多变的外部环境，如何聚焦集成电路、生物医药、人工智能等高端产业领域，畅通产业循环，推动产业链供应链在"双循环"新格局中赢得价值链条的竞争地位，成为新阶段深圳产业高质量发展的重要任务。新发展格局下，深圳要遵循全球产业最新发展趋势，攻克一批阻碍新兴产业和产业转型升级发展的"卡脖子"的"高端技术"，提供更多享誉全球、具有独特价值的"高端制造业产业"，汇聚一批自主创新能力达到或接近世界级水平的领军型企业，培育一批"高端链群"，提升对"高端产业链"的掌控能力，形成具有世界影响力的"高端产业集群"，进一步提升高端服务能级、构建高端高智高新现代产业体系，担当起高端产业引领功能、整合全球资源、参与全球产业竞争、服务全国发展大局、推动粤港澳大湾区世界级城市群建设、支撑城市能级和核心竞争力提升的历史使命。

二 以创新发展为驱动力，积聚产业发展新动能

创新是产业发展的核心问题和塑造国际竞争优势的关键所在②。顶级"全球城市"被认为是科技创新的重要策源地、扩散地、应用地，他们注重构建科创型企业创新生态系统，进而提升产业创新能力。科技创新能够促进传统产业转型升级，通过发明核心技术专利和进行先进研发设计来掌握先进的技术以促使传统产业由低生产率（低附加值）向高生产率（高附加值）环节演变，提升要素重置效率，缓解结构红利衰减导致的要素配置效率下降，满足以高附加值产业为主导的后工业化阶段发展需求③。改革开放以来，深圳一直是创新驱动高质量发展的践行者，在技术创新领域取得突出成绩。未来，建设全球高端产业核心磁极的关键仍在创新，深圳要坚持创新在产业发展中的核心地位，全面增强自主创新能

---

① 宋华、杨雨东：《中国产业链供应链现代化的内涵与发展路径探析》，《中国人民大学学报》2022年第1期。
② 刘思明、张世瑾、朱惠东：《国家创新驱动力测度及其经济高质量发展效应研究》，《数量经济技术经济研究》2019年第4期。
③ 贾洪文、张伍涛、盘业哲：《科技创新、产业结构升级与经济高质量发展》，《上海经济研究》2021年第5期。

力,加速人才、技术、资本等高端创新要素集聚,强化企业创新主体地位,使创新成为产业发展的根本驱动力。要以创新"走出去"战略来突破技术封锁,实现高质量的"引进来",依托"走出去"和"引进来"的联动,更深度参与国际技术大循环,实现内外技术循环的相互促进,进而建设以我为主兼具包容性的全球创新链治理模式和产业技术共生体系。要以数字赋能、技术改造、品牌打造等方式,助推技术、产品、服务、管理创新,促进传统产业由粗放型向集约型、科技型、品牌化方向转型升级。要以"技术+人才+市场+品牌+资本"要素组合创新,促进高科技企业做大做强。要以商业模式创新、培育新兴业态等方式,推进现代服务业向高端化迈进。要以产业融合创新延长产业链,推动产业迈向全球产业价值链高端。

三 以"开放合作"为优势,开创双循环发展新格局

在新冠疫情全球蔓延和国际贸易受挫的背景下,加快形成新发展格局,深挖国内超大规模市场潜力,积极应对国际竞争和贸易摩擦,促进国内国际两个市场、两种资源的协调应用,对于实现产业结构转型和高质量发展具有重要意义[①]。在"双循环"新发展格局的背景下,新一轮高水平的扩大开放,跨境服务贸易和数字贸易、国际航运服务等一些关键领域和环节将是国际经贸合作中争夺的"制高点",深圳具有较好的改革开放探索和实践基础,应抓住契机争取更多制度性开放实践探索。与此同时,深圳要抢抓全球产业链重构、新一轮科技革命叠加"双区"建设的重大机遇,以开放合作为导向,促进产业发展外循环与内循环的互动融合,形成高效的产业链"双循环",加快产业向全球价值链高端攀升,担起"双循环"先行示范使命。一方面,要充分利用国际国内两个市场、两种资源,通过推动区域内闭环产业供应链重构,打通生产、流通、分配、消费等主要环节上"堵点断点",形成快速畅通的"内部大循环",以内部大循环吸引全球资源。另一方面,要进一步深化开放,充分利用RCEP生效的机遇期,积极对接"一带一路",加速融入全球创新网络,

---

① 余泳泽、段胜岚、林彬彬:《新发展格局下中国产业高质量发展:现实困境与政策导向》,《宏观质量研究》2021年第4期。

参与全球产业链重构，提升产业国际竞争优势。因此，深圳要坚持"国内市场+国际市场"协同发力，在加快构建"双循环"新发展格局中先行示范，对标全球最高最好最优，跑好深圳先行示范区建设"第一程"。突出扩大内需、内外联动，实施创新驱动高质量发展战略，加快建设国际消费中心城市，积极打造重大开放平台，深度参与"一带一路"建设，打造畅通国内循环、参与国际循环的"深圳样本"。

四 以供需双向发力为导向，提升产业发展层次

2020年中央经济工作会议提出"要紧紧扭住供给侧结构性改革这条主线，注重需求侧管理"，加强需求侧管理是扩大内需战略的进一步升级，是加快开创新发展格局的要求。深化供给侧结构性改革，旨在降低和减少无效和低端的供给、扩大和增加有效和高端的供给，有利于培育更加多元稳定可持续的主导产业、发展更先进的科学技术、建立更完善的产业结构，推进产业基础高级化和产业链现代化。需求侧管理则是把着力点放在需求端、消费者上，需求侧管理要把握好政策方向，有效发挥需求对供给的牵引作用，重点打通制约消费需求增长的堵点，补齐短板，释放消费需求潜力。经济发展的不同阶段，对应不同的供给结构、需求结构，在新发展格局背景下，要以深化供给侧结构性改革与加强需求侧管理有机结合为主要方式，从供给端和需求端同时发力。一方面坚持供给侧结构性改革主线，提升供给体系对需求的适配性，使供给结构更好适应需求结构特别是消费结构的变化。另一方面，以扩大内需为战略基点，推动实现需求牵引供给、供给创造需求的更高水平动态平衡。在新发展格局背景下，深圳产业发展供需矛盾依然存在，深圳需从供给端持续深化制度改革，针对最为突出的产业结构短板问题，以高质量要素供给为核心，推动全要素生产率再提升。要夯实实体经济发展基础，培育壮大新兴产业，做大做强优势产业，加快打造全球服务经济中心城市。要充分发挥市场在资源配置中的决定性作用，提高全市供给结构适应性和灵活性。要从供给端适应消费者日益增长的个性化需求，通过供给和需求的有效互动，最终推动产业转型升级和高质量发展。

第四节 深圳建设全球高端产业核心磁极的思路

新发展格局下,深圳建设全球高端产业核心磁极,要高瞻远瞩、与时俱进,要依托社会主义先行示范区、粤港澳大湾区核心引擎等国家战略集成优势,以塑造产业国际竞争新优势为牵引,着力优化产业链布局、增强科技创新支撑、完善资源要素配置、增强全球资源配置能力,加快产业发展从规模速度型向质量效益型转变,加快产业变革质量升级、效率升级、动力升级,勇当国内大循环的创新引擎和国内国际双循环的链接枢纽,全方位提升深圳在全球产业创新格局中的竞争位势。

一 优化产业链布局,提升产业国际竞争力

在双循环格局下,深圳应借鉴国际优化产业链、供应链布局经验,以"粤港澳大湾区""深圳都市圈"建设机遇,聚焦产业链的布局优化、集聚发展以及产业链国际合作,围绕传统产业高端化、智能化、绿色化升级,未来产业前瞻化,引导产业迈向中高端,争当推进产业高质量发展的先行示范者,提升深圳产业国际竞争力。一方面,要优化区域产业链布局,引导留住产业链关键环节,打造自主可控、安全可靠的产业链、供应链。同时,主动融入国家区域发展战略,引导产业向粤东地区延伸和转移,助力优化区域产业布局,打造区域产业链闭环。另一方面,要坚持开放合作,以产业链为切入点,不断提升不同产业合作紧密程度和效率,提升产业链的稳定性和竞争力。

一是优化产业链区域布局。科学布局区域产业链分工,聚焦产业链区域化、全链化、精深化方向,以粤港澳大湾区、深圳都市圈建设等区域发展战略为契机,加快深圳与周边城市群的产业协同发展,在大湾区范围内打造空间上高度集聚、上下游紧密协同、供应链集约高效的产业链集群,营造以湾区需求、国内需求为拉动的产业小循环。加大深圳产业园区与湾区各城市优势产业园区的对接力度,引导深圳产业向粤东地区延伸和转移,提升产业带动和辐射作用,助力大湾区产业整体升级。着力打造"总部、研发、试产、中试、高附加值产品核心工厂"的先进制造业核心集聚区,推动深圳都市圈共同建立"总部、研发、试产、中

试、高附加值产品核心工厂＋分工厂规模化生产"的区域分工体系。跨区域共建世界级先进制造产业集群。协同东莞共建全国集成电路产业增长极和国际知名集成电路产业集聚区，共同打造具有全球竞争力的电子信息等世界级先进制造业产业集群。加强与珠江西岸先进装备制造业联动发展，推动广深共建世界新兴产业、先进制造业和现代服务业基地。与惠州、汕尾联手，重点提升超高清显示、柔性显示、印刷显示等关键技术，建设具有全球影响力的新型显示技术创新策源地和产业集聚区。进一步加强与香港在经贸、金融、教育、科技等领域的合作，高品质推进前海深港现代服务业合作区建设，加快建设前海深港国际金融城，打造深港基金小镇，探索深港 VC/PE 联通。加强与澳门在文化创意、特色金融、旅游等领域合作，联手开拓葡语国家市场。全面加强与泛珠三角区域产业经贸与能源资源合作，促进产业梯度转移和协作配套，促进产业梯度转移和协作配套。

二是加速产业链集聚发展。以构建产业链集群为目标，以产业链培育产业集群，以产业集群构建产业生态，着力引导各类要素资源向产业发展聚集。积极开展产业研究，实施全产业链发展战略，深入实施"链长制"、做好"链式"服务。聚焦集成电路、人工智能、5G、8K、生物医药、智能网联汽车等重点产业梳理产业链生态，围绕强链、补链、延链、控链、稳链寻找和弥补产业链的薄弱环节，打造新兴产业链。明确重点龙头企业技术优势，有目的、有针对性地开展产业链招商，推动产业链内企业形成溢出效应、交易成本效应、学习效应，产生集群效应收益，增强产业链根植性和竞争力。加强关键的数字技术、芯片制造新工艺技术、人工智能算法、智能装备生产、工业互联网、操作系统等方面的技术突破，推动产业链、供应链关键环节集群式发展，留住产业链中技术密集型、资金密集型部分，包括研发设计及贸易结算等产业链关键环节，外迁生产制造和分流原材料供应链。与此同时，要进一步加强产业链上下游配套能力，降低土地成本、融资成本、物流成本、原材料成本等企业经营成本，防止产业链过快外迁，稳固产业链。

三是推动产业结构高端化发展。推进深圳产业向全球价值链中高端迈进，培育集成电路、软件、生物、光电、通信等若干个国际先进制造业集群，围绕产业链部署创新链、围绕创新链布局产业链，前瞻布局战略性新兴产业，发展未来产业。主动引导外迁企业转出加工组装等低端环节，重点防范中高技术制造业外迁，留住对经济发展和产业链供应链自主可控更为关键的研发设计、总部运营中心等高端环节，转型生产产业链中高端的高附加值产品，推进产业链向价值链高端攀升①。推动传统优势产业时尚化、国际化、高端化，以新技术赋能传统产业，尤其要推动制造业转型升级，发展智能制造、绿色制造、服务型制造等制造业新业态、新模式。立足深圳产业优势、配套优势和部分领域的先发优势，培育以新一代信息技术、生物医药、数字经济、高端装备制造、新材料、绿色低碳、海洋经济等战略性新兴产业为主导的产业体系新支柱，推进战略性新兴产业高端化、融合化、集聚化、智能化发展，加快战略性新兴产业集群建设，促进产业链上下游协同，加大新兴技术更新迭代步伐，增强产业链的韧劲，实现产业经济高质量发展。瞄准国际科技前沿最新领域，提前布局新技术和新产业，培育发展卫星制造与应用产业、航空航天产业、量子通信、量子计算等细分产业，打造全球新技术新产品率先应用推广高地，构筑未来产业策源地。

二 强化科技创新驱动，提升产业链自主可控能力

当前，全球科技创新已经进入空前密集活跃期，新一轮科技革命和产业变革正在重构全球创新版图。走在世界创新城市前沿的深圳，作为全国最早确立"自主创新型城市"发展目标的城市之一，在新发展格局下，要坚持创新驱动发展战略，突破"卡脖子"关键核心，实控平台载体关、推动产业数字化转型，突破供给约束堵点，提升产业链自主可控能力。

一是打好"卡脖子"关键核心技术攻坚战。依托自身科技攻关能力优势，瞄准市场需求，顺应产业创新趋势，将基础研究、应用基础研究成果转化为关键核心技术专利，打造更多更强的创新硬核力②。面向世界

---

① 汪彬等：《双循环新发展格局下产业链供应链现代化：功能定位、风险及应对》，《社会科学》2022年第1期。
② 易永胜：《全球标杆城市创新力研究——以深圳为例》，《特区实践与理论》2020年第6期。

科技前沿，在数字经济、新一代电子信息、高端装备制造、生物医药等领域重点突破一批核心关键技术，推动领军企业研发创新链条前移，鼓励行业领军企业联合高水平科研机构承接国家科技重大专项和重点研发计划，在基础软件、工业母机、关键元器件、集成电路等领域实施梯度攻关，突破一批前沿性、引领性、颠覆性技术，增强核心技术供给能力。创新技术攻关项目组织方式，形成一批自主可控的标志性成果。实施产业基础再造，加快综合性国家科学中心的建设，围绕5G、物联网、生物医药等战略性新兴产业领域布局一批新型产业基础设施，在基础工业软件、基础材料、基础零部件/元器件、基础制造工艺和装备材料等领域加强研发力度，提高产业基础领域供给质量稳定性和自给保障力。

二是统筹优化创新研发平台布局。依托华为、中兴、比亚迪、腾讯等创新能力最强的企业，谋划构建跨国家、跨行业、跨领域的全球性创新网络平台，并将该平台上升为国家级别。积极承接国家科技重大专项和重点研发计划，推进量子、生物医药等国家实验室基地建设，打造以国家实验室为龙头的战略科技力量。聚焦新一代信息技术、生物医药、数字经济等先导产业和前沿领域需求，整合辖内重点实验室、工程中心、公共服务平台、技术中心、工程实验室等创新载体，聚集特色鲜明、产业支撑能力显著、多类型机构汇聚的新型研发机构，打造新型研发机构集群。高标准建设光明科学城，加快西丽湖国际科教城的规划建设，加快布局光明国际技术转移中心，打造世界一流的综合性国家科学中心集中承载区。建设重点领域技术资源库，鼓励行业平台为中小企业提供技术服务，打造成果转化、标准规范、认证检测、市场推广等一批公共技术平台。

三是数字化赋能产业提质增效。加快对全产业的数字技术赋能，深入挖掘数字技术价值，改造提升传统产业，培育发展新兴产业，以数字赋能促进产业链供应链与创新链的融通发展。加快产业数字化、数字产业化发展，夯实数字基础设施，推动传统产业与新型基础设施融合发展，支持关键领域数字化赋能，提升产业链供应链效率、韧性和弹性。支持产业集群和中小企业数字化转型，鼓励集群龙头企业与工业互联网企业合作，对产业链上下游企业进行数字化赋能。以应用为牵引，积极梳理重点行业重点领域数字化转型诉求，进一步推广"以工业互联网平台赋能服务商、以服务商服务中小企业"的业务模式,鼓励中小企业上云上平台,推动企业数字化转型。以数字技术推动绿色低碳转型,推动能源技术向绿色低碳、智能化方向发展,推动高耗能企业加快设备数字化改造,利用大数据、人工智能和云计算等技术实时采集运行数据,建设能耗和污染物排放在线监测系统。另外,加快建设以数字技术为核心的新型基础,加快布局前沿数字技术,为产业进一步优化升级发展打好数字化基础。

三 培育壮大市场主体,提升"链上"企业竞争力

市场主体是构成现代市场经济的微观基础,培育市场主体是现代产业高质量发展的必然要求,而企业作为产业链、供应链的实施主体,其中优质企业是领头雁、排头兵,加快培育发展优质企业不仅是激发市场主体活力、推动产业高质量发展的必然要求,也是防范化解风险隐患、提升产业链供应链自主可控能力的迫切需要。新发展格局下,深圳要密切关注产业发展新动向,用理性的眼光看待发展,要积极培育产业链"链主"企业,支持一批"专精特新"企业做大做强,支持民营企业健康发展,促进中小微企业和大企业的融通创新,推动形成以"链主"企业为主导、中小企业相配套、民营企业协同发展的生态圈。

一是大力培育产业链"链主"企业。"链主"企业是指在产业发展过程中,能够充分利用外部资源、发挥自身比较优势,逐渐具备某一产业上中下游核心凝聚力的企业。培育"链主"企业,对高端高质高新的现代产业体系的构建、产业集群的高质量发展具有重要意义。加强链主企业专项培育,针对各类产业链的不同特点,对链主展开分类遴选和培育,形成链主企业示范库、培育库、候选库。加强"链主"企业存量与增量的管理,梳理本地已成为或有潜力成为链主的本地企业,对后备企业进行网格化精准服务管理,加快向产业链核心和价值链高端跃升。做强"产业链"核心企业,支持龙头企业强创新、优品牌、促转型,培育一批掌握全产业链和关键核心技术的产业生态主导型企业("链主型企业")。充分发挥"链主"企业领航作用,通过"补前端""强中端""延后端"方式引进配套企业,让链主企业带动产业链上下游,推动实现"一个链主企业引领带动一条产业链发展"的良好格局。支持"链主"企业主导

或参与国际、"一带一路"区域、行业标准的制定和修订，积极融入全球的产业链、价值链、创新链和供应链，提升产业链供应链的稳定性。

二是加大"专精特新"企业培育力度。专精特新中小企业是未来产业链的重要支撑，是"强链补链"的生力军。深圳"专精特新"企业业务规模在细分领域稳居前列，创新实力较强、配套能力较为突出，处于价值链上游。截至2022年年底，深圳"小巨人"企业与省市级专精特新企业达3842家。尽管深圳专精特新小巨人企业数量排在全国前列，但总体数量与深圳高新技术企业规模并不匹配。新发展格局下，大力培育扶持专精特新企业，仍是深圳未来制造业发展重要发力点。一方面，优先聚焦制造业短板弱项，从战略性新兴产业和核心基础零部件（元器件）、关键基础材料、先进基础工艺、产业技术基础及基础软件等领域，遴选一批专注于细分市场、创新能力强、成长性好的中小企业作为培育对象，动态建立优质上市后备企业库。强化专精特新企业梯度培育，针对企业不同成长阶段的不同特征，解决专精特新企业升级壮大过程中普遍需要的融资支持、创新支撑、人才需求等突出问题，构建"平台+'专精特新'企业"的生态系统，引导和支持"专精特新"中小企业成长为国内市场领先的"小巨人"企业。另一方面，聚焦重点行业和领域，为"专精特新"中小企业提供稳定需求，支持中小企业参与制造业"强链补链"行动、国家重大科技项目等，鼓励和引导有条件"专精特新"中小企业进入龙头企业供应链，成长为国际市场领先的单项冠军企业，实现更高质量、跨量级发展。

三是支持民营企业健康发展。截至2022年年底，深圳拥有民营企业237.9万户，民营经济贡献了全市GDP的五成、纳税的七成、就业的七成、专利的九成，在全国范围内形成了显著的引领态势和名片效应。新发展格局下，深圳要继续发挥民营经济的作用，支持民营龙头企业做大做强，发掘推动优质民营中小企业融入龙头企业产业链，出台相应的政策措施，支持民营企业建设产业链园区，充分发挥民营企业在提升产业链、供应链现代化水平中的作用。另外，积极推进"个转企"。积极引导有条件的个体工商户建立现代企业制度，建立"个转企"培育库，加强"个转企"培育库后续监管，帮助协调解决经营过程中遇到的实际困难。通过多种渠道向个体工商户广泛宣传"个转企"信息，对"个转企"优惠政策进行宣传，进一步增强"个转企"的意愿和主动性，扩大社会关注度和群众知悉度。

四 加快产业跨界融合，创造产业发展新价值

新一轮科技革命和产业革命带来技术进步，技术进步又会突破产业的边界，产业之间的边界越来越模糊，产业的发展又加速要素之间的融合。放眼全球趋势和产业前沿，作为中国经济综合实力和科技创新能力最强地区之一的深圳，要牢牢把握新一轮技术和产业革命机遇，推进产业跨界融合发展，以新兴技术赋能制造业，促进技术与产业紧密结合、制造业和服务业"双向融合"、服务业内部融合创新，推进生产性服务业与先进制造业、传统服务业的融合，推动金融与实体经济深度融合发展，重组产业结构，转换发展模式和动能，创造产业发展新价值，占据价值链高端位势。

一是加快生产性服务业与先进制造业的融合。生产性服务业作为中间投入方参与制造业的生产活动，促进了制造业的发展和经济增长，是制造业生产效率提高的前提和基础。且生产性服务业的产出主要是投入到制造业部门的生产活动中，因而生产性服务业的不断发展不仅是制造业功能外部化的表现，同时也依赖于制造业对其市场的需求。生产性服务业与先进制造业的融合，是创造制造业高附加值的源泉，是提升现代服务业整体发展水平的需要，更是加快制造业社会化、专业化发展的需要，在一定程度上有利于防止产业空心化。推动生产性服务业与制造业深度融合发展，促进研发设计、商务服务、信息技术等服务要素深度嵌入制造业生产，促进有条件的制造企业由生产型向生产服务型转变、服务企业向制造环节延伸，实现"研发设计+制造""商务服务+制造""互联网+制造"等更高水平的产业链供应链融合型产品或服务发展，丰富现有产品或服务的形态和模式，进而促进商品与服务产业链供应链深度融合以全面提升其现代化水平。着力支持个性化定制、网络协同制造平台建设，做大做强研发设计、工业设计、供应链管理等高端生产性服务业，推动生产性服务业向专业化和价值链高端延伸，积极发展总集成总承包服务、全生命周期管理、信息增值服务、创新设计赋能等新型制造模式，推动服务型制造向"高端化、智能化、价值化、专业化、协同化"方向发展。以企业唱戏，鼓励先进制造业企业整合资源优势，重点支持电子信息制造、高端装备制造、生物医药、新能源汽车等先进制造业与金融业、科技研发和科技服务业等现代服务业间的深度融合。

表 5-4　　　　　　　全球范围内涉及两业融合的主要政策

国家/地区	两业融合的主要政策
美国	1990 年：现代制造；2012 年：工业互联网；2014 年：先进制造业伙伴（AMP）计划 2.0
英国	2006 年，"复杂产品系统创新中心"计划
欧盟	1998 年：第五个研究和技术发展框架计划（FP5）；2002 年：第六个研究和技术发展框架计划（FP6）；2007 年：第七个研究和技术发展框架计划（FP6）；2014 年："地平线 2020"计划
德国	2013 年："工业 4.0"计划
挪威	2011 年：研究型创新中心
法国	2015 年："未来工业"战略
芬兰	2005 年："创新创造"计划；2006 年："创新服务"计划 2007 年："运营概念"计划
韩国	2015 年，制造业创新 3.0 战略实施方案
日本	2016 年，"社会 5.0"概念

二是突出生产性服务业和传统服务业融合。强化金融、创意、中介、咨询、科技、信息化等高端服务要素投入，积极搭建一批两业融合发展的综合服务平台。以现代服务技术和经营方式改造提升传统服务业，促进消费挖潜升级，引导消费，促进传统服务业经营效率的提高和高级化发展，实现传统服务业的信息化、市场化、专业化和现代化。将现代服务业发展与消费升级相融合，推动文化、旅游、体育、康养、家政、育幼等生活性服务业顺应消费升级大势，不断创新服务产品、提升服务品质、便捷服务渠道，增加高品质的消费服务供给，激活更大的消费市场。推动传统生活性服务业向高品质多样化发展，以标准化、品牌化建设为引领，重点发展健康、养老、育幼、文化、旅游、体育等服务产业，积极培育"文化+""旅游+""体育+"等新业态，推动商业与旅游、文化、休闲等产业融合发展，推动文化创意与旅游、金融、科技、建筑等

融合发展，积极发展工业旅游、研学旅游、康养旅游等新兴旅游消费业态，积极开展体验式消费、定制消费，提高生活性服务业供给规模和质量水平，满足人们多元化消费需求。

三是推动战略性新兴产业与传统制造业融合。加快推进新一代信息技术和制造业融合发展，积极实施产业跨界融合示范工程，推动制造业向数字化、网络化、智能化转型，传统产业向高端化、绿色化、智能化转型升级。在传统产业开展"两化"融合专项行动，深化新一代信息技术在企业研发设计、生产制造、营销管理、回收再利用等产品生命周期各环节的应用，推动一批传统工业企业与信息技术企业开展交流对接。培育工业大数据应用示范企业，推动传统制造业向基于大数据分析与应用的智能化转型。利用新技术赋能制造业，鼓励数字科技企业与制造企业之间的合作，鼓励制造企业采用具有经济效益的新型数字化系统。积极发展个性定制、柔性制造等新模式，提高远程维护、增值服务等服务型制造的供给能力，前瞻布局虚拟制造、协同制造，推动制造业企业从原来单纯的制造端向产业链前端延伸、向产业链后端拓展，推动制造业创新链、产业链、价值链、管理链的重构。

四是推动金融与实体经济深度融合发展。金融资本和实体经济相辅相成、共生发展，金融的本质在于服务于实体经济，没有金融资本的滋润，实体经济难以成活，没有实体经济的支撑，金融资本就成了无源之水。金融发展和产业融合实现产业高质量发展的重要路径，金融发挥媒介效应，为产业升级融合发展提供经济支持。未来，深圳要把握金融与实体经济的融合的新风口，加快推动金融要素整合、金融资源集聚，形成聚合效应和带动效应。加快推动金融与实体经济各领域的融合，大力推进"金融+"战略，精准发力"金融+制造"，加快推进"金融+供应链"，加快布局"金融+文化"，探索发展"金融+海洋"，提升资源要素供给，支持优势产业创新发展和转型升级，抢占行业发展制高点。充分发挥雄厚民间资本优势，引导民间资本通过金融渠道转化为产业资本，释放民间资本活力，强化企业融资支撑点。支持金融机构开展底层关键技术、前沿技术研发，加强金融业务流程和商业模式的电子化与数字化。

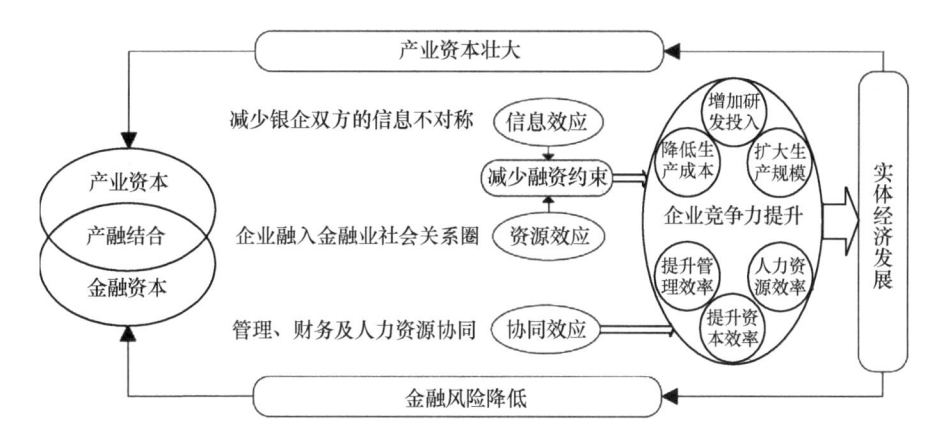

图 5-1 金融与产业资本融合结构

五 促进产业开放合作，加速融入全球产业链分工

面临未来，深圳要加强产业开放合作，鼓励企业参与全球创新资源配置，加快融入全球产业链。要以发达国家和"一带一路"沿线国家为重点，推进特色产业合作、科技合作和人才合作。要聚焦产业链高端环节和产业链薄弱环节，针对不同国家、不同地区确定不同合作方式，推动资源优化整合。

一是积极对接国际产业链。积极支持企业开展涉及生产、经营、设计、研发等多个领域的贸易往来、服务合作，加快融入全球产业链大循环。充分利用RCEP机遇，加深与新加坡、日本、韩国在电子信息、生物医药等高端领域的投资和经济技术合作，积极推动深圳与这些国家产业链供应链各领域头部企业的合作，推动国际产业合作向创新链前端、价值链高端的创新研发、创意设计、终端服务等环节延伸，构建产业的海外供应链。围绕产业链上下游配套，积极开展针对制造业相关服务产业、物流产业、跨境电商产业及供应链金融产业等板块的招商引资活动，进一步加强深圳优势产业链、重点产业链的"引进来"工作。牢牢把握全球产业发展新动向，聚焦产业链高端，产业链薄弱环节，积极引进世界500强等国际企业和研发机构在来深设立地区总部、营运中心、采购中心和研发中心，引导外资投向战略性新兴产业，促进引资、引技与引智相结合。

二是加强"一带一路"沿线国家的产业合作。利用"一带一路"沿线国家推进基础设施建设的机遇，推动举办"一带一路"城市、产业、智库国际合作会议，打造对外开放新平台，推动与沿线国家和地区政策的有效沟通，努力开拓深圳产业的海外新市场。一方面，与"一带一路"沿线国家开展产业合作。加强与"一带一路"沿线国家电子信息合作，充分发挥深圳骨干龙头企业的引领带动作用，带动深圳电子信息设备、技术、标准和品牌"走出去"。促进高新技术企业参与沿线国家的信息网络建设，带动深圳机电产品和技术出口。另一方面，紧抓粤港澳大湾区和深圳先行示范区"双区"建设契机，加强与沿线国家自贸区、经济特区、产业园区的合作，鼓励深圳企业在境外建立具有特色的研发中心、生产基地和营销网络，主动介入全球产业链的重要环节，提升企业跨国经营和参与国际竞争的能力。

三是加强国际科技合作。随着信息技术迅猛发展，创新资源在世界范围内加快流动，开放与合作创新日益普遍，只有不断推动开放合作才能更好地释放创新潜力和分享创新成果。未来，深圳要积极对接全球高端创新资源，推动国际科技合作，推进企业全面融入全球创新网络，提升科技创新协作水平，支持深圳成为全球创新需求的发布地、全球创新成果的集结地和全球技术要素市场的重要节点，推动深圳成为全球创新发展高地。深化国际研发合作，支持有条件的跨国企业在深圳设立技术研发中心，共建科技合作园区、技术转移中心等，资助辖内一流科研机构与国际一流科研机构在优势互补领域加强联合研究。为企业、高校院所打造科技合作平台，鼓励龙头企业通过并购、合资、参股等形式嵌入国外创新型企业和研发机构，开展科技、商业模式或贸易业态创新，引进先进技术和高端智力资源。加强与全球主要创新中心的科技合作，积极吸引美国、德国等全球领先的先进技术转移转化机构或借鉴其经验，积极开展与伦敦、纽约、新加坡等世界级城市的科技合作，探索建立国际科技合作联盟、基地和园区，鼓励我市高校、科研机构、企业与相关国家高校和科研机构开展科技合作，链接全球高端创新资源。加快河套深港科技创新合作区建设，支持产业联盟、行业协会、企业参与粤港澳大湾区的科技合作，在人工智能、健康医疗、金融科技、智慧城市等领域加强与港澳及国际的科技合作，共同举办跨界融合高峰论坛、国际学术会议、国际科学节等活动，以深圳为主阵地建设综合性国家科学中心。

四是增强面向全球的资源配置能力。伦敦、纽约、巴黎、东京等城市的演变历程和发展实践可以看出全球资源配置能力的提升离不开高质量的服务经济，尤其是生产性服务业。新发展格局下，深圳要围绕商业资源配置能力、航运物流枢纽功能、消费资源配置、金融配置全球资源能力等领域发力，提升全球资源配置能力，提升现代服务发展能级和国际竞争力，助力提升产业基础高级化和产业链现代化水平。首先是提升商业资源配置能力。强化商贸创新资源、会展活动资源配置功能，鼓励企业以自持物业方式发展商贸服务新产业、新业态等高端商业，聚集高端商贸资源，推进全球商贸中心城市的打造。其次是加快打造国际航运物流枢纽。托海港及空港在深圳与国内国际城市联系中的枢纽功能，加快盐田国际航运枢纽、深圳机场国际航空枢纽建设，积极融入国家"枢纽+通道+网络"物流运行体系建设，进一步提高港口、机场的国际竞争力和影响力，增强服务国内大循环和联通国内国际双循环功能。再次是加快建设国际消费中心城市，促进传统大宗消费提档升级，积极布局高端消费，全力打造标志性多元化消费平台，全面提升深圳链接、汇聚和配置全球消费资源的能力。

六 优化要素资源配置，强化产业发展支撑力

产业结构升级与要素资源禀赋紧密关联，要素配置的优化是双循环战略中畅通国民经济循环和深化供给侧结构性改革的关键环节。要素配置的完善旨在畅通资本、劳动、技术、土地等生产要素在区域之间、产业之间以及产业内部的充分流动，降低要素流动成本，消除流动壁垒。当前，我国产业结构与要素禀赋结构升级呈现互为促进的良性态势，但随着资源环境制约日益凸显、人口红利逐渐消失，传统劳动密集型产业成本优势弱化，低端生产环节竞争力下降，产业迈向中高端面临挑战。深圳应积极应对，发挥市场的决定性作用，深化要素市场化配置改革，促进资本、土地、人才等要素合理流动和高效集聚，提高要素利用效率，为产业发展提供强有力的支撑力量。

一是提升金融服务实体经济的能力。鼓励发展产业链金融，鼓励银

行业金融机构运用科技金融手段,整合产业链中商流、物流、资金流、信息流等,为链上中小企业提供应收账款、知识产权、订单、仓单等动产融资。加大金融对民营和小微企业、制造业、科技创新、绿色发展等重点领域的支持,带动消费金融、绿色金融等发展,不断激发市场主体活力。强化天使投资引导基金、创业投资引导基金作用,加大对战略性新兴产业种子期、初创期企业的支持力度。创新金融服务模式,鼓励辖内金融机构在支持科技创新方面先行先试,强化对新一代信息通信、新材料、生物医药等先进制造产业和6G、量子科技、深海深空、无人驾驶等未来产业的金融支持,有序推进人工智能、5G、工业互联网等新型基础设施建设。推进优惠利率长期信贷政策,鼓励银行机构增加先进制造业信贷资源配置,鼓励保险资金通过市场化方式投资产业基金,重点支持生物医药、集成电路、超高清视频、新能源汽车、智能制造装备等先进制造业集群。加强投贷联动,发挥政府引导产业基金作用,围绕上下游布局投资,支持产业链做大做强。依托重点产业链"链长制"工作机制,引导金融机构加大支持产业链关键卡点攻关项目清单。

二是提升要素资源供给能力。通过盘活闲置土地、城镇低效用地"腾笼换鸟"、增加战略留白区管理弹性等方式,释放优质空间。强化产业集约高效用地,深入开展土地整备利益统筹,加速盘活规模成片土地,保障对深圳具有战略性、支撑性意义的实体产业空间需求,形成预期稳定、成本适中、集约高效的先进制造业集聚区。推动工业用地提容增效,推广新型产业用地模式,持续地探索"工业上楼"产业空间供应模式,主动探索适应新兴产业发展趋势的土地政策。创新产业空间开发模式,鼓励工业区开展综合整治、产业提容,以微更新保障低成本空间规模,推进低成本产业空间精准落地。探索"低成本开发+高质量建设+准成本提供"模式,开发一批质量优、价格低、品类全的产业空间。

三是促进人才引育和产业发展同频共振。聚焦"产业链"构筑"人才链",加强人才政策落地,构筑多层次人才梯队,壮大产业人才队伍。加大创新型团队、创新型人才的引进力度,充分利用国家、省、市人才政策,结合深圳产业体系的重点领域,瞄准国际、国内领先人才团队,实行紧缺人才清单制度，靶向引进一批"高精尖缺"创新人才和团队。发挥人才优惠税政优势，完善国际化人才引进政策，探索外籍人才永久居留权配额制审批，落实粤港澳大湾区境外高端紧缺人才税收优惠政策。探索完善高层次人才分类评价机制，针对应用型人才，着重评价产品研制、成果转化、纳税税额等。加大对企业引进人才的奖励，并适度向中小微科技企业倾斜，对创办高科技、高成长性企业的高层次人才给予一定的贷款贴息、担保费补贴和场地租金补贴，鼓励企业加大高层次人才引进方面的激励力度。加强对高级人才和留学人才信息资源管理，并在住房、医疗、出入境、职称评审、子女上学等方面加强服务与支持，对做出较大贡献的优秀人才、高级人才、研发团队给予奖励和政策优惠，大力培养引进平台急需人才。

第六章

深圳建设优质资源要素配置高地的路径

作为中国对外开放最前沿的全国经济中心城市、国际化城市,深圳一直积极地扩大其在全球经贸和文化领域的联系,融入全球体系和规则,并成为中国对外开放程度和国际化水平最高的城市之一。深圳的全球联系在历史上经历了一个从低级到高级、从单一到综合、从硬联系为主到软联系不断拓展的演化过程。随着新发展格局的形成,深圳的传统国际贸易大循环模式已经不能完全适应当前和未来的发展需要。在这种情况下,深圳需要更加注重引进和配置人才、技术、资金等生产要素,以提高其在全球化联系中的竞争力。因此,提高深圳在优质资源配置方面的能力和水平是实现深圳城市能级跃升的重要推动力。

从要素市场角度看,只有深化要素市场化配置改革,让资源要素能够充分自由流动,形成完善的市场体系和营商环境,才能构建完整有效的产业链供应链循环体系。鉴于此,深圳应坚持对标最好最优,深化要素市场化配置改革,推动要素市场体系建设,高效集聚、整合、链接和配置全球范围内的优质要素资源,提高全球资源配置能力,打造全球资源要素的"战略链接",体现其在全球经济发展格局中的重要链接和节点地位。

第一节 深圳建设优质资源要素配置高地的战略意义

深圳作为我国改革开放的首个经济特区,是我国高质量发展高地,在体制机制改革中扮演着"试验田"的角色，成为全国改革开放的标杆和旗帜。深圳经济特区成立40多年来，进行了土地、劳动力、资本、技术等要素的市场化改革，并取得令人瞩目的成就。面对全球标杆城市的新使命，面对外部环境给深圳要素市场带来的冲击，以及内部要素配置仍存在的体制机制障碍，深圳立足于现有的资源要素，建设优质资源要素配置高地，实现人才、技术、数据等优质要素资源的高效集聚、整合、链接和配置，具有重要的战略意义。

一 助力深圳更好融入和服务新发展格局

建设优质资源要素配置高地，破除妨碍生产要素市场化配置的体制机制障碍，将实现要素市场循环、实现流通大动脉的畅通，进而为推进产业发展、经济发展提质增效，从而发挥出我国的经济规模效应和集聚效应。同时，将进一步发挥出市场在要素资源配置中的优势和效益，实现生产、分配、流通、消费各环节的贯通，促进国内供需有效对接，进一步发挥出强大国内市场的能力，推进构建"以国内大循环为主体"的新发展格局。深圳作为全国经济中心城市，进一步深化要素市场化配置改革，确保要素的有效供给和优化配置，这样的改革将为深圳更好地融入"以国内大循环为主体"的新发展格局铺就道路。

二 助力深圳进一步深化供给侧结构性改革

目前，我国经济面临"四降一升"的结构性问题，即增速、工业品价格、实体企业盈利、财政收入增幅下降，风险发生概率上升。这些问题不是周期性的，而是由要素配置扭曲导致的供需失衡、高端供给不足等问题。为了解决这些问题，提高全要素生产率，满足人民群众的需求，促进经济社会持续健康发展，我国提出了供给侧结构性改革的方案。这一方案的核心是深化要素市场的改革，包括劳动力、资本、技术、土地、数据等要素。深圳作为改革的先行者，建设优质资源要素配置高地，发挥市场配置资源的决定性作用，平衡政府与市场的关系，深化传统要素市场化配置改革，培育与发展现代要素市场。这样既有利于促进要素自主有序流动，提高宏观配置效率，引导生产要素向优质高效领域流动，又有利于调整优化要素供给结构，提升供给质量，深化供给侧结构性改革。

三 助力深圳提升全球资源配置能力

市场体系是要素资源交易配置的场所，是供求双方实现价格交换的平台。要素市场体系意味着要实现内外贸、上下游、产供销有效衔接，形成需求牵引供给、供给创造需求的更高水平动态平衡。深圳作为我国经济中心，2022年，深圳GDP再上新台阶至3.24万亿元。从全球城市排名来看，深圳与伦敦、巴黎、芝加哥、费城等居于第二圈层，进入全球前十，对世界经济增长贡献率巨大，在全球产业链中处于枢纽地位。以供给侧结构性改革为主线，加快推进要素市场体制机制改革，构建成为全球领先要素市场体系，建设优质资源要素配置高地。一方面，有利于提升供给质量和效率，优化国内要素供给结构，实现供应链、产业链上下游间的有效衔接，打通国内经济循环堵点。国内循环越顺畅，可以为要素跨境自由流动创造良好环境，给要素资源尤其是人才、技术、资本等先进要素创造更多流动机会，实现全球要素资源不断流入深圳，从而使深圳形成全球资源要素的引力场。另一方面，破除阻碍要素充分自由流动的体制机制障碍，充分利用国内国际两个市场、两种资源，拓展要素市场化配置范围，让市场发挥决定性作用，更好发挥政府作用，有效引导全球人流、物流、资金流、技术流、信息流的流向和布局，有利于促进资本、技术、人才、数据等要素跨境流通的自由化便利化，提升深圳的全球资源配置能力。

四 助力深圳提升全球影响力

要素市场是指土地、劳动力、资本、技术和数据等生产要素的交易和流动的市场，它不仅是各类要素资源的集聚和辐射中心，也是各类创新资源的链接和支配平台。要素市场具有资源优化配置功能、维护市场秩序功能、集中竞价功能、资金枢纽功能和大数据汇集功能等，是现代经济体系的重要组成部分，也是国家和地区竞争力的核心体现。深圳以市场主体为基础，重视促进联动、加强功能、优化环境，在巩固中提升优质资源的集聚和辐射功能，加强内外市场资源的链接功能，探索培育要素资源支配功能，建设优质资源要素配置高地。特别是在数据要素市场方面，深圳发挥制度创新优势，建设粤港澳大湾区数据平台、设立数据交易所,并展数据生产要素统计核算试点,放宽数据要素交易和跨境数据业务等相关领域市场准入,以数据驱动更高水平深港合作,以数据驱动粤港澳大湾区建设。这些举措将迎来数据要素万亿级市场的重大机遇,有利于集聚并配置更多全球范围内的核心资源,实现从区域性中心向全球中心功能上升,进而进一步提升深圳在全球的影响力。

第二节 深圳建设优质资源要素配置高地现状与现存问题

一 深圳建设优质资源要素配置高地的现状

深圳经济特区成立40多年来,作为改革开放的"排头兵"和"试验田",围绕建立社会主义市场经济体制不断进行积极探索,进行了土地、劳动力、资本、技术等要素的市场体系改革,取得了明显的成效。

(一) 体制机制不断完善,人才要素吸引效果明显

1. 劳动力规模保持较快增长,人口红利继续释放

从人口规模上看,截至2020年,深圳全市常住人口为1756.01万人,与2010年第六次全国人口普查的1042.40万人相比,十年共增加713.61万人,人口增量位列广东省前列。从劳动力就业来看,依据深圳市人社局数据,2022年深圳城镇新增就业18.21万人,全市就业人口规模达1234.79万人。在完善政策体系、稳定重点群体就业、创业带动就业等系列就业政策和环境的不断优化下,深圳劳动力规模保持较快增长,就业形势大好。

2. 人才政策不断优化,人才吸引力不断增强

深圳始终大力推进实施"人才强市"战略,相继出台了一系列人才政策,例如"深圳经济特区人才工作条例""促进人才优先发展81条""鹏城英才计划"等政策措施,从总体设计到配套措施,持续深化人才发展体制机制改革。不仅如此,深圳也重视解决人才出入境、停居留以及工作生活中的痛点、堵点、难点问题,其中,深圳的落户政策已经放宽至35岁以下专科学历人才,并且给予大力度的补贴。对于新引进的两院院士和杰出人才、地方级领军人才、后备级人才,分别给予300万元、200万元、160万元的奖励。从而吸引更多高素质人才来深圳发展,特别

是那些具有国际水平的顶尖人才,这将大大增强深圳的人才竞争力。随着人才政策不断优化,有吸引力的人才政策逐渐在施行,深圳的人才净流入一直保持持续上升的趋势,2018—2022年人才净流入占比分别为0.4%、0.2%、1.3%、1.4%、1.1%。根据《中国城市人才吸引力排名》报告,在2017—2022年度深圳人才吸引力排名均位列全国前5。

3. 高素质人才队伍规模不断扩大,高学历层次人才不断增多

近年来,深圳在高素质人才引进方面成绩显著。目前,深圳人才总量已突破600万人,其中高层次人才近1.8万人,留学回国人员超过15万人,在海归投递城市中,深圳位居全国前三。从人才培养和人才教育方面,人口增长有"量"也有"质",为深圳创新驱动发展提供更强动力。与2010年相比,深圳的15岁及以上人口的平均受教育年限由10.91年提高至11.86年,高于全国和全省的水平。

(二) 土地制度改革不断深化,土地要素市场发展日益完善

随着深圳土地制度改革的不断深化,土地要素配置市场化程度逐步得到了提升,土地要素市场发展日益完善。一方面深圳通过把国有土地所有权和使用权分离,恢复了土地的商品属性,并探索出了通过市场化手段来配置土地资源的制度;另一方面,深圳进一步推动了土地资源节约利用和高效利用,强化市政府对土地一级市场的管理,并探索采用市场化方式来配置经营性配套设施用地。此外,深圳还进一步加强了对土地有形市场的建设,以确保土地交易的合法性和安全性。

(三) 金融市场实力保持强劲增长,发展成效显著

从国内来看,金融中心的竞争是新一轮城市竞争中的重头戏,北上广深一线城市建设国际金融中心不断提速,深圳在建设领先的金融市场中有着自身的优势。

1. 科技企业密集活跃,金融科技领域占据优势

近年来,深圳支持优质金融科技类企业上市融资,并且支持申请总部企业认定,同时还给予落户奖、贡献奖、租房和购房补助。为了支持金融科技重点项目发展,深圳也在积极推动前沿领域的重点项目,如监管科技、金融信创、数字人民币、智能合约、贸金平台、供应链金融等。此外,深圳还在加强关键基础技术攻关,包括人工智能、区块链、数据库、分布式技术、隐私计算等,以进一步巩固和强化其在金融科技领域

的优势。现今，深圳金融科技发展成效显著，在2023年3月发布的最新一期全球金融中心指数GFCI中，深圳金融科技子项排名居全国第一，位列全球第四名，仅次于纽约、旧金山和伦敦三个城市。此外，深圳科技创新企业也非常活跃和密集，在金融科技领域具有基础优势和领先的技术创新和场景应用能力，已经形成较为完整的金融科技生态体系。目前深圳拥有平安科技、微众银行、腾讯金科等一批全球领先的巨型金融科技企业，有19家企业入选毕马威金融科技50强。

2. 金融中心竞争实力持续强劲增长

根据2022年中国（深圳）综合开发研究院金融发展与国资国企研究所发布的第14期"中国金融中心指数（CFCI）"报告，中国的金融中心排名格局已经趋于稳定，前十名分别是上海、北京、深圳、广州、杭州、成都、重庆、南京、天津和武汉。其中上海、北京、深圳和广州四个一线城市连续13年蝉联前四名。与去年相比，排名前十的金融中心在金融发展方面都取得了不同程度的进展，实现了不同程度的得分增长。

表6-1　　　　　　　　中国金融中心综合竞争力TOP10

城市	CFCI13		CFCI14		变化	
	得分	排名	得分	排名	得分	排名
上海	305.35	1	312.11	1	▲6.76	—
北京	262.08	2	277.56	2	▲15.48	—
深圳	175.35	3	182.24	3	▲6.89	—
广州	85.48	4	88.92	4	▲3.44	—
杭州	70.96	5	76.81	5	▲5.85	—
成都	63.66	6	67.29	6	▲3.63	—
重庆	62.35	7	67.07	8	▲4.72	▲1
南京	61.82	8	66.74	9	▲4.92	▲1
天津	61.62	9	61.73	7	▲0.11	▼2
武汉	53.68	10	59.28	10	▲5.6	—

注：▲表示增加，▼表示减少。

资料来源：中国金融中心指数报告。

（四）技术要素优势突显，技术要素市场持续升温

深圳经过40年的发展，已经从一个不知名的小渔村蜕变成了一座充满魅力和科技感的国际化创新型城市，成了世界工业化、城市化和科技现代化的典范。创造了世界工业化、城市化和科技现代化的奇迹。深圳改革开放以来的成就，离不开那些因改革而生、因改革而兴的企业，特别是以技术能力为核心优势的一大批科技企业，尤其离不开在技术要素市场的优势。

1. 科技产业不断沉淀，科技创新能力得到提升

多年来，深圳始终不断探索适合自己的发展模式，坚定地将创新作为其根本动力，不断巩固和强化其科技产业基础。2011—2020年期间，深圳市信息传输业总共新注册企业19.9万家，平均每年增加1.8万家，这些企业占据了深圳特区成立以来信息传输业企业新注册总量的84.67%，占近40年深圳企业新注册总量的3.68%，近十年是深圳信息传输业发展最为迅猛的十年。同时，深圳高新技术产业蓬勃发展，截至2023年年初，深圳高新技术产业产值突破3万亿元，高新技术企业超2.3万家，深圳高新技术产业的积淀使得一大批科技企业具备了强大的抗风险能力，进一步促进深圳的科技创新能力。

2. 基础设施、技术载体等"硬件"的支撑，推动技术蓬勃发展

技术的发展，离不开基础设施、创新载体等"硬件"的支撑。目前，已有六所香港高校在深圳设立大学研究院，并在深圳建立了82家科研机构，56个创新载体和240家孵化企业。深圳积极打造创新环境，并争取和布局国家实验室、国家重点实验室、大型科学装置等重要科研基础设施，为创新载体数量呈现裂变式增长提供了坚实的基础。

3. 技术市场交易质效持续提升

近年来，深圳市注重发挥市场在优化创新资源配置、提供高质量科技成果和促进科技成果的高水平转化方面的决定性作用，推动技术要素市场机制创新和技术市场交易质效的持续提升。从图6-1中可以看出，深圳的技术交易市场活跃度快速提升，市场规模和交易质量增长显著。2017年，技术合同成交额为555.09亿元，2018年为582.65亿元，2019年为705.02亿元，2020年为1036.3亿元，2021年，成交金额为1627.08亿元，其中技术交易额为1588.56亿元，2022年技术合同登记则达到

14685项，技术合同成交额为1575.68亿元，其中技术交易额为1347.18亿元，在国家计划单列市中表现优异。

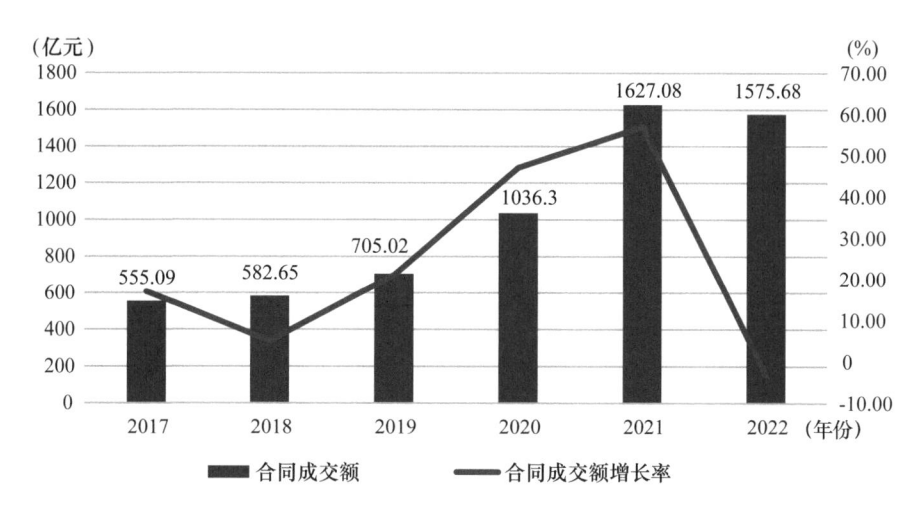

图6-1 深圳市技术合同成交额增长趋势

资料来源：深圳市科技创新委员会。

(五) 数据经济产业发达，数据要素市场先发优势突显

深圳数字经济产业发展迅速，是推动深圳市经济社会全面发展的核心引擎之一。根据国家统计局的统计口径，2022年，深圳数字经济核心产业增加值达到近万亿元，占全市GDP的比重超过30%，总量和比重均居全国大中城市首位。数字经济也培育了华为、中兴通讯、腾讯、平安科技等一批具有核心竞争力的数字经济生态主导型企业。由于深圳市毗邻港澳，具有丰富的跨境电商、跨境支付、供应链管理等跨境数据业务应用场景，人工智能产业、智能网联汽车和智能产业机器人等快速发展的新兴数字产业将进一步助推深圳数据要素市场的发展。

二 深圳建设优质资源要素配置高地的现存问题

(一) 人才要素市场有待加强

深圳经济特区建立40多年来，持续深化人才发展体制机制改革，打出人才政策"组合拳"，构建人才引进生态。在创新用人机制上，充分发挥先行先试的"试验田"作用，破除人才流动壁垒，但是与全球中心城市相比，深圳国际化高端人才的引进机制仍有不足。

1. 国际化高层次人才引进机制仍需提升

根据 2019 年上海社会科学院发布的人才吸引力综合评价结果，斯德哥尔摩、东京、维也纳、纽约和新加坡等城市的国际人才吸引力指数居于全球前 10 名，而深圳的排名为 14，其国际人才吸引力相比领先城市有待提升①。在用于吸引人才的海外人才联络处数量方面，深圳仅有 4 个海外人才联络处，而北京有 11 个、上海有 9 个，为深圳的两倍之多。另外深圳的专业人才机构参与度较低，目前全球排名靠前的专业猎头机构仅有两家，而大型的世界领先专业猎头招聘平台更多落地于北京、上海。逆全球化和新冠疫情影响下，国际交往全方位受限、国际化人才交流受阻，对深圳进一步扩大和加强国际人才交流合作造成更大的障碍。

2. 人才吸引举措有待进一步突破

据德科集团、INSEAD 及 Google 联合从人才培养、吸引、留存、赋能、全球知识技能五个维度打造的《全球城市人才竞争力指数》（GTCI）报告分析，2022 年世界前三大人才聚集地分别是旧金山、波士顿和苏黎世。这些城市不仅拥有大量的优秀人才，而且还吸引了全球范围内的资源配置。相比之下，深圳仍有一定的差距。

（二）土地要素市场仍需激发活力

土地是深圳在进行要素市场化改革中非常重要的一个方面，深圳持续在土地要素市场化改革中发力，带来许多成效，但当前土地要素市场发展存在的一些突出问题仍然亟待进一步解决。

1. 人口密度大，土地供需紧张

深圳全市不足 2000 平方千米，远小于其他一线城市，仅为上海的 32%、广州的 27%、北京的 12%。目前，深圳人口密度已经超过上海、广州、北京等一线城市，成为我国当前人口密度最高的城市。深圳土地新增空间不足限制了其他资源要素的流入，一方面会导致企业人才逐渐外迁，技术、资本、信息等要素外流，同时也不利于全球范围内的要素资源向深圳集聚。另一方面，将进一步影响深圳整体经济发展，2022 年

---

① 徐望钦、曾坚朋、仲亮：《深圳高层次人才引进短板及对策》，《开放导报》2022 年第 1 期。

深圳经济增速为3.3%，增速低于6%左右的预期增长目标，需要盘活土地资源以获取经济竞争优势。

2. 土地利用效率有待提升

根据土地利用变更调查结果，深圳土地利用效率远低于国际水平，其中产业用地与新加坡、东京等国际大都市相比，占比严重偏高，而工业单位用地产出远低于东京、新加坡等国际中心城市。因此，空间结构性矛盾和土地资源相对匮乏是深圳目前面临的困局，制约土地要素配置效率提高，成为其要素市场体系完善与优化的约束因素。

(三) 金融要素市场配置能力仍需提升

深圳的资本市场作为金融要素配置的重要平台，在价格发现、风险分担、激励创新等方面具有独特的优势，然而，与国内外领先城市相比，深圳的资本市场还有很大的发展空间。据"全球金融中心指数报告"显示，从2022年全球金融中心指数前20排名情况看，纽约排第一，英国伦敦、新加坡分别位列其后。同时在激烈的国际金融竞争中，国内金融中心排名却出现整体下跌现象，北京从第8下降到第13，上海从第6跌至第7，深圳从第9跌到第12。首先，在规模与国际化程度方面，深圳金融业增加值以及外资法人银行相比上海、北京，仍然存在差距。其次，深圳金融市场服务实体经济的能力需进一步提升。在营商环境方面，与纽约、新加坡、硅谷等创投中心仍有距离。另外，从金融发展定位来看，深圳的定位是全球金融创新中心，为适应新阶段、新经济、新格局发展需求，深圳在实现金融改革创新方面也将面临更大的挑战。

(四) 技术要素市场需有新突破

改革开放以来，深圳进行了一系列科技体制机制改革，深圳与香港等城市携手探索"产学研"的创新发展模式，同时通过"三来一补"等举措助推企业技术转型，实现了从小渔村向充满活力的创新型城市的转变。现阶段，深圳的高新技术产业发展已经取得巨大成就，但深圳高新技术仍大量依赖进口，技术进口量远远高于技术出口，存在明显的技术逆差。从图6-2、图6-3可以看出2018—2021年深圳技术进口和技术出口合同数量不断增长，其合同成交额也在逐年增长，2021年上半年的技术进口合同数量达到431份，成交额达到471.22亿元，技术出口合同数量达到270份，成交额达到102.86亿元，可以发现深圳每年技术进口合同数量都远远高于技术出口数量,尤其在 2019 年,技术进口数据远远高于技术出口数量,高达 2.3 倍。整体上看,深圳对国外的技术要素需求较大,技术领域重引进吸收,不利于自身的产业链安全。

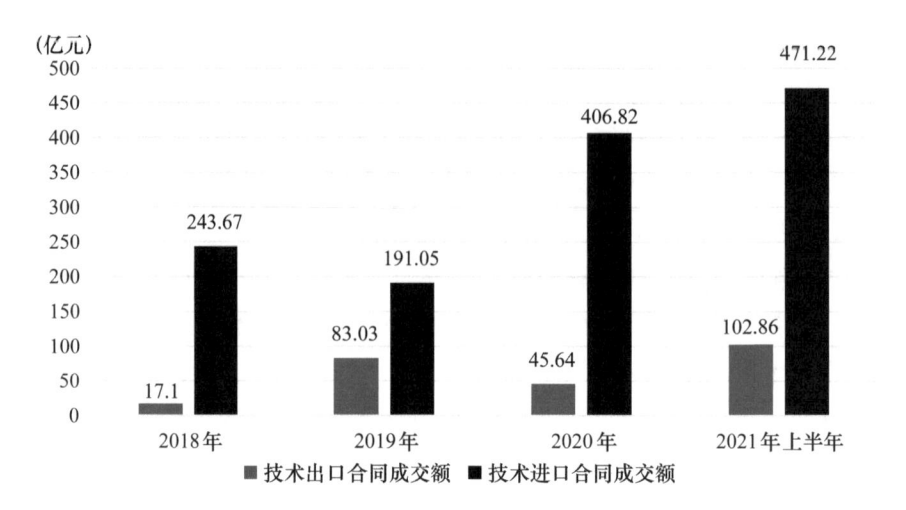

图 6-2　技术进出口合同成交额情况

资料来源:深圳市科技创新委员会。

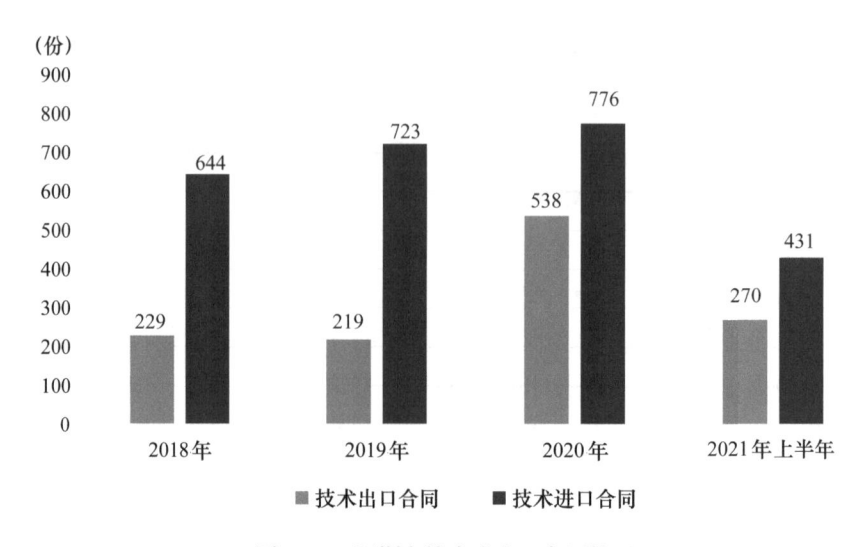

图 6-3　深圳市技术进出口合同情况

资料来源:深圳市科技创新委员会。

尽管深圳拥有华为等众多高科技企业，5G、大数据、人工智能等方面成就斐然，但仍然在高值耗材、关键零部件、高端芯片等领域存在依赖外部供应链的问题。当前，中美经贸摩擦升级，外向型经济发展受阻，产业链安全受到挑战，深圳唯有从依赖进口转向自主生产，攻关前沿关键核心技术，实现关键核心技术有自主可控能力。

（五）数据要素市场培育仍需发力

数据作为一种重要的生产要素，是支持深圳经济快速发展的重要引擎。但目前深圳的数据要素正处于发展的初级阶段，相较于传统要素，数据要素的自身独特性使得在定义、确权、流转、安全等方面仍然有待进一步探索，数据宝藏有待进一步挖掘，因此，深圳在数据要素市场建设需要进行持续发力。

1. 数据权属制度需要进一步明确

围绕数据产生者和数据控制、运营方中哪一方应该拥有数据的所有权，尤其是个人用户数据的归属权问题仍未妥善解决。现有法规，如《民法典》《数据安全法》《个人信息保护法》等，虽然提及与数据有关的权益问题，但未对数据权益类型、体系及权属关系进行充分明确，市场主体难以判断数据要素在市场竞争中的合法边界，容易导致不正当竞争行为的发生。

2. 国内需建立统一的数据要素市场，制定相应的数据流转规则

当前国内并未建立起统一的数据要素市场，各地存在着各自的数据交易平台，缺乏统一的数据流转规则。此外，虽然各类数字经济企业在互联网、物联网的支撑下积累了大量数据，但由于各方面原因，这些数据往往处于互相割裂、难以流动、无法打通的"数据孤岛"状态，导致数据要素的交易受阻，难以实现数据要素交易的有序流动。

3. 数据安全问题突出，数据监管仍需加强

当前，伴随数据要素愈发重要，数据安全事件频发，数据安全威胁形式多样、潜伏性强。风险基础安全的数据显示，近年来全球数据泄露数量创下历史纪录，这表明数据安全威胁日益增多，需要更加严格的数据安全保障和监管。面对严峻的数据安全问题，数据安全保护和数据监管变得愈发重要，虽然在数据安全保护方面我们已经取得了一些进展，但水平仍有待提高。目前，在法规制度建设、组织机构设置、技术应用

能力、监管执法等方面还存在短板。

第三节 深圳建设优质资源要素配置高地面临的机遇与挑战

当今世界面临着百年未有之大变局,贸易保护主义、民粹主义抬头,国内外政治、经济、安全等发生深刻调整,经济逆全球化加剧,加之内部存在的短板,使深圳建设优质资源要素配置高地面临的挑战前所未有地加大。与此同时,随着国家为应对国内外经济形势正着力推进一系列国家战略,在自身独特的内在势能下,深圳也面临着崭新的机遇。

一 深圳建设优质资源要素配置高地面临的挑战

(一)全球经济格局发生深刻变化,要素畅通受阻

国际金融危机以来,全球经济开始萎缩,各经济体为恢复经济,采取了保护本国市场的政策,美国、德国、韩国、英国、日本等发达经济体不断发起贸易干预,2013年英国首相首次提及脱欧,2018年"民粹主义"卷土重来,美国挑起国际经济保护主义为特征的贸易战,提高了对中国公司的限制条件,增加了对"新兴和基础技术"的出口管制,同时美国将我国多个高科技企业列入"实体清单"。深圳作为中国国际大都市,在高科技领域实力强劲,美国为遏制中国高科技的发展,深圳成了中美贸易战的主战场,2019年对华为、中兴等高科技企业实施制裁与限制,禁止美国公司未经批准向其出售产品、技术、软件,其中谷歌等高科技企业也停止与华为、中兴等企业的业务往来,包括硬件、软件和技术服务等方面的支持。在逆全球化思潮下,国外充分利用其核心技术的垄断地位,对我国核心技术进行围剿与封锁,使得深圳技术要素市场发展面临诸多困境。

(二)外部环境不确定性加大,要素市场发展风险加剧

全球一直存在着诸多不确定性因素,例如2008年国际金融危机、2018年的贸易摩擦、2020年的新冠疫情等,这些外部不确定性因素使得全球经济更加脆弱,给要素市场带来一定的冲击和挑战。除此之外,

2022年乌克兰危机成为一个"黑天鹅"事件,导致金融市场的避险情绪上升,这进一步导致避险资产(例如黄金、美元、美债等)价格上涨,而风险资产(例如股票)价格下降,同时,全球大宗商品的供应链遭受冲击,大宗商品价格持续攀升,通货膨胀率持续走高。伴随着外部不确定性因素不断增多,不断诱发风险加剧形成传导效应,不利于要素市场的稳定发展。

二 深圳建设优质资源要素配置高地面临的机遇

深圳作为我国的经济中心和超大国际性城市,背靠广阔的超大规模市场,拥有丰厚的要素发展优势和基础,既有数据要素、金融要素、海陆空世界枢纽等优势资源支撑,又有集成电路、人工智能、生物医药等高端产业基础。在粤港澳大湾区建设、"一带一路"倡议、综合改革试点等利好叠加的历史机遇下,深圳将成长为国内企业和各类要素"走出去"的起始地,以及国外企业与要素"走进来"的窗口,成为优质资源要素配置高地。

(一)"一带一路"倡议促进深圳要素资源高效配置

随着"一带一路"建设的深入发展,我国"一带一路"沿线的城市逐渐加快了与其他地区的紧密合作。深圳作为我国"一带一路"沿线重要的国际化中心城市,是内地通往世界的窗口。在"一带一路"建设中,深圳可以充分利用其人才、技术流、信息流、资金流等要素的综合优势,与"一带一路"沿线地区及国家开展跨境合作与交流,整合或运用不同国家、区域的生产要素,进一步加快与全球产业链、供应链和价值链的深度融合,形成跨区域、跨市场、跨国境的要素聚散。因此,"一带一路"倡议的实施,有利于提高深圳的要素配置效率,扩大要素流动规模,为深圳创造了盘活要素存量、用好要素增量的最好机遇,助力其在配置全球性要素资源方面抢占鳌头。

(二)粤港澳大湾区构建推动深圳要素高效流动

粤港澳大湾区建设是党中央作出的重大战略决策,深圳作为四个中心城市之一,在粤港澳大湾区建设背景下被委以重任。在粤港澳大湾区建设中,党中央提出做大做强深港一极,加快粤港澳大湾区的城际铁路建设,支持深圳与港澳经济运行的规则衔接、机制对接,这有助于深圳推动人流、物流、资金流、信息流等各类要素的便捷高效流动，有助于深圳进一步增强核心引擎功能。同时，粤港澳大湾区构建，有助于深圳与香港、澳门等湾区城市协同打破阻碍资源要素流动的障碍壁垒，激发出区域优势叠加的"乘数效应"，助力深圳与湾区内城市携手推动要素高效聚散，共同建设国际一流湾区和世界级城市群。

（三）综合改革试点推动深圳成为优质资源要素配置高地

《中共中央、国务院关于支持深圳建设中国特色社会主义先行示范区的意见》和《深圳建设中国特色社会主义先行示范区综合改革试点实施方案（2020—2025年）》等重大决策部署赋予深圳新使命，也给深圳发展带来新机遇。随着深圳先行示范区综合改革试点40条的全部落地，深圳在优化市场准入、土地管理制度、人才管理、技术体制机制改革等多个重点领域和关键环节上获得了更多自主权，推动深圳全面深化改革再开新局。其中，深圳贯彻落实规划和自然资源领域的综合改革，在土地管理制度上深化探索首宗二、三产业混合用地。同时，2021年前海合作区发布金融、产业、人才三大扶持政策且覆盖宝安、南山的扩区范围，不断释放政策红利、改革红利，这对进一步提升深圳要素配置能级具有重要作用。

（四）"双区驱动""双城"联动发展战略加快要素配置

为了深入贯彻落实《粤港澳大湾区发展规划纲要》和支持深圳建设中国特色社会主义先行示范区，广东省委、省政府适时提出了"双区驱动""双城"联动的发展战略，充分发挥广州、深圳这两个国家中心城市的核心引擎功能和极点带动作用。在"双区驱动"国家发展战略下推进广州、深圳"双城"联动，是深圳全面开启新时代中国特色社会主义建设的重大机遇，也是推动深圳建设要素市场体系的重大机遇。随着"双区驱动"发展战略的实施，推进广州、深圳"双城"联动发展就成为实施国家发展战略，既能够促进资本、技术、信息、劳动力等各种资源要素快速流动和优化配置，也可以减少超大城市可能出现的同质化竞争与内耗，形成政策叠加、资源优化和辐射引领等区域发展红利。

第四节　新发展格局下深圳建设优质资源要素配置高地面临的新要求

深圳要建设优质资源要素配置高地，促进国内国际双循环的发展新格局，面临着新的要求。一方面，要用市场化的方法提升要素流动和配置效率，推进要素市场化配置、加快要素市场化改革，实现国内大循环主导的双循环新发展格局；另一方面，要参与国际竞争和合作，促进国内规则全面对接国际高标准市场规则，形成全球资源要素的引力场。在此过程中，要重视新一轮科技革命和产业变革对生产力和生产关系的影响，特别是技术、资本、数据等生产要素的地位将大幅提升。同时，要应对逆全球化和国际政治不确定性带来的风险与挑战，特别是美国在科技、金融、贸易等领域对我国的打压。作为我国先行示范区、核心引领城市，深圳需要加快关键技术"补短板"，发展内嵌式赋能型金融市场，激发数据要素潜能，加强制度创新，解决国内大循环的断点和堵点，打通要素畅通壁垒，畅通国内、国际经济循环。同时，需要促进国内规则全面对接国际高标准市场规则，建设高标准要素市场体系，形成参与国际竞争的新优势，促进形成国内国际双循环发展新格局。

一　加强关键技术攻关

"十四五"规划明确指出把科技自立自强作为国家发展的战略支撑，不断完善科技创新体制机制，集中优势资源攻克关键核心技术。近年来，全球百年未有之大变局加速演进。2019年，美国滥用在核心技术领域的垄断地位，将矛头对准我国高科技公司，通过将多家中国企业和个人列入"实体清单"，其中包括通信设备制造业龙头企业华为、深网视界、深圳云天励飞技术有限公司等深圳高科技企业，维护其在产业链、供应链关键环节的科技霸权。同时，美国阻碍对中兴、华为等高科技企业高端设备、芯片等核心技术产品的供给。综合表明，关键"卡脖子"环节迫切需要进一步突破。因此，面对产业链、供应链遭受的冲击，深圳技术要素发展须把攻克核心关键高端技术作为重中之重，着力激发技术供给活力，提高创新链整体效能，保障产业链、供应链安全，解决国内大循环技术方面的堵点①。

二　发展内嵌式赋能型金融市场

金融与信息、技术、资本、土地等要素的关系紧密,能够渗透到社会生活各方面。作为现代经济发展的"血液",金融体系一旦发生震荡,将会给国家经济带来巨大的冲击,金融市场平稳运行才能为国内国际经济循环畅通提供支持。内嵌式赋能型金融意味着金融加速融入产业和科技,助推产业和科技发展进程,实现金融与实体经济的融合式发展。同时打开服务链条,细分服务对象,在更细的环节和链条上重新整合,寻找新的组织方式,实现金融和服务对象关系的重构。并从全球范围内高效聚集资本,引导资本合理地从低效率部门转向高效率部门,优化资本配置②。深圳需进一步提升资本配置能力,发展内嵌式赋能型金融体系,以资本为纽带,发挥资本市场对推动技术和实体经济高水平循环的枢纽作用,引导资本要素资源向核心技术和关键零部件等产业链集聚,打破外循环技术壁垒,促进国内产品和产业"走出去",同时通过积极对接国际资本市场,搭建境内外资本流通桥梁,吸引外资流入,接轨国际价格水平,打造功能互补、内外联通的资本市场,带动国内国际双循环的良性发展。

三　激发数据要素潜能

数据要素是一种新型生产力和战略资源,在全球竞争中占据制高点。我们应该利用海量数据和多样应用的优势,在新发展格局下建立完善的数据制度体系,激活数据的潜能,发展壮大数字经济。数据可以贯通生产、分配、流通、消费各个环节,为国内大循环提供开放、公平、有序的市场环境,提高资源配置效率和经济运行效率,打破流通环节的壁垒,畅通经济循环。数据具有规模效应和规模报酬递增的特性,可以使各类生产要素实现互联互通,形成紧密的连接和交互关系,优化生产要素的

---

① 张志鑫、闫世玲:《双循环新发展格局与中国企业技术创新》,《西南大学学报》(社会科学版)2022年第1期。

② 周军、黄瑞玲:《现代金融体系支持双循环新发展格局构建的创新策略》,《新疆社会科学》2021年第4期。

内部结构，有效整合技术、资金和人才等要素，从而提高不同要素的协同配置效率。因此，在"十四五"规划中提出了要发展数据市场，推动数据市场化改革，探索建立数据流通规则，促进数据资源的开放共享和授权运营，增强经济发展新动能，构筑国家竞争新优势。面对新形势新挑战，数据作为一种全新生产力和战略资源，在全球竞争中占据制高点。在"十四五"规划中提出了要激活数据的潜能，发展数据市场，在新发展格局下，数据是我国畅通国内大循环，促进国内国际双循环的新动能。由于在价值创造上，数据具有规模效应、规模报酬递增的效应，激发数据能够使各类生产要素实现互联互通，促进各类生产要素之间形成紧密的连接和交互关系，优化生产要素的内部结构，有效整合技术、资金和人才等要素，从而提高不同要素的协同配置效率。同时数据可以贯通生产、分配、流通、消费各环节，为国内大循环提供开放、公平、有序的市场环境，提高资源配置效率和经济运行效率，打破流通环节的壁垒，畅通经济循环。

四　加强促进要素畅通的制度创新

打通和破解高质量发展的堵点、难点和卡点，实现国内国际的循环畅通，制度创新是重中之重。在中央支持深圳建设先行示范区的文件中，也强调了深圳要以制度创新为核心。破除要素流通不畅问题，打通要素畅通壁垒，需要探索能够形成更加完善的要素市场化配置体制机制的制度创新供给，激活市场活力，着力解决体制机制藩篱，打通要素畅通壁垒。另外在顶层设计和制度创新上发挥引领作用，以市场化手段实现资源的激活与优化配置，同时充分发挥为高效市场服务的高效政府作用，在人才、土地、技术、资本、数据等方面推动政策创新，深化重要领域和关键环节的改革。例如在土地方面要进一步推动土地保障和产业用地方面的改革；在人才方面要进一步完善高层次人才的居留便利制度以及境外专业人才执业高度便利化制度；在数据方面要进一步完善法律法规、产权和激励相容的制度设计；在技术方面要进一步加强技术创新的制度体制支撑，打破技术壁垒。在当前新发展格局背景下，通过相应的系列制度创新，将助力打破阻碍要素畅通的体制机制障碍，实现人才、土地、技术、资本、数据等要素资源的高效配置。

五 推进要素市场的国内规则与国际规则衔接

规则是要素有序流动的保障。推动要素自主流动，提升要素配置效率，畅通国内循环的同时，需要实行更高水平的对外开放，推进国内要素市场与全球要素市场实现一体化发展和规则对接。一方面，兼顾各方利益，协调衔接国内规则与国际规则，有助于形成高效的市场，推动高标准要素市场体系建设，为构建新发展格局提供保障；另一方面，高标准对接国际规则，有助于创造更加开放、公平的市场环境，消除要素流动体制机制阻碍，促进全球范围内技术、数据、资本、人才等要素汇聚，扩大要素市场的容纳功能。在资本要素方面，应加速构建与国际规则接轨的资本要素市场，为境内外投资者提供便利的交易平台，促进资本合理高效流动。在数据要素方面，应加强数字税、数字货币等规则制定方面的国际交流合作，构建全球数据安全合作框架，促进数据跨境传输与流转，提升深圳在相关要素领域的国际话语权和影响力，建设全球领先的数据要素市场。

第五节 深圳建设优质资源要素配置高地的新举措和新对策

根据深圳在全球城市网络中的地位，国家战略以及自身特征，深圳要素市场发展应立足于国内国际双循环的新发展格局，充分发挥开放优势、环境优势和平台优势等特点，促进资源要素的高度集聚和优质配置。同时，要以市场化主体为支撑，加强与内外两个市场的链接，提高话语权、定价权和控制权，建立完善的全球要素市场规则和机制。注重打造强功能、优环境的要素市场，强化资源集聚和辐射能力，探索新机制、新政策，突破制度性壁垒，吸引更多人才、资本、技术和数据要素流入深圳。综合运用各种优势，优化布局、提高质量、释放潜力，以市场化为手段，推动深圳在全球城市网络中的提升、影响力的加强和持续发展，努力将深圳打造成为优质资源要素配置高地。

一 推动人才要素有序流动，畅通人才要素市场

深圳要建设全球标杆城市，需要吸引世界各国高端人才，发挥人才资源潜能，赢得国际竞争主动。为此，要围绕强化人才资源全球配置能力，实行更加积极、更加开放、更加有效的人才引进政策，吸引世界各国高端人才集聚过来，发挥出人才资源潜能，才能使深圳始终保持强大的活力和领先地位。当前，经济遭遇逆流，在新一轮科技革命蓬勃兴起的机遇下，高端人才争夺战日益激烈，要抢占新一轮经济科技制高点，就要形成具有吸引力和国际竞争力的人才制度体系。

（一）优化市场机制，促进人才要素市场供需适配

根据深圳重大战略和重大工程的需求，制定和更新"关键技能列表"，明确经济发展急需的高技术人才和专业人才类别，优先引进相关"高精尖端"人才。同时，把人才分为不同层次，设定不同的引进待遇，根据层次优先级引进人才。还要支持人力资源服务机构开展人才供需预测分析研究，为促进人才要素市场供给与需求的平衡提供数据支撑。

（二）搭建面向全球的人才聚集平台，获取人才引进主动权

可以增设专门的招才引智机构，为有意到深圳发展的全球精英以及到深圳投资或开辟全新商业活动的个人和企业提供一站式服务。同时鼓励并支持有条件的用人单位面向海外开展多种形式的自主招聘，拓宽引才渠道。除此之外，可以借鉴新加坡的多元化的外籍人员工作许可政策，为国际人才提供多元化工作签证，吸引更多的优秀外籍人才到深圳发展。

（三）构建保障有力的人才公共服务体系，激发人才活力

需要着力加强行政审批、社区建设、生活配套等各类服务资源的统筹配置、精准供给，让人才安业、安居、安心。可以优化就业环境，提升育才能级，推动国内外知名高校和研究机构在深圳设立分支机构，以一流的平台吸引人才、留住人才。同时应为人才开展科研、创业和工作创造有利条件，并针对教育、医疗、住房等问题，进一步完善相关政策，提供相应的配套设施和服务。

二 优化土地资源配置，激发土地要素市场活力

土地资源作为各项经济活动的基础和载体，是市场体系中最重要的

要素之一。深圳土地资源稀缺，需要进一步优化土地资源配置，激发土地要素市场活力，有效配置和使用土地资源，拓展出更广阔的发展空间，为配置全球资源提供源头活水。

（一）深入推进产业用地配置改革，优化产业空间供应体系

结合深圳的城市规模、主导功能、城市职能和经济区位特征等因素，平衡深圳的各类产业土地，加大产业用地保障力度。一方面，加大基础设施用地保障，扩大有效投资。深圳的土地空间问题成为其发展的最大短板，应加强用地保障，重点保障新型基础设施建设、新型城镇化建设、交通、水利等重大工程建设用地，提高城市发展质量和拓展城市发展空间。另一方面，优先保障重点产业，重构产业空间治理体系。适度增加年度新增建设用地指标，以满足新业态产业发展、用地集约且需求大的地区需求。对于现有的工业厂房、仓储用房等存量用地，可以充分利用其优势、开展新兴服务业。同时积极推行旧工业区升级改造，大力发展特色产业园，促进产业升级和产业效益提高。

（二）推动以市场化方式盘活存量用地，提升发展空间保障

可以采取混合用地制度，将单一性质建设用地调整为多功能的研发、办公、商服等用途互利的混合布置，并推动服务设施集中布设共享共用，提升土地利用效能和综合保障水平。完善建设用地使用权的转让、出租、抵押政策，并规范二级市场监管服务，提高存量土地资源配置效率。

（三）分类处置存量建设用地中的低效用地，增加土地要素容量

针对不符合现行规划用途、空间粗放、布局散乱、闲置废弃及不符合安全生产和环保要求的存量建设用地和僵尸企业用地，需要因事制宜、分类处置，进行精准整治，为深圳发展增添土地要素容量，提供发展空间保障。其中深圳城中村建设用地占比高，多以出租经济为主，经济效益低，应进一步鼓励盘活城中村建设用地或者将旧工业区升级改造为新型产业用地，提升空间质量。

（四）推进产业协同发展，优化土地利用结构布局

深圳目前的年度建设用地供应计划难以满足人口快速增长条件下的住房需求增长和品质提升要求。因此，在保证居住用地供应的同时，还需要加强产业与居住的协同配套，促进产业与城市的融合发展。同时，在推进存量建设用地流转和处置过程中，也要充分考虑产业发展需求和

特点，优先保障高新技术企业、优秀中小企业等具有战略性和前瞻性的产业用地需求。完善混合用地政策，将单一的工业用地调整为工业、商业混合用地，实现多用途的混合设置和集中共享，提升产业载体功能，为导入数控机床、集成电路、机器人、微纳制造等先导产业提供高标准的载体空间。

三 强化金融要素市场功能，提升金融市场国际化水平

金融资源作为全球城市重要推动力量，应充分发挥引领劳动力、技术、土地、数据等要素的重要作用，进一步强化金融要素市场功能，推动要素跨区域、跨部门、跨行业的自由有序流动，提升深圳金融市场的国际影响力，打造成为全球金融枢纽的重要节点。

（一）推进多层次资本市场发展，提升服务实体经济效能

完善多层次资本市场的转板机制，打破各层次资本市场的割裂状态。加强深交所主板、创业板、中小板、新三板、区域性股权市场等各板块的互联互通，形成错位竞争，提高资金配置效率，不断丰富资本市场的服务能力。一方面，打通中小企业上升通道，场外市场的中小企业发展壮大后可升至深交所主板市场；另一方面，主板市场的上市公司达不到监管条件则降板至场外市场，提升主板市场上市公司的整体质量。同时，壮大资本市场机构投资者，优化投资者结构，增强资本市场韧性。培育一批具有理性风险定价能力的专业机构投资者，推进银行理财子公司、保险资产管理公司、基金公司、证券公司等专业机构的建立，充分运用其成熟的投资技术为市场提供长期稳定的资金供给，促进资本市场健康发展。

（二）强化金融服务有效供给，提升金融服务水平

围绕实体经济需求，加强金融服务有效供给，聚焦5G、工业互联网、人工智能等新基建企业的融资需求，提供创新性的金融服务和金融产品，有力支持新基建领域企业的大规模发展。围绕深圳区域特色产业结构调整，为"过剩"行业相关企业提供兼并重组、财务顾问等金融服务，探索"融资+融智"的综合金融解决方案，帮助相关企业平稳推进"去产能、去库存"工作。同时注重发展普惠金融，增加对居民生活服务、创业群体、小微企业的金融支持。聚焦涉农等薄弱领域，以客户需求为导

向，推出覆盖面广、实用性强的小微特色产品系列，为规模小、成立时间短的中小型企业提供"快捷贷"等产品。为破解企业"首贷难"问题，我们还将推动区域设立首贷服务窗口，通过"线下窗口+线上平台"模式，为企业提供定点服务。在当前双碳目标下，要进一步聚焦节能环保行业，响应绿色需求，加速绿色金融产品研发，绿色金融是支持环境改善、应对气候变化和促进资源节约的金融服务，包括绿色信贷、绿色债券、绿色保险、绿色基金等。其中，碳汇交易、碳排放权质押贷款、碳资产质押融资、节能减排收益权质押融资、低碳信用卡、碳交易财务顾问等产品或服务，是针对"双碳"目标的特色产品。这些产品或服务可以帮助我们有效降低碳排放，增加碳汇，提高碳效率，促进低碳发展。同时，要关注"三农"、中小企业等群体的绿色需求，开发适合他们特点的绿色普惠产品。

（三）深化金融科技改革，推进金融与科技的融合

随着大数据、区块链、人工智能等新技术的出现，金融科技成为全球塑造金融竞争优势的前沿阵地。深圳需要注重金融科技发展的顶层设计，探索一条金融与高科技产业良性互动的发展之路，推动新一代信息技术在深圳资本市场各业务领域的运用，促进资本市场智能化发展。完善科技金融组织体系，推动各金融机构实现数字化转型。强化对线上业务的支持，使科技与其经营业务深度融合。在大数据分析应用方面，要打造新型数据生态系统，引入大数据分析技术，推动科学决策的实现。同时，要优化运营流程，采用科技手段实现信息共享和整体运营效率的提升。

（四）扩大金融开放力度，深化跨境金融改革

利用境内外两个市场、两种资源，充分开展全球化经营，满足企业的多样化金融需求，巩固和提升深圳在国际金融中心的地位。第一，进一步推动跨境理财投资，让粤港澳大湾区居民能够跨境自主购买理财产品和灵活配置资产。第二，本外币一体化跨国公司资金池将进一步推动，以促进跨国公司内部资金结汇、划转和使用。跨境金融基础设施建设将得到加强，进一步推动跨境理财投资，支持粤港澳大湾区居民跨境自主购买理财产品和灵活配置资产。另外，本外币一体化跨国公司资金池将进一步推动，以促进跨国公司内部资金结汇、划转和使用。

四 激发技术要素市场活力,加快发展技术要素市场

在新一轮科技革命和产业变革蓬勃兴起的时代背景下,越来越多的资源正在向科技创新领域涌入,加快发展技术要素市场,是在机遇中赢得主动和先机,应对国内外创新竞争新态势的重大战略举措。深圳要实现科技创新的持续领跑,需要保障科技创新资源的优化配置,构建"链条全覆盖、主体多元化、要素全方位、体制机制活"的技术市场体系,不断完善科技创新体制机制,畅通科技创新循环。

(一) 以市场需求为导向,完善科技创新资源配置

加强市场化运作,推动有效市场和有为政府更好结合,聚焦市场需求有效配置创新资源,着力打造成粤港澳大湾区深化科技体制改革的排头兵。首先,完善技术需求征集机制,解决一批"卡脖子"短板问题。聚焦深圳战略性新兴产业、未来产业、国际科技前沿等重点领域,广泛征集高校、研究院和企业在开展研究过程中遇到的重难点问题,之后凝练出真问题,形成"真榜、实榜"并进行及时申报,加快突破一批关键核心技术。其次,在科研项目遴选上,以技术需求为导向,采用公开竞争、揭榜挂帅、择优委托等多种多元化模式。当对紧急科研任务或者涉及敏感项目不宜公开时,可以对优势单位采取择优委托,若存在多个优势单位,可以并行立项,开展"赛马制"竞争,并在"卡脖子"技术问题、关键核心技术问题、引领科技发展进入"无人区"的技术问题中,结合企业需求,连接国内外技术要素,通过"全球张榜、企业选帅"的方式来确定项目承担者。通过多元化的遴选机制,聚焦全球技术资源,将进一步有效增强创新需求与科研供给的融通对接。再次,瞄准企业技术开展的资金需求,提升资金支持力度。进一步推进技术和资本要素的融合发展,完善金融业态和多层次金融市场体系,以满足科技企业在不同发展阶段的不同金融需求。建立符合科技型企业需求的多层次金融市场融资渠道,探索多样性金融产品,为科技型企业提供差异化金融服务,从初创期到成熟期提供相匹配的支持,帮助科技型企业实现快速发展,用金融助力科技创新。

(二) 强化创新主体培育,建立健全技术创新体系

培育发展新动能,持续壮大创新主体,激发技术要素市场活力,推

动创新主体向国家支持的重点领域发展,突破核心关键技术。聚焦企业梯度培育,精准施策,不断完善科技型中小企业、高新技术企业、瞪羚企业、独角兽企业的全链条培育体系。基于企业不同成长阶段的特点和需求,分类施策,建立"微成长、小高升、高变强"梯次培育机制,从拥有自主知识产权的小微企业中进行筛选,培育一批科技型中小企业,为发展高新技术企业夯实基础。同时筛选出一批高新技术企业作为培养对象,将其培养成为深圳龙头科技企业,加快形成全球领先的创新企业集群。聚焦要素供给,集聚资源,形成创新合力。通过加大土地、人才、资金等要素资源的供给,推进各类要素有效整合和横向联系,着力培育一批具有核心竞争力的科技企业。土地作为重要的基础性资源,要保障土地资源的供给,为科技创新的实施提供场地,同时,人才是实现科技创新的重要资源,要用好人才资源,集聚一批高层次研发人才服务创新企业。另外,要充分发挥资本的催化剂作用,加强资金要素在创新方面的投入,提升创新体系整体效能。

(三)搭建技术转移服务网络,促进科技成果转化

鼓励深圳各区域聚焦于重点领域,引入备受认可的高校和科研机构,在深圳各区域建立科技成果转化中心或技术转移转化服务机构,并在各区域布局建设科技成果转化承载区,形成覆盖各区域的技术转移服务网络。支持知识产权交易中心的建设,并提供知识产权评估、托管、交易鉴证、投融资等服务,吸引更多的知识产权在深圳进行交易和运营。同时,支持打造育成中心孵化平台,以其示范效应培养技术经理人并提升技术经济服务。紧密关注全球技术转移前沿动态,对接国内外规则,推进国际技术转移合作,整合国际资源,加强与国际技术转移机构的密切联系,实现信息共享、平台共建等多方面深入合作。同时,依托深圳国际技术创新研究院,引进国际先进技术成果,扩大技术出口,推动国际城市与深圳本土企业的技术转移、转化,在精密工程、半导体、新材料、电子信息等重点领域不断探索和实践产研学资的发展新模式。

五 释放数据要素潜能,构建全球领先的数据要素市场

数据要素减少了信息流动障碍,可以推动各类要素资源快捷高效流动,同时可以协同联动劳动力、技术、资本等要素市场,实现对各类生

产要素的数字化智能化改造，提升资源配置效率。数据作为重组全球要素资源，赢取全球竞争新优势的重要要素，深圳要把握历史契机，加快推进数据要素市场化配置，释放数据要素潜能，构建全球领先的数据要素市场。

（一）完善公共数据开放共享机制，建立全球数据流通公共服务平台

推动数据资源的开发利用，离不开政府、企业的共同努力，也离不开国际的合作与交流，只有在多元主体合作的理念下，打破机制体制固有壁垒，才能更好实现数据要素的有效流通。首先，应该推进政府数据开放共享，建立覆盖各级各类政府部门和公共部门的数据共享交换机制，解决政府部门的信息"孤岛"问题。同时，政府和企业也应该合作，推进企业数据开放共享，打破企业之间的数据壁垒，实现企业内部的信息互通，并借此提升企业间协同作业水平。此外，还应该注重发挥市场在数据流通中的作用，引导和鼓励企业之间开展数据交换和合作，以充分发挥市场的力量，推动数据要素的有效流通。其次，在政府与企业之间，在加强安全和隐私保护的前提下，政府需进一步完善和健全公共数据开放体系，提高政务数据服务效能，加大公共数据公开力度，减少企业搜寻信息成本。而企业方需要进一步建立完善企业端数据采集体系，提升对各级政府公共数据的采集、清理、整合能力，推动政务数据与企业数据平台对接。另外，在企业与企业之间，应积极探索建立数据信息交易体系，包括交易定价、交易监管、争议解决等一系列内容，实现企业之间的数据互联互通，充分发挥数据的效用。最后，在满足区域数据需求的同时，满足对外开放的跨境数据需求。需高标准对接国际规则，探索国际数据交流与合作，搭建跨境数据流通公共服务平台，推动科技、金融、贸易等领域的数据安全有序跨境流通，加快建设国际数据港，主动跻身全球新型数据要素竞争格局。

（二）完善数据交易市场生态建设，推动数据有序自由流通

建立数据确权机制，探索数据"所有权"与"使用权"的分离，在兼顾各方相关权益的前提下，推动数据有序自由流动。加快建设规范化的数据交易市场，发挥市场在数据资源配置和定价中的决定性作用，形成数据要素的均衡价格体系，促进数据要素的汇集、交易和流通。同时，对接国际数据交易规则，在数据产权、跨境传输、风险评估、安全保护

等方面制定统一的数据交易规则和标准，构建全球数据流通交易体系。在南山、福田、龙华等片区加快建设区域性数据交易中心，整合区域内数据资源，加强与国际数据交易平台的整体联动，促进跨境数据要素流通，提高数据交易规模和数据流通效率。其次，强化市场监督，完善数据收集、使用等方面的法律规范，成立数据监管机构，构建发改、工信、商务、网信、证监、市场监管等多部门协作的监管机制，统筹数据交易相关部门的管理职责，加强对数据的有效保护，确保数据的控制权与流动安全，构建良好的数据生态体系。

（三）深化数据开发应用场景，增强市场化动力

第一，利用深圳在人才、环境、创新资源等方面的优势，聚焦科创、金融、消费、文化等中心的建设打造数据枢纽节点，增强对全球数据资源的集聚、配置能力。在龙岗、南山等地打造数据中心产业集群、数据运用产业集群，建设以应用场景为牵引的数据场景应用示范区，切实增强数据要素市场的供需对接机制。第二，将大数据技术广泛应用于实体经济和传统产业，建立符合深圳产业结构和特色的大数据产业体系。推动数据在城市管理、交通、教育、文旅、农业、医疗、金融、安防等行业的垂直应用，重点打造一批大数据应用场景，如金融、交通、医疗、农业及水利大数据等，完善产业生态。推进数据在生产制造、研发设计、销售服务和企业管理等全链条各环节的广泛应用，提升企业"研产供销"数据应用水平，创造规模效益，以最大限度运用数据服务经济社会提供支撑。第三，对标国际一流，培育和引进更多数据要素市场主体，提升数据供给质量。鼓励这些市场主体开展实质性的数据加工和创造性劳动，突破数据要素核心关键技术，提升原始创新能力，打造高质量、创新型数据产品和数据服务，加强有效数据供给实力，努力走在全球数据创新最前沿，赢取全球数据竞争新优势。

（四）保障数据资源安全，提升数据安全治理能力

随着数据主体和应用场景的多元化，数据日益频繁地在全球范围内跨境流动，数据安全的保障显得越来越重要，因此，在推进数据要素市场发展的同时，必须高度重视数据安全问题，加强数据安全治理能力。第一，健全数据安全法律法规，对违反数据安全的行为实行严厉惩处，同时推进个人信息保护，界定个人信息合法使用的范围，健全个人数据

泄露风险防控制度，明确数据窃取、滥用的刑事责任。进一步完善数据产权制度，厘清不同主体的权责边界，明确数据"使用者""所有者""监管方"各方主体的数据安全法律责任，在数据跨境流动方面，积极参与跨境数据流动的规则制定，赢得数据安全的战略主动。第二，加强数据安全的协同治理，行业组织、政府、企业需发挥自身优势，互相有效配合。在政府方面需要着力加强数据安全治理的战略谋划，加快建立数据安全治理的国际合作机制。随着数据主题和应用场景的不断多样化，企业在进行跨境数据流动时，需要加强对数据安全的保护。因此，在推进企业内部数据安全合规管理的同时，应该加快数据安全领域的前沿技术研发，确保数据的安全传输过程。此外，行业组织也应该注重数据安全的协同发展，加强对数据安全治理水平的评估，同时不断优化数据安全标准体系。

第七章

深圳建设国际时尚消费潮流标杆的路径

2020年7月30日,中共中央政治局会议提出"加快形成以国内大循环为主体、国内国际双循环相互促进的新发展格局"①。新发展格局的提出,是在近年来世界经济发展和既有格局受到严重冲击,全球产业链、供应链面临重构的背景下提出的,既是经济发展模式加速向内需驱动型转变的主动作为,同时也是中央基于当前面临的社会经济现状以及国内外环境正在和未来将要发生的变化,作出的重大战略抉择。2021年6月9日,深圳"十四五"规划纲要发布,明确提出要在深圳建设国际消费中心城市②,这是深圳在新发展格局下,打造国际时尚消费潮流标杆,发挥国内超大规模市场优势和内需潜力,深入实施扩大内需战略和深化供给侧结构性改革,为广东打造新发展格局的战略支点提供强有力支撑的战略需要和应有定位。2022年2月17日《深圳市关于加快建设国际消费中心城市的若干措施》出台,深圳建设国际消费中心城市、打造国际时尚消费潮流标杆也进入新阶段,但与其他先进城市相比,既有显著优势也有明显不足。

本篇首先从深圳加快建设国际时尚消费潮流标杆过程中面临的机遇和挑战出发,以此为基础分析具体思路,最终从提高深圳国际知名度、

---

① 《中共中央政治局召开会议决定召开十九届五中全会分析研究当前经济形势和经济工作 中共中央总书记习近平主持会议》,央广网 http://china.cnr.cn/news/20200731/t20200731_525187698.shtml。

② 《深圳市国民经济和社会发展第十四个五年规划和二〇三五年远景目标纲要》,深圳市人民政府网,http://www.sz.gov.cn/cn/xxgk/zfxxgj/ghjh/content/post_8854038.html。

商业活跃度、优化城市消费环境以及打造国际化交通网络等角度提出针对性对策。

第一节 新发展格局下深圳建设国际时尚消费潮流标杆的新机遇和新挑战

深圳经历改革开放40多年来的发展，在经济上取得了令人瞩目的成就。这既归因于深圳的艰苦奋斗和拼搏精神，也缘于全国唯一的毗邻香港优势，在不同的发展阶段助力深圳经济不断取得进步。近年来，深圳的经济优势进一步加强，2022年全市GDP排名全国第三，经济体量、常住人口、市场规模全国领先，全市人均GDP在全国排名前列，为深圳建设国际时尚消费潮流标杆奠定了牢固的基础条件。在国家政策的支持下，国内多个城市建设国际消费中心城市的速度和力度正持续加大，深圳虽具备建设国际消费中心城市的较好条件，但在打造国际时尚消费潮流标杆，建设国际消费中心城市上也面临诸多机遇和挑战。

一 国家政策带来的机遇

新发展格局下深圳建设国际时尚消费潮流标杆首先迎来的是国家、省、市支持消费和支持国际消费中心城市建设等一系列政策带来的机遇。

一是国家培育建设国际消费中心城市带来的机遇。2019年10月，商务部等14个部门联合出台《关于培育建设国际消费中心城市的指导意见》，提出在全国范围内要培育建设国际消费中心城市，这对于推动经济高质量发展和新一轮高水平对外开放具有重大作用。特别是近年来居民收入水平的持续提升，对加快消费结构转型升级提出了新的要求。中长期来看，国际消费中心城市的建设有助于供给侧结构性改革、扩大内需，促进有效消费、增强经济发展内生动力，持续提高经济发展质量。在2020年3月发布的《国家"十四五"规划和2035年远景目标纲要》[①] 和

[①]《中华人民共和国国民经济和社会发展第十四个五年规划和2035年远景目标纲要》，中国政府网，http://www.gov.cn/xinwen/2021-03/13/content_5592681.htm。

2021年7月由商务部印发的《"十四五"商务发展规划》①中,都进一步提出要培育建设国际消费中心城市,并对在全国范围内开展国际消费中心城市建设作出了规划部署。这些政策都明确显现了国家培育建设国际消费中心城市的意志和决心,为深圳建设国际时尚消费潮流标杆和国际消费中心城市带来了绝佳的发展机遇。

二是国家健全消费体制机制带来的机遇。我国进入新发展阶段,在有效需求不足制约经济进一步发展的现实基础上,国家逐步注重对消费的引导和调控,通过扩大内需、刺激消费、促进消费结构升级取得了一定成绩,但是制约消费扩大和阻碍消费升级的体制机制问题仍然突出。因此,国家先后出台多项政策措施,聚焦解决消费体制机制问题,激发居民消费潜力。2018年9月发布的《中共中央、国务院关于完善促进消费体制机制进一步激发居民消费潜力的若干意见》和2021年9月国家发展改革委提出的《六大举措促进我国消费体制机制完善》,从消费环境、消费供给和需求、消费流通网络等不同维度和层次的政策措施促进居民消费和消费体制机制的完善。国家对消费体制机制的不断完善,作为一种制度上的保障为深圳国际时尚消费潮流标杆和国家消费中心城市的建设带来了机遇。

三是粤港澳大湾区和深圳社会主义先行示范区"双区"建设带来的机遇。《粤港澳大湾区规划纲要》和《关于支持深圳建设中国特色社会主义先行示范区的意见》的出台,深圳的交通、文化、创意、创新、生态环境等有利于国际时尚消费潮流标杆和国际消费中心城市建设的要素将会加速发展和集聚。随着消费对国民经济增长的拉动作用不断提升,居民消费结构持续升级,国内外消费联动日益形成,城乡消费一体化不断强化,深圳作为先行示范区和粤港澳大湾区的核心城市,将迎来更多消费升级和扩大的机遇。通过建设先行示范区和粤港澳大湾区,深圳可以吸引更多的国内外投资和人才,促进产业升级和创新发展,从而带动经济的增长。同时,随着消费市场的升级和扩大,深圳也将有更多的机会以消费为动力,促进经济的持续发展。

---

① 《商务部关于印发〈"十四五"商务发展规划〉的通知》,中国商务部,http://www.mofcom.gov.cn/article/guihua/202107/20210703174101.shtml。

四是深圳"十四五"发展带来的机遇。深圳在 2021 年 6 月发布了《深圳市国民经济和社会发展第十四个五年规划和二〇三五年远景目标纲要》和同年 7 月正式出台的《关于促进消费扩容提质创造消费新需求的行动方案（2021—2023 年)》，以及 2022 年 2 月再次推出的新政策《深圳市关于加快建设国际消费中心城市的若干措施》，这些政策都彰显了深圳加快建设国际消费中心城市并打造国际时尚消费潮流标杆的决心。近年来随着深圳在经济总量、消费规模、城市综合实力上的提升，已具备建设国际消费中心城市的良好条件，与此同时，深圳"十四五"规划纲要及众多政策措施的叠加出台，将为深圳国际时尚消费潮流标杆和国际消费中心城市的建设带来极大的机遇。

二 经济发展带来的机遇

经过近年来经济和社会的快速发展，深圳经济总量持续提升，经济质量不断提高，社会消费品零售总额稳步增长，最终消费支出对经济社会的拉动作用凸显，这为深圳国际时尚消费潮流标杆和国际消费中心城市的建设带来了诸多机遇。

一是深圳经济总量持续攀升。总体而言，一个城市的经济和社会发展程度越高，在国际时尚消费潮流标杆的建设上越具有优势。深圳 2021 年 GDP 首次突破了 3 万亿元大关，2022 年再次攀升，达到 32387.68 亿元，同比增长 3.3%。这一增长水平高于全省和全国 1.4 个和 0.3 个百分点，并在一线城市中领先，经济总量排名仍然保持在全国第三，经济总量持续扩大。深圳高新技术产业和服务业发展质量逐渐提高，数字经济已成为经济增长点，产业结构优化升级成效显著。深圳的人均可支配收入随经济发展稳步提高，2022 年深圳居民人均可支配收入持续增长，消费能力不断加强。城市人口规模逐步扩大，对消费的支撑支持作用凸显。

二是深圳消费规模不断扩大。消费在深圳的经济发展中发挥了非常重要的作用。深圳社会消费品零售总额持续增长，缘于本地居民消费力的增长以及外市来深者对消费的助力。从改革开放开始，深圳的社会消费品零售总额不断增加，从 1979 年的 1.13 亿元，到 2022 年的 9708.28 亿元，跨越式地增长了 8000 多倍。深圳 2022 年的社会消费品零售总额排名全国第五，比上一年增加2.2%，居一线城市首位。深圳消费规模不断扩大、社会消费品零售总额的跨越式增长，将有助于深圳进一步吸引国内外相关消费品进驻，同时也有助于深圳建设国际时尚消费潮流标杆。

三是深圳消费升级趋势形成。深圳居民消费结构不断优化，消费升级类商品快速增长，显示出深圳消费升级趋势的形成。其中2022年通信器材类、汽车类等高端消费品的零售额分别增长40.3%、13.5%，为深圳加快建设国际时尚消费潮流标杆奠定了良好的基础。2022年深圳居民人均可支配收入72718元，比上年增长2.6%，其中人均工资性收入61157元，增长3.5%。但是由于受到疫情的影响，2022年深圳居民的人均消费支出44793元，相比2021年下降了3.2%。分类别来看呈现"两升六降"的情况，其中人均衣着、教育文化娱乐、医疗保健等方面的消费支出都有较大幅度的下降。而人均交通通信、其他用品和服务这两类消费支出则分别增长6.0%和27.1%。

四是深圳新型消费快速发展。随着数字技术和互联网的快速发展，新的消费模式和场景不断涌现，例如直播带货、智能消费和时尚消费等，引领着越来越多的人选择线上消费。同时，深圳也积极推进商业转型升级、发展体验式消费业态，提升消费体验，成为商圈和商业街区转型的亮点。在电子商务高速发展、实体消费减缓的背景下，体验式消费成为扩大实体消费的有效手段，也成为深圳扩大有效消费和打造国际时尚消费潮流标杆的重要途径。此外，新型消费形式正在快速涌现，推动消费的不断升级。深圳通过梳理商业链、信息链、产业链等，在打造新的价值链、供应链，以及打造空港型国际消费枢纽的同时，也提升了消费服务设施的完备性，让消费形式更加多元化，推动消费体验的不断提高。最后，深圳也将加强科技赋能新旧商圈，通过虚拟现实VR、增强现实AR的交互方式，打造体验式智慧消费，与消费者进行全方位互动，进一步推动新型消费的快速发展。

三　建设过程中的新挑战

深圳作为中国改革开放成功的代表城市之一，其基础设施建设和经济实力一直处于快速发展的状态，已经拥有成为国际时尚消费潮流标杆和国际消费中心城市的基本条件。然而，与全球领先的国际消费中心城市相比，深圳还存在不小差距。为了评价国际消费中心城市的发展水平，仲量联行参考了商务部的《国际消费中心城市评价指标体系（试行）》和国内外多个城市的实际情况，制定了一套指标体系。该指标体系从六个维度进行评价，分别是国际知名度、城市繁荣度、商业活跃度、到达便利度、消费舒适度、政策引领度。根据这套指标体系，仲量联行发布了"2020年全国国际消费中心城市发展指数"，深圳位居第五，但与上海和北京这两个排名靠前的城市相比，还有较大的差距。这在相当程度上对深圳建设国际时尚消费潮流标杆和国际消费中心城市带来一定挑战。

一是国际知名度亟待提高。对于国际消费中心城市，国际知名度是最重要的评价维度之一。在仲量联行"国际消费中心城市发展指数"的国际知名度指标排名中，深圳位于全国第5位，与前两名北京、上海差距较大。具体表现为在全球城市竞争力排名中（GaWC《世界城市名册2020》①），深圳处于弱一线等级，位列国内第6名，世界第46名，与领先的位于强一线等级的上海、北京（均在世界前10名）有着巨大的差距，意味着深圳在全球高端生产服务网络中的地位及其融入度还有很大的提升空间，在国际高端生产性服务业及其吸引力上有待加强（见表7-1）。同时，与北京8项世界文化遗产数量（含预备数量）相比，深圳处于劣势。与北京、上海的4A、5A级景区数量相比，深圳也略显单薄。另外，对500强企业的吸引力以及举办国际重大活动与赛事的频次，深圳仍有较大的发力空间。

表7-1　　　　　　　GaWC入围世界一线的中国城市

城市	等级	国内排名	世界排名
香港	Alpha+	1	3
上海	Alpha+	2	5
北京	Alpha+	3	6

---

① GaWC通过量化世界城市在金融（银行、保险）、广告、法律、会计、管理咨询五大行业的全球连通性，将城市划分成Alpha、Beta、Gamma、Sufficiency四大类（即全球一二三四线），下设特强（++）、强（+）、中（/）、弱（-）子类，以衡量城市在全球高端生产服务网络中的地位及其融入度。

续表

城市	等级	国内排名	世界排名
广州	Alpha -	4	34
台北	Alpha -	5	36
深圳	Alpha -	6	46

二是商业活跃度有待提升。商业活跃度最能体现国际消费中心城市的商业发展水平。在仲量联行"国际消费中心城市发展指数"的商业活跃度指标排名中，深圳位于全国第5位，与第一名的上海差距明显。具体表现在社会消费品零售总额的差距上，2022年上海社会消费品零售总额高达16442.14亿元，是深圳9708.28亿元的1.7倍，差距明显（见表7-2）。社会消费品零售总额是影响建设国际消费中心城市的重要因素之一。同时，在品牌首店数量上，2022年上海以1073家品牌首店数量位居第一，深圳只有321家，差距明显。同时，在网络零售发展、夜间经济资源等方面，深圳也有较大的提升空间（见表7-3）。

表7-2　　　　　全国社会消费品零售总额排名前10城市

城市	2022年社会消费品零售总额（亿元）	2021年社会消费品零售总额（亿元）	增速（%）
上海	16442.14	18079.25	-9.1
重庆	13926.08	13967.67	-0.3
北京	13794.20	14867.70	-7.2
广州	10298.15	10122.56	1.7
深圳	9708.28	9498.12	2.2
成都	9096.50	9251.80	-1.7
苏州	9010.70	9031.30	-0.2
南京	7832.41	7899.41	-0.8
杭州	7294.00	6744.00	8.2
武汉	6936.20	6795.04	2.1

资料来源：各地统计部门。

表7-3　　　　　　　　2022年主要城市品牌首店数量

城市	2022年品牌首店数量（家）
上海	1073
北京	812
成都	708
深圳	321
杭州	322
武汉	349
南京	301
广州	157

资料来源：中商数据。

三是交通到达的便利度仍需改善。交通系统的发达程度是国际消费中心城市到达便利度最直观的表现，在仲量联行"国际消费中心城市发展指数"的到达便利度指标排名中，深圳位于全国第5位，与前两位的北京、上海相比差距较大。具体表现在机场旅客吞吐量上，上海和北京凭借双机场优势，2021、2022两年机场旅客吞吐量分别为9430.4万人次和8067.1万人次，稳居榜一和榜二，深圳排名第5，机场旅客吞吐量仅为5792.6万人次，与第一名的上海差距将近一倍。在轨道交通运营总里程方面，上海和北京位于第一梯队，2022年运营总里程分别为825千米和797.3千米。深圳在这方面近年来发展较快，2022年运营总里程为558.6千米，排名第4，较2021年排名上升2名。

第二节　新发展格局下深圳建设国际时尚消费潮流标杆的新要求和新任务

随着全球经济一体化的不断深入，深圳作为中国改革开放的重要窗口和经济特区，需要不断提升自身的时尚消费水平和引领潮流的能力，以适应国际市场的需求和变化，在建设国际时尚消费潮流标杆时也面临着新的要求和任务。

一 坚持统筹供给侧改革与需求侧管理

在新的经济发展背景下,为了推动经济实现高质量发展,需要同步加强供给侧和需求侧的发展,解决一些影响供需平衡的瓶颈、难点和问题,包括在生产、分配、流通和消费等各个环节中,有针对性地定下目标并采取有效行动。最终实现需求引领供给、供给创造需求的更高水平动态平衡。

一是要坚持供给侧结构性改革的主线和做好需求侧管理。坚持供给侧结构性改革的主线,有针对性地解决有效供给不足的痛点问题。在品牌建设上,大力引进高端消费品牌,加快培育包括文化、旅游、娱乐、消费、会展、商贸等领域在内的具有国际影响力的深圳品牌。在消费场景上,结合深圳在信息技术、创新创造等方面的优势,充分利用新兴科技、发挥创造力,创新多种消费新场景、新业态、新模式,开拓商业类、民生类服务消费新应用场景。在产业上,大力发展和引进具有国际影响力的高端生产性服务业和生活性服务业,夯实消费载体基础。在可供消费品上,发挥市场引导和科技创新的作用,推动商品供给和服务供给相互交融,促进消费和服务跨行业融合。当前,深圳要以供给侧结构性改革为主线,提高产品和服务的质量、标准和技术,创造新的供给,引领、创造和对接新的需求。同时要做好需求侧管理,发挥国内超大规模市场的优势,激发内需潜力,实施内需扩大计划,促进消费升级。这需要深圳在两个方面加强工作。其一是要以创新为引领,打造新的产品和服务,满足消费者的多样化和个性化需求,提升市场竞争力和影响力。其二是要以扩大内需为目标,充分利用国内市场的规模效应和网络效应,推动消费结构优化和升级,增强消费对经济增长的拉动作用。此外,要探索建设国际免税城,引导境外高端消费回流,培育壮大新型消费,营造新的消费氛围,发展网络消费、抢占指尖消费新高地。推动扩大汽车消费,促进新能源汽车的推广应用,打造汽车消费的新增长极。

二是注重供给和需求的良性互动发展。既不能只重视需求侧的消费,也不能仅注重供给侧的生产。随着改革开放以来经济发展和收入水平的提高,社会经济已步入新阶段,人民日益增长的美好生活需求也随之迭代升级,更加需要高品质、个性化、多元化的商品和服务。这种高品质、个性化、多元化的需求反过来牵引供给侧，促进供给侧加速升级以满足需求侧的要求，并形成与需求相匹配的供给体系。在实现有效供给的同时，供给水平和质量得到进一步的提高，又能引领创造新的需求，实现更高水平的动态平衡和消费驱动型经济增长。

二 坚持加强对外开放与对内合作

新发展格局是国内国际相互促进的双循环，其着力点在于循环。坚持加强对外开放与对内合作有助于循环的畅通并扩大国际时尚消费潮流标杆的影响力和经济腹地。因此，深圳在新发展格局中建设国际时尚消费潮流标杆，离不开对外开放与对内合作。

一是要坚定不移地提升对外开放水平。新发展格局不是关起门来的国内循环，而是对外开放的国内国际双循环，不仅要国际循环，更要顺畅的国际循环，这样才能在不断扩大开放的过程中，获得世界领先的技术、国际先进的经验、源源不断的资金等生产要素资源。要围绕提高城市国际知名度，开创更开放、更互动、更合作、更深入的对外开放新局面。更多走出去，参与经济、文化、体育、科技、社会、医疗等领域的国际合作。更多地引进来，积极争取世界500强企业、国际性会展、顶级体育赛事、世界文化盛宴等落地、落户深圳。要围绕便捷、安全、高效等维度完善对外联通能力，利用先进技术加强海陆空全方位对外交通运输能力，利用"双区"驱动、"双区"叠加的黄金机遇期在资金、人员、物资、信息等要素资源跨境流通上先行先试、抢占先机、树立典范。要围绕国际性大都市建设，打造国际一流的营商环境、友好开放的国际社区和谐融洽的人文氛围，提高深圳在国际上的辐射力和影响力。

二是要不断完善和加强对内合作。建设国际时尚消费潮流标杆，国内市场是根基，深圳必须加强与国内其他区域的合作与联动，促进与长三角、京津冀、成渝等城市群、都市圈的联动效应。同时，深圳要把握粤港澳大湾区建设的机遇，作为核心城市，加强与区域内其他城市的联系和合作，推动要素便捷流动和产业梯度转移，发挥市场优势和释放内需潜力，加快国内循环和可持续发展。这需要深圳在三个方面加强工作。一是要采取先进后发地区协同发力等形式，让产业在区域内有序转移，实现优势互补和共同发展。二是要不断强化区域内的联系和合作，加强与粤港澳大湾区内部城市间要素的流动，促进资源共享和效率提升。三是要以建设具有中国特色的国际体育文化中心为目标，承接和投标更多更好的国际综合性赛事，提升深圳的国际影响力。此外，深圳还需总结和扩大深汕特别合作区成功案例的示范作用，彰显各区域"拧成一股绳、劲往一处使"的干劲，促进资金、人才、政策等要素更规范有序地聚合和分散，促进全市区域的协调发展。发挥深汕特别合作区各类土地等资源要素的价格洼地优势，推动与深圳其他城区一体化发展。支持深汕特别合作区通过承接深圳本土产业、扩大内部需求，为深圳自身的未来发展赋予更为广阔的空间。

三 坚持优化消费软环境与硬件设施

良好的消费软环境和硬件设施是实现供给和需求循环以及继续扩大消费的必要条件，在深圳建设国际时尚消费潮流标杆的过程中，必须始终坚持两者的协调发展。消费需求的实现在客观上需要有适合的消费环境，产品和服务才能供给到需求端的消费者上。随着经济发展和人民生活水平提高，消费者的需求日益增多且往品质化、个性化、多元化、高端化的趋势发展。在消费需求的驱动和市场机制的共同作用下，供给侧得到有效提升，此时如果没有与之相适应的消费环境，供给和需求将循环不畅。因此在继续扩大消费的条件下，消费环境也必须同步优化。消费硬件设施优化方面，面对更高的消费需求和供给，消费者需要更便利的商业载体、更好的商业设施布局规划以及更优质的公共基础设施等硬环境。在硬件设施完善的基础上，消费者对消费软环境优化也提出越来越高的要求，需要更高的产品质量标准、更好的市场监管体系、更安心的消费体验、更便捷的城市公共服务，更美好的人文生态环境等软环境。对于深圳建设国际时尚消费潮流标杆而言，优化消费软环境与硬件设施则进一步要求深圳具备世界级的商业载体、全球化的交通网络、国际化的营商环境等综合条件。

第三节　新发展格局下深圳建设国际时尚消费潮流标杆的新举措和新对策

新发展格局下深圳建设国际时尚消费潮流标杆的新举措和新对策可以从下面四个维度着力。

一　文旅体经政齐助力，加强交流增加城市国际知名度

国际时尚消费潮流标杆既要服务国内消费者，也要服务国际消费者，国际知名度则是重要条件之一。

一是加强多种形式和领域的国际交流与合作。首先在政府层面，要积极主动举办重大活动与赛事，加强与世界各城市和国际组织的联系。积极推进与国际友好城市的联谊和合作，加强沟通和交流。鼓励发展会展经济、会议经济。充分发挥深圳会展湾"海陆空铁轨"六位一体立体交通和产业集聚优势，承办更多国际性会展。打造国际赛事名城，争取国际重大赛事和活动永久落户深圳或在深圳建设分站。其次在企业层面，鼓励深圳企业走向世界，加强与世界各国开展经济、文化、科技、医疗、教育、体育等领域的合作与交流，积极开拓海外市场，把深圳创造、深圳制造推广到全球。

二是吸引世界500强企业和国际高端生产性服务业入驻深圳。世界500强企业和国际高端生产性服务业是与世界联系最密切和最多的企业群体，他们的入驻能极大地提高城市国际性和国际知名度。首先要通过营造和提升与国际接轨的营商环境，设置更便捷、安全、高效的跨境要素流动条件，吸引更多外部世界500强企业入驻深圳，同时，大力支持本土世界500强企业做大做优做强。其次积极引进国际高端生产性服务业企业（如金融、广告、法律、会计、管理咨询等）并借助其在专业领域上的全球网络优势，助力供给侧改革，推动更多制造业企业与世界接轨，做大做优做强。

三是打造国际知名的高能级旅游度假区和旅游消费目的地。第一，打造国际知名的高能级旅游度假区，例如，上海的迪斯尼主题乐园以及北京环球影城主题乐园皆为城市带来了极大的热度和流量，吸引了全国

乃至世界的游客慕名前往，并带动了本地旅游度假产业的跃升发展。深圳可以加快引进和建设世界级 IP 主题乐园，由此带动本地旅游度假产业的发展，提升深圳旅游度假区的能级。第二，利用深圳绵长海岸线的自然优势，开发海岸线资源，提供集休闲、娱乐、观光和海滨度假服务，打造世界级滨海生态旅游度假区。第三，借助"深圳购物季"等活动品牌，持续扩大城市购物嘉年华的影响力，把消费与美食、旅游联动打造成为目的地旅游资源的新增长极。

四是从供给侧发力加快发展文化事业。随着经济社会的发展和改革开放的深入推进，在国际交往和活动中，文化发挥着举足轻重的作用。第一，做好文化公共设施建设，促进图书馆、美术馆、音乐馆、博物馆等文化类公共设施的发展，支持举办国际性、全国性、区域性的文化活动。第二，加强深圳文化品牌建设，借助"文化＋科技""文化＋创意"等"文化＋"发展的深圳模式，发展文化产业新模式、新业态。第三，支持文化类商业、城市休闲商业、娱乐业融合发展，支持咖啡店、茶馆、电影院、KTV、SPA 等生活休闲业态的发展。第四，营造多元包容的文化氛围，支持发展特色文化，支持动漫、电竞、古风、极限运动等亚文化的发展，支持举办与亚文化相关的活动。

五是将物质消费与文旅消费相结合。物质消费与文旅消费的结合已成为当今经济发展的重要趋势，对于深圳这样的国际化城市而言，这个趋势尤为重要。例如，澳大利亚在 2000 年举办的悉尼奥运会就为该国带来了令人瞩目的经济效益，北京举办的 2008 年奥运会也成功地推动了当地的经济增长。因此，深圳需要注重举办大型的综合性体育赛事和文化活动，以推动经济快速发展。目前，在深圳举办的国际赛事数量不多，种类单一，深圳若要实现国际综合性赛事的承接和投标方面的突破，需要从区域一体化发展的角度考虑，打造具有中国特色的国际体育文化中心。这需要深圳在以下三个方面加强工作：第一，推动体育赛事与旅游的结合，将重要的体育赛事活动与城市景点相结合，引导游客赛事期间体验城市文化，同时注重体育赛事的品牌塑造和宣传，提高其知名度和影响力；第二，培育体育文化旅游产品，如体育文化主题游、体育赛事游等，结合不同类型的消费者需求，提供个性化的旅游和消费服务，同时注重旅游从业人员的培训和管理，提高服务质量和安全保障；第三，加强体育场馆建设和运营管理，将体育场馆打造成集体育比赛、文化表演、展览、购物等功能于一体的综合体，提供全方位的消费体验，同时注重历史文化和现代科技的结合，避免过度商业化和失去本真。

二 围绕消费创新和产业链完善，提升城市商业活跃度

活跃的商业环境有利于商业创新的多样化，促进国际时尚消费潮流标杆的建立。

一是以供给侧结构性改革为抓手全面带动深圳消费增长提速。第一，围绕足不出城买遍全球的目标，从全世界范围内进口高品质的消费品，通过跨境保税仓、国际免税城等渠道降低税费、运费等中间成本，引导高端消费回流。第二，结合深圳在信息技术、新能源车等产业上的优势，扩大手机和新能源车等高端耐用品的消费。第三，基于临时疫情管控的不确定性，鼓励多元消费方式，通过线上消费，确保消费的连续性和稳定性。鼓励企业围绕新业态新模式，研发符合未来消费者习惯的高品质、个性化、定制化产品，打造消费新增长极。

二是推动消费创新打造消费新增长极。第一，发展数字消费，结合5G、虚拟现实、增强现实等新兴技术推进消费场景数字化、信息化，以交互式、体验式、互动式的新场景带动一批新消费，抢抓5G移动互联网直播电商的新机遇，构建和完善直播电商产业链。第二，打造消费新场景，创造良好条件做大做强夜间经济，营造繁荣夜市场景，支持酒吧、KTV、电影院等夜间经济载体发展，延迟夜间经济集聚区公共交通末班车时间，多措并举助推夜间经济蓬勃发展，规划先行打造现代都市商圈集聚区，鼓励商圈特色化发展，汇聚多元消费载体，培育消费新热点，实现多元消费新增长极。第三，拓宽消费新渠道，抓住每次大型国际赛事的契机，引进和培育赛事经济，发展相关文体等赛事产业，激活赛事消费潜力。

三是引进和培育品牌双管齐下打造深圳品牌高地。第一，建立本土杰出产品出口平台，让深圳本土品牌走向世界，吸引更多的消费者，特别是那些有历史和文化底蕴的老字号品牌、有创意和设计感的时尚品牌、有质量和口碑的快消品牌等。第二，发展首店经济、首发经济，积极引进国际一线高端品牌入驻深圳，形成示范效应，吸引更多的优秀品牌集

聚深圳。第三，加强品牌建设，培育一批具有国际影响力的深圳品牌，涵盖文化、旅游、娱乐、消费、会展、商贸等领域。以本土消费企业为龙头，支持老字号企业的转型，利用物联网、人工智能等技术手段结合智慧城市建设，打造更加卓越、创新的深圳品牌。最后，发展品牌孵化和品牌管理等服务业，为培育和发展深圳品牌提供更加完善的支持和服务，营造良好的品牌培育氛围，整合品牌资源，形成深圳品牌的巨大合力，实现深圳品牌的全球化、专业化、品质化发展。

四是完善产业链引领时尚消费。第一，培育时尚消费活力，打造时尚消费空间，培育时尚消费热点，建设引领性的时尚地标、商圈、特色街区。开拓时尚消费新领域和新模式，激发时尚消费潜力，推进时尚消费夜间经济发展。第二，拥抱数字转型浪潮，建设专业性或综合性数字服务平台，以信息流促进上下游、产供销协同联动，推进数字技术赋能研发设计、生产制造、运营管理、销售推广、仓储物流等时尚产业全链条，提升生产效率，提高产品质量，发展更加贴近消费者需求的时尚产品。创新生产制造模式，建设定制化、柔性化、个性化的智能生产线，打造时尚智造高地。第三，加强时尚产业人才的内培外引，建立更加契合时尚产业生产力的劳动关系制度，优化时尚人才引进和评价政策，制定更为灵活的高端时尚人才引进政策。同时，要加大对本土人才的培养力度，鼓励本土原创品牌的发展，加快人才流动与企业互动，建立相应职业机制，从国内外发掘和引培具有影响力的一流设计师，为时尚产业的发展提供人才支撑。

三 树立时尚消费潮流标杆，加速消费软硬环境螺旋升级

良好的消费环境是建设国际时尚消费潮流标杆的前提条件之一。

一是完善城市消费硬件设施。第一，提升城市基础设施水平，加强城市基础设施建设，提高城市交通、物流、能源、信息等基础设施的供给能力和服务质量。通过改善交通状况、提高物流效率、加强能源供应和信息基础设施建设，为消费者提供更加便捷、高效、可靠的服务。第二，构建层次分明的商业载体空间布局体系，基于城市内各个功能区的不同定位，围绕不同消费人群的需求，分别规划构建世界级、全国级、区域级、地区级、社区级的商业集聚区，以有效推动消费升级和激发消

费潜力。第三,分层分级提升商业载体的质量和数量,重点建设世界级地标商圈,如福田中心商业区、后海超级商业区和罗湖核心商圈,集聚全球影响力的世界级商业载体。在华强北步行街、香蜜湖国际高端消费区、前海妈湾商圈等重点商圈打造全国级和区域级的商业载体集聚区。基于全市各个区域分散的步行街和消费街区,建设富有地方特色的商业街区来满足生活性需求。

二是营造国际一流消费环境。第一,持续强化消费者权益保护机制,积极营造国际化、法制化、便利化的消费环境,健全市场监管体系,保护消费者权益。发挥12345政府服务热线和12315消费者投诉举报平台的作用,构建政府主管部门、司法机关、舆论媒体等机构共同参与的消费者权益保护和维权体系,从严打击侵害消费者权益的各种违法行为。第二,全面提升消费国际化水平,支持免税店建设和完善境外旅客离境退税服务。通过免税店把海外回流的消费留在深圳本地,实现"买全球",同时通过提供退税服务,把境外旅客的消费也留在深圳本地,实现"卖全球"。第三,建设消费者满意城市,以消费者满意度为导向,通过改善城市环境、提高公共服务水平,为消费者提供更加舒适、安全、便捷的消费环境。针对城市环境和公共服务上的短板,应加大财政投入力度,稳步推进,补短板强弱项提质量。

三是推动消费创新。第一,鼓励企业进行消费商业模式创新,通过引入大数据、人工智能等数字技术,实现消费商业模式的创新。例如,通过分析消费者行为和喜好,为消费者提供更加个性化的产品和服务,通过线上线下的融合,实现消费者的全渠道购物体验,通过区块链技术,提高商品的可追溯性和消费者的信心。第二,推动消费场景创新,通过打造独特的主题公园、文化体验馆等消费场景,为消费者提供多元化的消费体验。例如,可以将传统文化与现代科技相结合,打造具有深圳特色的文化体验场景,可以通过虚拟现实技术,为消费者提供沉浸式的消费体验。第三,打造创新的特色商业区,通过结合深圳城市文化和地理特色,打造具有地方特色的商业区,如富有改革浪潮文化内涵的文化街区,新能源汽车、电子数码、时尚美妆等主题的购物中心。

四 以"海陆空铁轨"外联内畅为基础,打造国际化交通网络

高效便捷的国际化交通链接促进了商业繁荣,加速国际时尚消费潮流标杆的建设。

一是构建立足深圳惠及周边通达世界的交通体系。第一,打造交通内外循环枢纽,提升深圳作为国际交通枢纽的能级。纵观国内外国际消费中心城市,普遍都重视交通基础设施建设,深圳应着力提升城市综合交通承载力和服务辐射能级,合理布局机场、高铁、地铁、港口、公路客运站、邮轮母港等交通枢纽,畅通人流、货流的内外循环,为国际时尚消费潮流标杆建设提供完善的交通设施基础。第二,把深圳宝安国际机场打造成世界级航空枢纽,在硬件上,加快机场三跑道建设,提高机场与"海陆铁轨"换乘的便捷性和高效性,在软件上,提高机场管理水平和效率,提高航班起降架次,优化国内外航线设置,争取新开和加密更多国际国内航线。第三,优化区域交通规划布局,加快深圳与周边地区高铁、轻轨、地铁的规划与建设,依托更加便捷高效的轨道交通网络,加快深圳与周边地区的人流、货流等资源要素的流通,提高深圳的辐射能力,带动临深城市更平衡、更充分、更协调地发展,为深圳"内循环"提供新动力。

二是夯实深圳城区内部交通网络。第一,加强交通基础设施与商业消费空间的结合,完善城市重点商业街区、旅游度假区、居民区之间的交通规划,优化地铁线网、公交线路、道路网络的布局,提升交通承载能力。完善商业街区等消费目的地的周边交通配套设施,推动购物中心与城市公交、地铁、市政设施协调、衔接。第二,统筹好"海陆空铁轨"的建设,提高彼此间互联互通的高效性、便捷性,形成外联内畅的交通网络,通过公路覆盖地铁通达盲区并提高换乘便捷度。第三,针对市内交通的拥堵点,通过多种途径疏通,建设畅捷的市内交通网络,提升全市交通路网承载能力,特别是通过大数据治理城区的拥堵点,提高道路通行效率,为公路提速提质。第四,针对商业和居民集聚区,提高地铁线网密度让市内出行更加高效便捷,提高地铁的可通达性。

三是力争成为国际旅客从香港入境内地的第一站。第一,凭借毗邻香港的先天地理优势,积极推动深圳与香港机场之间的便捷通道建设,

以提高国际旅客的换乘便捷度和舒适度，让深圳成为国际旅客从香港入境后的第一站，促进深港之间的经济交流和合作并带来可观的入境消费。第二，优化通关和签证便利措施，积极推进口岸建设和相关配套设施的完善，提高口岸通关效率和服务质量，提高外国旅客入境签证的便利化程度，为外国旅客入境深圳创造先决条件，并吸引更多的外国游客来到深圳旅游和消费。

四是借助广深"双城"联动历史机遇加强互联互通。第一，努力推进广深第二高铁建设，确保该项目按时按质完成，从而增加广深间互联互通的多样性。第二，加快广深间跨市地铁的规划与建设，力争实现广深间跨市地铁零的突破。这将为广深两地居民提供更加便捷的交通方式，促进区域内人员和物资的流动。第三，加强广深两市机场间和海港间的协同与合作，发挥协同效应，实现互利共赢。这将有助于进一步加强两座城市之间的交通联系，共同打造世界级空港群和海港群。

第八章

以更优营商环境护航深圳在新发展格局中的发展

当前,我国经济由高速度增长阶段转向高质量发展阶段,习近平总书记多次强调,"构建新发展格局是开放的国内国际双循环,不是封闭的国内单循环"。① 由此可见,深化改革和扩大对外开放仍是深圳经济高质量发展的重要途径,这不仅需要基础设施等"硬件"的改善作为支撑,更需要营商环境等"软件"的优化以助力企业增强提供优质服务或产品的硬核实力。深圳拥有得天独厚的区位优势和多重战略叠加的发展优势,地处沿海城市,毗邻香港,肩负着我国在新时期加快政府职能转变、深化体制机制改革创新、对接国际新规则、推动创新要素跨境便利流动、为奋力打造国际一流营商环境摸索新路径、先行先试的重要责任与使命。在全球经济一体化和粤港澳大湾区建设背景下,持续优化深圳营商环境,关键是要在与港澳、国际规则有序对接的视野下,思考如何通过改革构建科学系统完备的法制化、国际化、便利化的营商体系,以优质的营商环境全面提升资源配置效率,推进深圳实现特色社会主义市场经济的跨越式发展。具体而言,就是持续对标对表一流水平,以粤港澳大湾区规则相互衔接为重点,不断深入加大国际化的营商环境建设的力度,在不违反上位法的规定下,合理使用政策工具与地方立法权,在原有的体制机制上进行加减乘除的改革,增强城市活力和竞争力,以"硬措施"托底"软实力",为建设国际一流的营商环境改革创新试验区提供有力支撑。

---

① 习近平:《习近平著作选读》第 2 卷,人民出版社 2023 年版,第 370 页。

第一节　发挥法治保障职能，筑牢公正透明的法制化环境

党的二十大报告多次提到"法治"，首次用"坚持全面依法治国，推进法治中国建设"一个章节专门部署法治建设，深圳要对标国际先进水平，找短板，补弱项、抓落实，从法治层面维护市场主体的合法权益，优化纠纷化解机制，以更强保障打造一流营商环境。

一　着力增强政府法治保障的引领能力

紧抓粤港澳大湾区发展机遇，利用天然的区位优势、完善的产业生态，坚持依托香港、服务内地、面向世界，率先以立法形式建成适应新常态下与港澳接轨的合作交流机制，强化制度指引和预期引导，创新政府管理服务方式，逐渐减少和消除行政壁垒。联合珠三角各地政府，与港澳地区政府共同协商并牵头成立粤港澳大湾区政府联席会议，常态化组织法治领域高级研讨会和磋商会议，共同制定和完善会议机制、章程，衔接整合大湾区发展议事规则，争取统筹决策机构以及行政综合协调机构落户深圳，把深圳打造成大湾区的"资源集散地"。始终坚持以法治引领改革，依靠法治思维推动与港澳司法联动向纵深发展，加强深港在行业规则、先进技术、运输通关、金融投资等领域的修法和执法，提升跨区域案件审理和仲裁服务效能，平等保护当事人合法权益，加快形成与港澳衔接、国际接轨的公平公开、透明高效的法治环境。

二　健全有利市场环境的法规规章体系

充分用足用好特区立法权，找准立法切入点，科学编制立法规划、立法计划，以促进经济发展为共同目标，从立法层面对市场主体、全力保障、法律责任等方面进行规范。对标对表做好政策设计，通过灵活变通、创新立法与示范引领，勇于突破传统体制束缚，聚焦重大战略任务开展营商环境立法规划，积极培育竞争文化和法治观念，以构筑与国际接轨的高标准营商规则，主动抢占标准制定的制高点，着力提升对全球跨境投资者的吸引力。可视立法改革条件的时序、节奏和步骤，"成熟一

项、立法一项",滚动研提法规制度改革事项,规范执法程序和执法监督,最终形成一套符合国际惯例、行之有效、透明规范的政府规章和政策文件。

三 高标准构建对接港澳的国际仲裁新高地

在商事仲裁服务方面,加强与域外规则有效衔接,以最开放的态度吸收香港和其他地区国际仲裁的庭审模式,允许国内外当事人自由选择世界通行的仲裁规则、境内外任意仲裁员、裁决案件适用的法律语言以及形式,以此提供更为周全、更为合适的庭审模式备用选项,以期能够给予当事人最大的程序便利,极大地提高调解的成功率。在劳动仲裁服务方面,深圳应当在深化司法体制改革、构建和谐劳动关系的指引下,以"快速、权威、便民"为依托,着力打造与港澳对接、国际接轨的劳动仲裁新模式。重点借鉴港澳劳动仲裁调解优先模式的成熟经验,推行"先行调解"的"微改革",缩短或取消仲裁举证期和答辩期,发挥调解前置对仲裁案件的"减压阀"作用,并借助互联网平台对外公布劳动仲裁结果,依法快速处置劳动争议。

四 推进建立跨区域法治合作创新机制

紧抓"香港向北发展"机遇,加快推进涉外涉港澳法治协作,推动深港在破产领域的司法协助和交流。联合建设国际法律服务中心,引进香港仲裁机构、调解组织和公证机构等知名法律服务机构,与港澳建立更紧密的全方位合作关系。构建跨区域法治共建共享机制,开展分阶段、分层次立法协商,共同推进立法后评估标准、程序、成果运用精细化、精准化。探索成立大湾区司法鉴定技术研究联盟,共同开展法医、理化、痕迹检验等技术攻关,提升湾区内跨部门、跨区域、跨层次协作办案能效。根据深化改革开放需要,高标准、高规格建设前海深港国际法务区,支持鼓励港澳乃至国际端法律服务业入驻前海法务区,提升法律事务对外开放水平。参考世界银行关于营商环境评估的相关指标和规定,联动港澳聚集围绕许可实施、商事调解、知识产权保护、司法鉴定、信贷管理、投资者权益保护、个人破产、跨境执法、合同履行、法律查明等重点领域,建立国际认可的法制化营商环境评价指标体系。

五 加大法律服务产品供给

积极推进律师行业规范化建设，更好发挥专业事务所、专业律师在投融资、涉外法律服务、公司融资、民事诉讼、行政诉讼、知识产权、海事海商、公证服务等领域的积极作用。加大高层次、紧缺法律服务人才和机构引进力度，依托跨境投资、并购重组、互联网新业务等领域高素质涉外律师人才，组建一支创新能力卓越、引领作用突出的法律服务队伍，更好地服务和保障深圳高水平对外开放。建立营商环境法律服务联系单，完善常态咨询与服务机制，设置重大、疑难法律事务报告处置预案，加强各职能部门联动，为营商环境打造畅通的政策支撑与法律保障。构建律师专家集体讨论研究分析机制，为关于营商环境决策提供法律意见建议。着力提升法律服务精准度，积极开发了一批符合客户需要，涉及企业审批、投资评审、风险预防、专利保护、环境治理、劳工保护等领域的"菜单式"法律服务品种。

第二节　完善行政服务保障，有效提升政府治理效能

聚焦国家重大发展战略要求，深化行政管理服务改革，规范市场主体有序准入退出，推进建立与港澳互通互认的商事登记机制，推动政务服务环境持续优化。

一　推进与港澳互通的商事登记机制

学习借鉴国际通行规则和先进经验，稳步推进与港澳地区在市场主体登记互认领域相关规则的有效衔接，聚焦市场准入等关键环节集中发力，利用"大数据+人工智能"提高监管靶向性，大力推动与港澳信息共享互认。按照减材料、减环节要求，试点精简港澳投资商事登记资格证明材料，放宽对公证认证文书的限制。全面推广"深港澳注册易"服务，推动登记审批模式由"人工核准"转变为"智能确认"，便利港澳跨境商事登记。联动港澳推进商事登记确认制改革，规范登记审核标准，对符合法定形式的申请采取形式审查、登记确认，研究建立以主动申请、

自愿登记为依据的自主申报制。借助数字政府建设，逐步将"一表申请、一网通办、一窗通取"改革向高频审批服务事项拓展，推动涉企经营事项"港澳通办""跨境同办"，并推进港澳地区企业登记注册离岸受理、远程办理。

二 聚焦政府调控缩小负面清单

按照宽进严管的行业准营规则，有序缩减负面清单内容，尤其对先进制造业、银行金融业等重点领域，进一步规范、完善并细化限制、禁止条目，更广泛地引入领先技术和管理经验，鼓励外资参与深圳高质量发展。给予粤港澳科技创新企业更具吸引力的税收优惠及阶段性财政补贴，鼓励并激发跨国公司更为主动在深圳布局。参照国际惯例拟定"负面清单+责任清单+权力清单+准入前国民待遇"，有序放宽先进技术、金融、医疗等重点领域的准入门槛，强化事中事后监督，增强内外资准入负面清单透明度，加速推进政府向有限政府、有为政府、有责政府方向改革创新。借鉴国家市场监督管理总局给海南外资企业直接登记试点的政策做法，争取国家支持在前海自贸区特定区域特定行业试点港澳企业直接登记，允许符合条件的港澳企业从事外商投资准入负面清单以外的经营活动。

三 便利无效市场主体高效有序退出

畅通营利法人、非营利法人等市场主体退出渠道，规范明确企业清算与注销的条件、标准和具体操作程序，依法清除"失联""死亡""僵尸"企业。进一步完善破产预重整制度，规范预重整的具体实践操作，对预重整案件的审理程序标准化、类别化和具体化，推动庭外重组和庭内重整的有序衔接，为当前受疫情影响可能陷入困境但基本面并未垮塌的企业提供更好自救的路径选择。加快与港澳地区共建个人、企业破产数据联动共享机制，共建破产信息与社会信用联动机制，将在破产程序中不履行法定义务、严重妨害破产程序进行的市场主体纳入相关诚信档案。研究构建诚信修复制度，对积极纠正失信行为的市场主体赋予符合规定的融资、出具保函等资质。做好市场主体退出预警和风险防范，对在特定时段、领域、区域的企业集体集群退出市场的迹象进行警示，提高企业在陷入财务困境时的财务和经营信息透明度。[①] 加强对规模以上债务企业的负债、担保等相关信息快速准确获取和依法共享,防范市场主体过度负债风险,建立企业劳资纠纷监控机制,健全国有资产责任追究体系,以防止出现系统性或区域性风险。

四 强化科技赋能健全数字化政务服务

聚焦工程建设审批改革、商事登记等方面,大力推进数字化核验,力争大幅度提高审批效率,积极发挥数据价值为政务服务加码。依法依规推进行政服务技术应用、流程优化,梳理和再造政务服务流程,借助区块链、大数据等新技术推动服务事项线上集成化办理,实现可追溯、可实时查看的在线申请、受理和审批。进一步深化政务服务"一网通办",完善主干服务网络,丰富拓展政务大厅5G场景应用,对现有网络政务、司法、行政以及其他社会公共服务系统资源进行集约建设、互联互通、协同联动,做到网络数据、线下政务标准的统一、公开,逐步实现涉企事项集成化、场景化服务。促进信息技术与政务服务深度融合,加快推进共性应用、共性平台建设,加强深港澳信息数据交换、开放共享,促使高频政务服务事项深港澳通办。

五 推进政府行政职能和方式的转变

规范行政审批行为,积极创新行政审批方式,大力推行备案制和核准制,建立政策精准直达的企业服务机制,优化在线多语种版政府门户网站建设。落实行政审批服务全公开制度,推进审批事项办理流程的重点关键公开透明,全面提升政府履职效能。借鉴港澳经济社会和市场治理经验,结合特区的创新职责,针对招商引资环节、运营管理、社会管理关键环节,在政策方面进行大胆创新。以更大力度转变政府职能,加强改革系统集成,力争取得更多可复制可推广的制度创新成果。创新行政管理体制,建设社会服务承诺制。树立"亲商亲民"理念,建立亲清政商关系,加快审批流程化、标准化、透明化、便利化建设,打造"网上政府",增强一站式服务功能,提升政务窗

[①] 李剑:《我国中小企业融资困境及对策分析》,《现代经济信息》2016 年第 5 期。

口服务效率。

第三节 强化制度保障，构建统一开放的现代市场竞争体系

破除妨碍市场资源配置的不合理限制，消除条块分割造成的市场碎片化，从而减少行业保护、地方保护和行政垄断行为，以大格局、大气魄创造公平竞争的制度环境。

一 健全公平竞争相关制度规则

充分发挥深圳经济特区立法权，借鉴欧盟和美国等主要发达国家的先进经验，督促修订完善公平竞争审查实施细则。出台更加细致全面操作性强的指南和规章，指南除了要回应竞争政策的模糊性问题外，还承担着统一执法规则，协调、整合相关执法机关执法政策的职能。[①] 从政府规划治理、法治保障、促进市场公平层面开展竞争政策创新合作，沟通弥合竞争法律的差异，加速与全球竞争的国际规则和法律的对接和融合。加强与"一带一路"沿线国家和地区竞争规则交流对接，建立企业境外反垄断应对机制，提升全社会公平竞争合规意识，保护企业"走出去"中的合法权益，及时向境外企业解读传达深圳反垄断、反不正当竞争发展中规则的更新变化。健全多层次审查衔接闭环，严格把控审查对象和标准，按照必要程序对拟出台文件进行审查，防范出台具有排除限制公平竞争的政策法规。研究设立公平竞争审查专项资金，对照公平竞争审查标准，通过政府购买服务形式引入第三方专业审查保障机构，促进实质性自我审查。

二 构建新型经济发展政策环境

始终坚持建制度、强监管、保安全，创新对新产业新业态的监管标准和模式，从源头上把控政策方向，有针对性地调整完善人工智能、医疗健康、数字经济等创新领域相关政策。探索建立竞争政策代替选择性

---

① 王炳：《我国反垄断指南的尴尬法律地位与救赎方法》，《政法论丛》2018年第6期。

产业政策，鼓励产业政策向功能性、竞争性转型，深入研究落实产业政策的评估制度，提升生产要素市场化配置效率。① 审慎规制新经济、新业态中出现的"平台自我优待"等涉嫌违反反垄断法的新型商业模式，根据不同行业的发展途径、执法原则与具体案例的专业性、技术性相结合，分析市场具体走向，研究应对措施与配套细则。在数字经济的关键核心零部件、关键系统等领域重点实施公平竞争审查制度，探索灵活的监管策略，在确保新产业、新模式市场交易主体的合法资格资质的同时，适时调整人工智能、大数据等数字经济行业市场准入政策。

三 强化反垄断和反不正当竞争

突出反垄断法律与反不正当竞争司法在行业管理中的指导作用，审慎平衡各方合法权益，服务保护市场的健康发展。妥善处理好有关技术创新与公平竞争秩序保障、竞争者权益保障和消费者权益保障方面的法律问题，依法制止垄断交易、商业诋毁、失实广告、违规有奖销售等损害市场公平竞争的行为，预防制止市场生产经营者运用技术方法所进行的损害公平、破坏社会秩序等活动，切实保障消费者的正当权益和社会公共利益最大化。强化商业秘密保护意识，正确把握有关商业秘密的事实确认标准和举证责任分配规则，研究有利于事实查明的举证责任转移准则，依法降低权益人举例证据负担，着力破解商业秘密维权难困境，激发市场主体创新活力。

四 切实提升竞争执法改革效能

开展竞争执法先行试点，积极探索反垄断执法的合作新空间，强化粤港澳执法司法部门间的多元协同机制，向公众实时公开竞争执法机构的职责、当前开展的工作以及典型案例，营造更加公平、公正、公开的政务环境，实现行政执法与港澳接轨。积极参与反垄断国际合作规则的讨论，强化部门协作和跨区域联合执法，依托综合竞争政策执法论坛、实地调研、舆情跟踪等途径，探索加入国际竞争执法程序合作框架。共

---

① 邱兆林：《中国制造业转型升级中产业政策的绩效研究》，博士学位论文，山东大学，2016年。

商促进执法合作机制,密切与粤港澳大湾区及国际竞争执法机构的日常交流合作,对反垄断执法中面临的共性问题进行交流研讨,推动执法信息互联互通共享。增强执法机构维护公平竞争的意识,采取客观公正的态度来评估自身发挥的作用和执法措施的效果,从而形成一种文化和惯例。①

五 建立营商环境督察制度

为了避免优化营商环境成为运动型治理,建议深圳通过长效的监察机制推动营商环境建设常态化、制度化。建议成立营商环境督察工作领导小组,下设办公室作为常设机构。领导小组组长由深圳市政府主要负责人担任,成员由深圳市政府各部门的主要负责人担任。办公室负责监督、检查深圳各职能部门落实国家、省有关优化营商环境的法律法规和政策的情况。营商环境督查的方式,包括定期与不定期巡查、综合与专项督察、联合与重点督察等方式。发现与优化营商环境相悖的行为,可以向相关职能部门作出意见书,督促纠正、整改。有违法违规问题的,应及时移交纪检部门和监察机关。同时还应注意合理安排随机抽查的比例和频次,避免影响各部门业务工作和市场主体的经营活动。深圳营商环境不仅要对标国际最优,而且要不断提升,建议深圳每年通过权威的第三方机构按照国家的营商环境指标体系对深圳的营商环境进行评价,在知己知彼的基础上,不断优化营商环境。

第四节 构筑知识产权全链条保障,营造新时代尊重创新的良好氛围

要充分发挥知识产权在产业创新生态上的内核竞争效能,对接港澳及国际标准,构筑实施深圳特色的知识产权战略,健全纠纷调解、协同保护衔接机制,打造知识产权强市建设高地。

---

① 威廉姆·科瓦契奇:《欧盟和美国的竞争政策及对中国的启示》,《中国工商管理研究》2014年第11期。

一 建设与国际接轨的知识产权法律体系

借鉴、吸收世界先进管理制度,探索预防、监督、保护、惩治一体化保护模式,定期组织政府部门与专业机构之间开展知识产权办案研讨会,积累和总结办案及实践经验,做好知识产权的预先布局,提高整体办案及实践水平。着力完善现有仲裁制度,与国际知名仲裁机构进行合作交流,引进国际仲裁经验丰富的仲裁员,推动达成相互承认和执行相关协议等共识性措施,妥善解决知识产权国际争端,提高商事纠纷的解决效率和国际认可度。积极参与多边协议框架下国际知识产权规则制定,集中专业力量研讨与国际接轨的临时性仲裁制度,增加"网络仲裁"渠道并宣传推广新型仲裁纠纷解决方式,使深圳在国际竞争合作中取得新优势。

二 构建知识产权"大保护"工作体系格局

全面提升知识产权服务水平,确立新业态知识产权保护规则,以更高标准、在更高起点上培育一批规范化、专业化、国际化并具有影响力的知识产权代理机构。[①] 探索与港澳地区建立知识产权联合惩戒机制,协同明确失信行为认定依据、标准、程序,共享严重违法失信惩戒清单,联合依法依规、动态管理惩戒对象名单,更大范围、更大力度公开执法办案信息。合力促进构建粤港澳商标权跨区域协作保护机制,推进知识产权品牌服务机构跨境、跨区域服务,有效拓展当前复杂环境下的知识产权纠纷维权途径,为企业"走出去""引进来"保驾护航。加大治理协同和信息共享能力建设,增强企业间的技术和知识产权交流,建设知识产权保护社会治理网,利用行业协会内外信息收集、整合优势,为成员企业提供可靠的知识产权保护数据信息服务,适时组织集体维权,凝聚多方力量拓宽维权渠道。

---

① 马斌等:《知识产权服务机构品牌化发展的思考》,《2014年中华全国专利代理人协会年会第五届知识产权论坛论文集》(第四部分)2014年,第130—136页。

三 健全国际知识产权沟通机制

持续深化知识产权对外国际交流与磋商，构建多边、双边的合作和沟通机制，拓展区域知识产权在重要领域、关键环节影响力，积极吸纳全球知识产权领域优秀资源落户深圳。完善在"一带一路"等新兴领域、高智能化技术市场的市场专利布局，深入参与双边、多边经贸协作和国际知识产权议题协商，为国际合作搭建更为顺畅便利的桥梁。积极推动与国外监管组织建立监管协作制度，健全协作与信息获取制度，建立国外专利信息互动交换机制与信息资源共享平台，与大湾区城市携手搭建知识产权大数据系统，形成各渠道有机连接、优势互补的运行机制。加强境外专利维权援助，以强有力的措施增强对中外企业的同等保护。借助国际重要会议、国际展会或官方网站及时向企业、新闻媒体和社会公众宣传深圳知识产权保护重大事项和进展，实现知识产权信息数据输出，强化国际经贸合作交流的对话基础。

四 加强企业涉外知识产权保护

搭建涉外知识产权保护与深港澳三地维权援助工作机制，探索设立大湾区涉外知识产权快速维权中心，创建知识产权涉外维权基金，用于向湾区内科技企业提供便捷、专业的知识产权信息咨询与法律保护服务。建立大湾区系统化、网络化、智慧化的涉外知识产权维权与援助高速通道，联合港澳全面开展维权援助、仲裁协调、司法保护等知识产权快速协同保护。[①] 组织开展对海外企业的知识产权保护现状调查，建立健全海外风险分析与诊断服务机制，强化国际前沿动态的跟踪研判，给予高新技术企业知识培训、资金支持、信息支撑等更大的事前援助。健全重大涉外纠纷信息通报应急机制，推进重点产业专利导航计划，联合港澳构建国际知识产权风险防控与预警体系，及时掌握知识产权法律政策修改变化，做好规则变化的应对准备。

---

① 王宇红等：《陕西自贸区知识产权纠纷多元解决机制研究》，《陕西行政学院学报》2019年第1期。

五　建立国际化的知识产权交易平台

知识产权交易中心需要避免过低水平重复建设，要积极利用资本运作，以提升贸易规模和能级。知识产权交易中心不仅要发挥撮合交易的基本功能，同时还要充分发挥科技创新的供需引导作用，通过综合运用不同交易模式，将智力供给与创新需求有效衔接起来。综合国内外知识产权交易平台建设成功经验，深圳的知识产权交易平台可根据"线上线下、网内网外"统一的模式进行探索建设。建设的核心内容包括"一网、六库、一中心"。"一网"指知识产权交易线上运营官网，"六库"指包括知识产权库、创新需求库、人才库、服务机构库、政策库和基金库；"一中心"指线下知识产权运营服务中心。其中，"一网"主要进行知识产权交易、价值评估、质押融资、托管等线上一站式、全领域、全流程服务。"六库"主要保障平台线上线下系统的建设运营，帮助扶持一批企业将优质专利技术产业化。"一中心"将进行线下知识产权运营全流程服务，包括咨询、决策、分析、备案、跟踪、售后等。

第五节　推动要素流动保障，构建粤港澳大湾区统一大市场

习近平总书记指出，"……深圳等特大城市要率先加大营商环境改革力度"[1]，深圳依托综合改革试点重大平台，深化与港澳在资金、人才、标准等领域规则衔接，破除产业要素流动不畅的桎梏，做强做深做优大湾区"深港一极"。

一　消除跨区域资金流动的障碍

主动适应改革发展需要，立足深港产业所需，充分利用港澳金融服务优势，加强国际绿色金融交流合作，构建多层次、多元化、国际化科

---

[1] 本书编写组：《当好改革开放的排头兵：习近平上海足迹》，上海人民出版社2022年版，第154页。

技+金融生态圈。推进跨境资金自由流动,推动跨境金融债券、公司债券等征信、基金产品互认,持续加强深交所对创新型高新技术企业发行上市、再融资、信息披露、并购重组等重点领域改革,让港澳更多科技企业可在大湾区一级市场上市获得融资。深入推进分类监管、精准监管,探索跨境金融创新监管沙盒试点,构建金融市场共监共管和解机制,审慎管理资金池跨境资金流动,形成"有进有出、优胜劣汰"的金融生态。健全跨境金融联动协调机制,明确港澳人士以境外资产创办科技企业和科研机构的外汇资本金进出管理规则以及以个人借贷方式筹措创办企业的资金退出规则。在大湾区范围内,对港澳独资高新技术企业开通小额资金快速通道,放宽高新技术企业向境外成员企业调出资金的期限。在科研跨境资金监管等方面先行先试,优化深港科研资金跨境使用规定,试点实施深港科研管理机制衔接,简化港澳高校及科研院所在深圳的经费报销手续。

二 推进与港澳接轨的税收政策

结合产业发展需要、区位优势和资源配置要求,率先探索突破深圳与港澳税制衔接障碍,学习借鉴香港"简税制、低税率"的税收政策,从企业所得税、增值税、印花税等方面针对性地为港澳企业量身定制税收服务。在企业所得税差异方面,港澳在内地投资的企业、常设机构,如无法适用内地企业所得税优惠税率,建议即以香港利得税16.5%的计算基准,当内地实际缴纳的税款超过香港利得税通用税款时,则以税费返还、财政贴息等形式退还给相关企业。在增值税差异方面,由于港澳为自由港,不存在增值税制度,有必要对知识产权交易、金融交易或技术先进型服务等符合创新鼓励方面的交易行为采用增值税即征即退政策。在印花税差异方面,内地的印花税制度在税负上轻于港澳,非本地公司在港澳地区购置写字楼、房屋时需要缴纳15%的"买家印花税","快、准、狠"的市场机制有效为港澳楼市降温,港澳"印花税"模式虽然难于简单复制,但对内地不动产调控有着积极的示范与借鉴作用。[①]

---

① 闫珍:《问题导向型房地产市场干预机制研究》,硕士学位论文,郑州大学,2017年。

三 提升跨境贸易便利化自由化

发挥深圳作为口岸城市独有优势,依托深港陆路口岸及周边空间资源,系统性提升口岸营商环境的全链条,实现深港联动发展、集约发展和错位发展。① 创新货物通关查验协同模式,搭建"企业—协调员—口岸"畅达快捷渠道,推进跨部门一次性联动式查验,探索推进多式联运信息共享、监管结果互认。总结"跨境一锁"经验,结合世行评估指标,升级改造查验场地和卡口的相关软硬件设备。压缩通关时间,优先处理中欧班列货物通关、查验手续,全面实施以"进口直通""出口直放"为核心的检验检疫通关一体化。根据世界海关组织数据模型,统一三地海关进出口需要的资料格式、编码规则、数据模型。对标国际最高水平,持续推广"湾区组合港"通关运作模式,简化口岸环节申报手续,实施监管作业"前推后移",实现湾区货物高效便捷流动。高水平规划建设深港口岸经济带,打造畅通便捷的深港跨界通道,以重点突破带动整体推进,加快与香港北部都会区紧密对接、高度融合。

四 促进深港澳人才资源深度融合

优化国际人才管理服务,放宽外籍人才执业准入条件,稳慎推进向港澳专业人员开放建筑、医疗、服务等不同领域、不同职业、不同层次的资格互认,以单边认可带动双向互认。试点与国际接轨的专业技术人才职称评审,按照"重点突破、分步推进"原则,积极开展港澳优势产业领域职称评审。提高港澳专业人士在深执业便利度,放宽港澳专业人士在前海执业资格条件,扩大港澳专业资质互认范围以及相应职称的工作年限要求,将申报人在港澳或国外的相关工作经历和所取得的业绩成果和学术成果予以承认,推动深港澳人才资源深度融合的体制机制创新。此外,主动对接"香港所需",探索推进深圳与香港社保制度在年限方面的互认互通,持续扩大在深就业或居住的港澳居民和外籍居民参保规模,依托"互联网+政务服务"资源搭建公共服务、创新创业服务等一站式

---

① 张春雨:《京津冀协同发展背景下津冀港口群同质化问题研究》,硕士学位论文,新疆农业大学,2017年。

的人才服务平台，加强与港澳在人才引进、社会民生等领域信息互通、对接合作。

五　构建与国际相衔接的标准体系

以实施"标准+"战略为着力点，利用产业化优势和港澳国际化优势，为创新地方标准的制定、实施和监督机制提供法制保障。坚持标准先行，加强标准宣贯、解读和培训以及专业合格认证指导服务，推动跨国企业在全球价值链布局中形成国际标准意识。以最大程度降低乃至消除安全标准、技术法规差异为原则，大力引导和培育企业在太赫兹、基因检测、无人机等新兴领域开展研发与标准化同步建设，聚焦重点贸易领域协同开展国际标准和大湾区标准研制与比对。建立与境外经济体标准领域多双边合作机制，积极参与国际标准化组织事务，推进与重要贸易伙伴国、区域标准化机构在核心产业和关键产品供应链技术标准的双边互认建设。以开放和国际接轨为原则，推动与"一带一路"沿线经济体合格评定主管部门合作，消除技术性贸易壁垒，推进与"一带一路"沿途各国技术标准体系的有效衔接，尽早实现检测校准报告的互认。加强国际规范的相互协调，逐步理顺并厘清国内商品出口所必需的国际规范与认证，推进形成与世界接轨的国际技术标准框架，进一步增强深圳技术标准体系与国际一致性。

第六节　厚植文化"软"实力，树立开放文明的对外国际形象

城市文化是营商环境软实力的重要体现，要用文化的力量提高发展融合共生效率，突破高位瓶颈，发挥舆论的"助推器"功能，提升城市社会文明程度和新时代城市文化形象。

一　着力构建亲清新型政商关系

立足新发展阶段的新环境和新任务，营造政府"亲商"的人文环境，在人文理念、制度改革、管理方式等方面开展创新实践，坚决破除权钱

交易的关系网，着力构建"亲"而有度、"清"而有为的新型政商关系。① 规范政府权力边界与市场行为边界，把握好公私标尺，厘清政商"可为"与"不可为"交往清单，借助机制完善、体系优化，创新探索"有效市场"与"有为政府"更好有机融合。探索建立行贿人"黑名单"制度，将法律底线与市场经济有机结合，明晰政商交往的态度和尺度，进一步压缩和堵塞权力寻租空间，建立常态化政商关系的制度红线。牢固树立底线思维和法治意识，以法治为指引形成高效化、透明化的政商关系，培育现代化政商交往的行业规范，构建动态化政商交往行为准则，将诚信、守法的经营理念有效融入企业文化，推动政府与市场协同共促、互帮互助。

二 积极打造国际文化交往中心

增强与国际组织、国际友好城市、创意城市网络、世界文化名城等城市之间的文化交流合作，扩大"深圳国际文化周"活动覆盖面。② 借助"21世纪海上丝绸之路"重要通道的地缘优势，依托华侨华人文化交流合作平台，持续与国际友好城区、"一带一路"沿线重点国家和地区在展览互换、学术研究和人才培养等领域开展深层次、多方位的文化交流互动，寻找跨领域文化发展新的增长点。与东盟国家基础设施的互联互通以及海港、空港、信息港三港联动，衔接当地文化信息生态与全球文化信息渠道，大力输出文化产品，将"深圳品牌""深圳设计"向"一带一路"沿线国家推广，让世界优秀文化资源、文化创意、文化人才在深圳充分激荡、交流、融合、荟萃。重点推进与联合国教科文组织、北欧文化交流中心、RCEP区域经济合作伙伴等创意城市网络互融互鉴，建立更为完善、更为流畅的互联互通机制，实现跨区域、跨时空、跨文明的文化交流互鉴。

三 全力打响"湾区深圳"城市品牌

以工匠精神深度发掘文化"灵魂"，在制造业的技术研发、工艺设计

---

① 杨卫敏：《简析新型政商关系的层次构建及保障——以浙江省的实践探索为例》，《广西社会主义学院学报》2018年第4期。
② 李小甘：《坚定文化自信，推动深圳文化繁荣兴盛》，《深圳社会科学》2018年第1期。

等价值链和产业链高端环节充分融入文化创新元素,实现文化资源的产品化、品牌化。推进深圳设计与国际水准接轨,努力创设面向世界的国际创意大奖,办好国际工业设计大展、国际空间设计大奖等国际知名活动,培育打造一批影响全国、辐射全球的设计品牌。探索引入国际一流的文化产业品牌运营商,基于文化创新对文化产品等进行资源统筹,最大化程度上发挥"文博会""体博会"和"旅博会"品牌的"光环"效应,精心打造国际文化贸易展示交易平台。[1] 高度重视文化的传播渠道建设和创新,通过和艺术节的合作、委约等多种形式,积极引进有氛围、有品质、有内涵的国际性、高价值文化活动,将深圳文化打造成为对外文化展示窗口。

四　强化跨区域文化领域协作

发挥深圳前海体制机制优势,加强与广州南沙、珠海横琴等其他地区的协作,探索文化产品进出口信息共享、跨区域的文化产品展示合作。推动制定跨区域合作方案,拓展文化产权合作与跨境交易渠道,促进不同文化部门之间与文化企业之间的交流和合作,致力打造全球文化商品交流和交易中心。强化与港澳文化领域的协作,以文化创新协同机制建设为核心,在贸易协定基础上深化推进文化贸易的新条款,或者共同打造创意产业共建园、联合举办展会、促进文化贸易资源共建共享等,加快提升文化贸易竞争力。协同港澳挖掘和培育在传统文化方面的独特优势,开辟对外文化贸易新领域,搭建湾区国际文化创新交流与合作平台,在音乐产业、时尚产业等领域加强产业合作和资源对接,提高文化产业竞争软实力。

五　提升城市气质的国际化涵养

牢牢把握核心价值取向,充分利用中央赋予的经济特区立法权,在引领特区发展的实践过程中培育全球眼光和战略意识,加快衔接引入国际文化行业通用规则,增强文化要素资源集聚配置功能,推动人文底蕴

---

[1] 李凤亮:《深圳前海自贸区文化创新定位与路径》,《深圳大学学报》(人文社会科学版) 2016年第1期。

与"双循环"战略相辅相生、互促并进、同频共振。联动港澳将文化产品服务与国际标准对接，推进跨行政区域文化资源整合利用，推动文化服务更加快捷化、品质化、全球化。深入参与全球化进程，以管理体制机制改革为突破口，对接国际高标准市场规则和营商环境评价体系，构建与国际接轨的开放型文化新体制，统筹利用境内外国际性重大平台和媒体资源，建立多渠道、跨地区、跨行业的信息传播网络。借助东盟、南亚、东非等经济板块对外合作交流平台，在海外布局建设营销网络和物流基地，以点连线，以线带面，深化拓宽对外文化贸易投资网络和渠道，增进跨区域国际文化间的互学互鉴与交往联动，讲好中国故事、深圳故事。

参考文献

习近平：《论把握新发展阶段、贯彻新发展理念、构建新发展格局》，中央文献出版社 2021 年版。

《习近平在看望参加政协会议的经济界委员时强调：坚持用全面辩证长远眼光分析经济形势努力在危机中育新机于变局中开新局》，《人民日报》2020 年 5 月 24 日。

习近平：《中央全面深化改革委员会第十五次会议》，2020 年 9 月，中国政府网（https://www.gov.cn/xinwen/2015 - 08/18/content_2915043.htm）。

本刊编辑部：《科技创新引领发展：从敢闯敢试到先行先试的深圳实践》，《住宅与房地产》2020 年第 23 期。

博鳌亚洲论坛：《新冠肺炎疫情是冷战结束以来最严重的突发性全球危机》，《21 世纪经济报道》2020 年 6 月 2 日。

曹静等：《推进国际消费中心城市建设的瓶颈与经验借鉴》，《区域经济评论》2022 年第 2 期。

曹湛、彭震伟：《全球城市与全球城市—区域"属性与网络"的关联性——以上海和长三角为例》，《经济地理》2017 年第 5 期。

常燕军：《西方国家智慧城市建设实践及对上海的启示》，《秘书》2019 年第 2 期。

陈劲等：《科技创新与经济高质量发展：作用机理与路径重构》，《广西财经学院学报》2020 年第 3 期。

陈琼琼、马近远：《区域创新体系中的深圳高等教育发展——基于三螺旋模式的分析》，《特区实践与理论》2022 年第 1 期。

陈思敏:《循环经济理念指导下的空间实践策略——荷兰实践经验的启示借鉴》,《面向高质量发展的空间治理——2021中国城市规划年会论文集（07城市设计）》,2021年。

丁一凡:《新冠肺炎疫情下的世界经济形势与中国新发展格局》,《当代世界》2020年第11期。

董芳芳、刘洪伟、姚晓真:《深圳对一带一路沿线贸易创新高》,《深圳商报》2022年1月26日第1版。

冯树勋、汪芸辉、侯琳琳:《深圳市科技创新政策效果评价研究》,《全球科技经济瞭望》2021年第6期。

付永华、李亚珂、张文欣等:《"十四五"期间河南省欠发达地区科技创新面临形势与发展路径》,《乡村科技》2021年第21期。

傅克诚等:《日本首都圈产业协同研究》,《全球城市研究》2020年第1期。

干靓等:《全球一线特大城市韧性战略规划的共性特征及启示》,《住宅科技》2021年第4期。

顾伟男、申玉铭:《我国中心城市科技创新能力的演变及提升路径》,《经济地理》2018年第2期。

桂钦昌等:《全球城市知识流动网络的结构特征与影响因素》,《地理研究》2021年第5期。

《国家发展和改革委员会秘书长赵辰昕介绍深圳综合改革试点实施一周年主要进展成效情况并答记者问》,《中国产经》2021年第21期。

国务院发展研究中心"建设国际消费中心城市的政策研究"课题组:《新阶段我国加快国际消费中心城市建设的政策研究》,《中国经济报告》2021年第5期。

韩羽:《高举新时代改革开放旗帜建设中国特色社会主义先行示范区中共中央办公厅、国务院办公厅印发〈深圳建设中国特色社会主义先行示范区综合改革试点实施方案（2020—2025年)〉》,《中国科技产业》2020年第12期。

侯赟慧、刘志彪、岳中刚:《长三角区域经济一体化进程的社会网络分析》,《中国软科学》2009年第12期。

胡金生、江耀:《深圳市推进科技创新的新做法新趋势与启示借鉴》,《政策瞭望》2021年第9期。

胡茜：《西部地区科技型中小企业发展路径研究》，《贵州社会科学》2010年第7期。

贾善铭：《探索以经济腹地共享为基础的深港合作新模式》，《开放导报》2022年第3期。

江晓珍：《科技创新引领福建民营企业高质量发展路径研究》，《中阿科技论坛》（中英文）2022年第2期。

姜炎鹏、陈囿桦、马仁锋：《全球城市的研究脉络、理论论争与前沿领域》，《人文地理》2021年第5期。

李成威、景婉博、金殿臣：《疫情背景下美德英法日财政政策及外溢效应分析》，《财政科学》2020年第11期。

李丹、赵春哲、蔡芷菁：《深港科技创新合作区生物科技合作对策研究》，《经济研究导刊》2021年第29期。

李海棠：《全球城市环境经济政策与法规的国际比较及启示》，《浙江海洋大学学报》（人文科学版）2019年第5期。

李瑾、车莉昵：《世界各国循环经济发展经验对中国的启示》，《中国轮胎资源综合利用》2021年第4期。

李南玲、彭勇：《4个90%深圳自主创新渐成气候》，《中国经济信息》2006年第19期。

李兆友、刘冠男：《科技政策对国家高新区创新驱动发展的影响路径——一个定性比较分析》，《科技进步与对策》2020年第6期。

连维良：《加快构建新发展格局把握未来发展主动权》，《中国经贸导刊》2022年第8期。

梁娜、曾燕：《推进数据密集科学发现提升科技创新能力：新模式、新方法、新挑战——〈第四范式：数据密集型科学发现〉译著出版》，《中国科学院院刊》2013年第1期。

林坦、杨超、李蕾等：《丝路城市网络与上海提升全球城市能级》，《科学发展》2019年第6期。

刘铭秋：《全球城市：空间转型与历史记忆》，《理论与改革》2019年第1期。

陆丽萍、樊星、邱鸣华：《国际经贸格局调整和产业链重构对上海发展的影响及深化开放的思路》，《科学发展》2022 年第 5 期。

毛文学、陈文建、金正春等：《科技创新发展战略方法路径的探索与实践——来自义乌市工业企业的调查研究报告》，《中国集体经济》2010 年第 31 期。

孟庆时、余江、陈凤：《深度数字化条件下的突破性创新机遇与挑战》，《科学学研究》2022 年第 7 期。

孟兆敏：《社区常态化疫情防控机制研究》，《西北人口》2021 年第 2 期。

莫大喜：《纽约建设创新引领型全球城市的经验及启示》，《特区实践与理论》2019 年第 1 期。

欧阳慧、李沛霖：《东京都市圈生活功能建设经验及对中国的启示》，《区域经济评论》2020 年第 3 期。

潘文卿：《中国区域经济发展：基于空间溢出效应的分析》，《世界经济》2015 年第 7 期。

潘文卿、李子奈：《中国沿海与内陆间经济影响的反馈与溢出效应》，《经济研究》2007 年第 5 期。

曲青山：《从未来维度认识把握"两个确立"》，《中国纪检监察报》2022 年 7 月 7 日。

《深圳市第七次党代会报告全文发布》，《深圳特区报》2021 年 5 月 6 日。

深圳特区报评论员：《深圳进入"双区"驱动"双区"叠加黄金发展期》，《深圳特区报》2021 年 4 月 28 日。

深圳特区报评论员：《"双区"叠加，加出深圳远大前程》，《深圳特区报》2021 年 5 月 8 日第 1 版。

沈骑、陆珏璇：《全球城市外语能力指标体系构建》，《新疆师范大学学报》（哲学社会科学版）2022 年第 2 期。

盛立强：《苏州应对中美经贸摩擦的外向型科技企业创新发展路径研究》，《全国流通经济》2021 年第 31 期。

孙嘉泽、李慧娟、杨军：《新冠肺炎疫情对全球宏观经济和价值链结构的影响》，《财经问题研究》2022 年第 1 期。

谭刚：《深圳需要建设成为全球韧性城市发展范例》，《开放导报》2020 年第 4 期。

汤伟：《模仿和超越：对发展中国家"全球城市"形成路径的反思》，

《南京社会科学》2021年第2期。

唐承辉、张衔春：《全球城市区域合作网络结构演变——以粤港澳大湾区为例》，《经济地理》2022年第2期。

田野、曹达华、刘成城等：《深圳科技企业孵化器发展情况及优化建议》，《科技创新发展战略研究》2022年第2期。

《同比增长超30%！深圳去年设立外资企业近6000家》，《羊城晚报》2022年2月9日。

王操等：《上海打造卓越全球城市的路径分析——基于国际智慧城市经验的借鉴》，《城市观察》2017年第4期。

王灏晨：《国外数字经济发展及对中国的启示》，《财经界》2018年第6期。

王巾：《基于创新效率视角的中小企业科技创新路径研究——以浙江省为例》，《改革与战略》2014年第6期。

王丽英：《小城市科技创新瓶颈和路径分析——以山西省阳泉市为例》，《科技资讯》2021年第27期。

王晓阳等：《全球城市研究的批判与反思——兼论上海的城市规划策略》，《国际城市规划》2021年第6期。

王玉珠：《"双循环"视角下科技创新发展的内在逻辑与路径选择》，《山东师范大学学报》（社会科学版）2021年第2期。

项莹、赵静：《中国省际高技术产业非竞争型投入产出表编制及应用研究》，《数量经济技术经济研究》2020年第1期。

肖娥芳：《重大公共卫生事件期间居民心理及影响因素调查分析》，《统计与管理》2020年第10期。

肖佳、汪叶、贾清萍：《中部地区科技创新能力发展比较与优化路径研究》，《科技广场》2021年第3期。

行伟波、李善同：《引力模型、边界效应与中国区域间贸易：基于投入产出数据的实证分析》，《国际贸易问题》2010年第10期。

徐现祥、李郇：《中国省际贸易模式：基于铁路货运的研究》，《世界经济》2012年第9期。

许爱萍：《创新型城市发展模式及路径研究》，博士学位论文，河北工业大学，2013年。

杨祖增：《主动构筑国内国际"双循环"新发展格局》，《浙江经济》2020年第7期。

杨翰方、李一繁、王祎帆：《基于即时预测方法的中间投入估算》，《统计研究》2022年第6期。

杨文娟、袁鹤馨：《深圳科技计划对高校科研项目资助现状分析与思考》，《科研管理》2020年第1期。

杨筱、钱可敦：《突发公共卫生事件下塑造韧性城市的规划思考——以新冠肺炎疫情为例》，《建筑与文化》2021年第7期。

杨中楷等：《构建科技创新"双循环"新发展格局选择》，《中国科学院院刊》2021年第5期。

易永胜：《全球标杆城市创新力研究——以深圳为例》，《特区实践与理论》2020年第6期。

尹学朋、陈思琪：《从区隔到协同：后疫情时代下城市"双重社区"的韧性治理》，《山东行政学院学报》2022年第1期。

于蓉：《城市应急管理新趋势：从"智慧城市"到"大数据+网格化管理"》，《中国应急管理科学》2021年第8期。

袁燕军、孙文静：《区县科技创新的内涵、特征及路径选择——基于北京市石景山区的实证研究》，《科学管理研究》2018年第6期。

臧诗瑶等：《国外数字经济发展对我国的启示》，《黑龙江金融》2021年第11期。

曾文英、康思琦、李斌宁等：《"互联网+"科技创新创业企业发展路径研究》，《中小企业管理与科技》（中旬刊）2021年第10期。

张敏、范金、周应恒：《省域内多地区投入产出表的编制和更新：江苏案例》，《统计研究》2008年第7期。

张琦英：《科技型中小企业创新能力提升的驱动因素与路径研究》，《科技和产业》2020年第7期。

张荣刚：《论产业集群发展的金融服务支持》，《西安金融》2005年第10期。

张骁虎：《全球城市发展与中国的战略选择》，《国际观察》2020年第4期。

张协奎等：《国内外智慧城市群研究与建设评述》，《工业技术经济》2016年第8期。

张尧等：《智慧城市建设的经验比较及实现路径分析》，《商业经济研究》2017年第13期。

张懿玮等：《从服务型城市到全球城市的逻辑机理和实现路径》，《北京社会科学》2021年第7期。

张治河、焦贝贝、李怡等：《科技资源匮乏地区创新驱动发展路径研究》，《科研管理》2018年第2期。

张智胜、陶俊、陆俊卿、吴国增：《粤港澳大湾区空气质量改善面临的挑战及国外湾区经验启示》，《环境保护》2019年第23期。

赵成伟：《科技创新支撑引领"双循环"新发展格局的路径选择》，《科技中国》2021年第7期。

赵琳等：《山东中小科技企业创新驱动发展路径研究》，《当代经济》2014年第19期。

赵霄伟等：《顶级"全球城市"构建现代产业体系的国际经验及启示》，《经济学家》2021年第2期。

甄新瑜、杨文越：《世界级步行适宜城市的规划与建设经验借鉴》，《上海城市规划》2021年第4期。

郑宇等：《公园城市视角下伦敦城市绿地建设实践》，《国际城市规划》2021年第6期。

钟荣丙：《科技创新引领高质量发展：逻辑、进路与基点》，《创新》2019年第2期。

周振华：《全球城市的理论涵义及实践性》，《上海经济研究》2020年第4期。

朱桂林：《国外循环经济法律制度对我国的启示》，《山东农业工程学院学报》2020年第2期。

朱俊柳、凌世德：《多要素影响下城市立体化防疫体系构建研究——以新冠肺炎疫情为例》，《中国房地产》2020年第21期。

朱莉、袁丹：《深圳国际人才引进障碍及对策研究》，《特区经济》2020年第1期。

朱榆、尹艳红、许培海、努兰别克·哈森别克、贾小婷、吴伟、董泽宇、朱庆：《国外主要发达国家公共卫生应急管理培训经验借鉴》，《中国医药导报》2021年第9期。

《IMF 再次下调今明两年世界经济增长预期》，2022 年 7 月 26 日，新华网（http://m.xinhuanet.com/2022-07/26/c_1128865869.htm）。

《近五年我国数字经济发展动能加速释放》，2022 年 7 月 5 日，新华网（https://baijiahao.baidu.com/s?id=1737514522462447757&wfr=spider&for=pc）。

连龙飞：《纽约机场群国际枢纽建设对北京双机场运营的启示》，2017 年，民航资源网（http://news.carnoc.com/list/417/417786.html）。

《深圳数字经济风头正盛 2021 年核心产业增加值突破 9000 亿元》，2022 年 6 月 13 日，深圳新闻网（http://www.sznews.com/news/content/mb/2022-06/13/content_25186349.htm）。

钟飞腾：《把发展置于国际议程中心位置》，2022 年 12 月 17 日，https://cssn.cn/gjgc/gjgc_gcld/202207/t20220728_5424221.shtml。

Quanrun C., Yuning G., Jiansuo P, et al., "China's Domestic Production Networks" *China Economic Review*, 2022.

Chenery H., "The Structure and Growth of the Italian Economy" *Rome*: U. S. Mutual Security Agency, 1953.

Miller R. E., "Comments on the 'General Equalibrium' Model of Professor Moses", *Metroeconomica*, 1963.

Polenske K. R., "An Empirical Test of Interregional Input-output Models: Estimation of 1963 Japanese Production" *The American Economic Review*, Vol. 2, 1970.

Zheng H., Meng J., Mi Z., Song M., Shan Y, Ou J, Guan D., "Linking the City-level Input-output Table to Urban Energy Footprint: Construction Framework and Application" *Journal of Industrial Ecology*, Vol. 4, 2019.

Zheng H., Tbben J., Dietzenbacher E., "Entropy-based Chinese city-level MRIO Table Framework", *Economic Systems Research*, Vol. 1, 2021.

Zheng H., Zhang Z., Wei W., "Regional Determinants of China's Consumption-based Emissions in the Economic Transition" *Environmental Research Letters*, Vol. 7, 2020.

后　　记

改革开放以来，尤其是 21 世纪初入世之后，我国经济高速发展主要在于实施以出口为导向的经济全球化战略，深圳凭借在生产要素方面存在的比较优势，切入全球价值链后进行全球竞争，赢得巨大的竞争优势。然而当前世界正经历百年未有之大变局，无论从"孤岛"行为和"逆全球化"思潮的国外环境，还是从内需不足、投资放缓和外贸下降的国内环境来看，都需要深圳顺应国内国际循环体系进行再部署、再调整，在全国经济中心城市定位基础上更进一步，打造成为全球最具经济活力都市。

本书在研究过程中所遇到的重点和难点主要聚焦在如何准确判断新发展格局的挑战和机遇，以及通过合适的定位和战略协同本土市场效应与国际竞争力。特别是当前复杂严峻国内外经济形势暴露出我国以及深圳有效需求不足、产品竞争力偏低等弊端，同时我国以及深圳正处于在传统的比较优势减弱，但是技术创新和生产效率与发达国家又存在明显差距，竞争优势尚未形成的新常态阶段。在此复杂背景下，如何调整发展定位和战略，以国内大循环吸引全球资源要素，充分利用国内国际两个市场两种资源，积极促进内需和外需、进口和出口、引进外资和对外投资协调发展，成为本书研究的重点和难点。为此，我们基于国际比较的视野，对全球标杆城市和资源配置中心的内涵、要素构成及其运作机理进行深度解析，并对深圳打造全球城市的总体能力和分项能力进行综合评估，进而深入分析深圳的条件优势、差距与短板制约，在此基础上研究提出新发展格局下深圳要以一个"全球最具经济活力都市"的总体定位引领发展全局，围绕世界科技创新策源中枢、全球高端产业核心磁极、优质资源要素配置高地、国际时尚消费潮流标杆四个"细分定位"找准着力方向。

当前的研究还存在诸多不足，囿于数据可得性所限，本书缺乏细致的企业数据、行业数据支撑，对深圳打造成为国内外"双循环"的战略连接、新发展格局核心战略支点的微观机理探讨不足。此外，由于当今形势瞬息万变，研究团队反复对研究背景与研究框架进行调整，最终用2年时间完成阶段性研究任务，未来团队将长期跟踪深圳经济发展的运行轨迹，深入把握世界经济发展趋势，客观认识和理解深圳发展所处的全球背景和环境，力求针对深圳发展中出现的新情况、新问题全方位、多视角、深层次为政府部门决策机构和研究人员提供支持。

在此谨向以下参与本研究的团队成员表示衷心的感谢，同时特别感谢深圳市建设中国特色社会主义先行示范区研究中心对本书研究提供的支持。本书的撰写离不开每一位团队成员的辛勤付出和协作精神，具体分工如下：第一篇、第三篇由陈新宇参与撰写，第二篇、第八篇由卢梦姝参与撰写，第四篇由倪容参与撰写，第五篇由谢方梅参与撰写，第六篇由叶倩参与撰写，第七篇由叶俊龙参与撰写，全书由胡军教授和顾乃华教授统稿定稿。希望本书能够起到抛砖引玉的作用，吸引更多的专家学者对深圳定位和战略展开跨学科、跨领域研究，也希望相关专家学者及各界人士在百忙中给予批评指正！